旅歐教育運動：民初融合世界學術的理想

陳三井 著

序　言

　　筆者出生於1937年抗戰爆發之年，今歲行年75，早年留學法國，畢生研究亦與法國政治、外交、文化、教育等方面結下不解之緣。除中法外交關係外，歐戰華工與留法勤工儉學等課題，亦為個人最有興趣，投入心血較多的「最愛」。

　　就勤工儉學這個課題而言，筆者動念甚早，曾於1981年編纂出版《勤工儉學運動》（台北：正中書局）一書，較清華大學中共黨史教研組所編的《赴法勤工儉學運動史料》（三冊，北京出版社，1979）稍晚，而大致又與張允侯等所編的《留法勤工儉學運動》（二冊，上海人民出版社，1980-1986）同時。可見海峽兩岸在1980年代同時注意到勤工儉學的問題。

　　資料的蒐集與出版，提供研究者的便利。於是筆者開始發表一系列的相關論文，依時間先後開列如下：

1. 〈勤工儉學運動初探〉（1981）；
2. 〈新民學會之成立及其在法活動〉（1984）；
3. 〈民初旅歐教育運動的艱難歷程——里昂中法大學初探〉（1984）；
4. 〈河南與留法勤工儉學運動〉（1984）；
5. 〈周恩來旅歐時期的政治活動，1921-1924〉（1985）；
6. 〈張繼與勤工儉學〉（1986）。

以上六篇論文加上一些相關書評，曾結集由三民書局的東大圖

書公司列入「滄海叢刊」出版（1988）。這只是一本論文結集，而不是有系統的專著。

這時，海內外有關勤工儉學的研究，正方興未艾，中外很多博士論文陸續完成，最著者有三：

1. Leung, John Kong-Cheong, "The Chinese Work Study Movement: The Social and Political Experience of Chinese Students and Student-Workers in France," Ph. D. Dissertation, Brown University, 1982;

2. Levine, Marilyn, "The Found Generation: Chinese Communism in Europe, 1919-1925," Ph. D. Dissertation, University of Chicago, 1985;

3. Wang, Nora, « Paris/ Shanghai, débats d'idées et pratique sociale; les intellectuels progressistes chinois, 1920-1925, » Université de Paris, 1986.

而華文著作拔得頭籌的是鮮于浩所推出的《留法勤工儉學運動史稿》（四川巴蜀出版社，1994）一書。

其後，筆者的視野逐漸開闊，並不以勤工儉學為限。除續撰〈陳炯明與留法勤工儉學運動〉外，另寫〈吳稚暉與里昂中法大學之創設〉（1995）與〈王京岐在歐洲的組黨革命活動〉（1995）。這三篇論文，後來都收入拙著《舵手與菁英——近現代中國史研究論叢》（秀威公司，2008）一書。回顧以里昂中法大學為題材，除了Anne-Sophiede Perrotin de Bellegarde的碩士論文外，華文方面當以葛夫平的《中法教育合作事業研究，1912-1949》（上海書店，2011）一書最為詳瞻而有系統。

三十年來，無論是勤工儉學或里昂中法大學的研究，都是碩果纍纍，美不勝收。問題是，這兩者之分開研究或合而為一，都不能完全說明民初旅歐教育運動的內涵和本質。在車載斗量的眾多著

作中，甚至沒有一本是使用「旅歐教育運動」這個名稱的。這不但有違李石曾、吳稚暉、蔡元培等這些創辦人的初衷，更與運動的內容、本質相去甚遠。筆者不才，願意從基本方向上做一釐清，並導其入正軌。本書可以說是個人對此一課題的封筆之作，至於細緻內容之鋪陳，已無力且無暇顧及，尚望海內外方家指正是幸！

　　本書斷斷續續多年始告完成，前後承林弘毅先生電腦輸入、訂正、初步編排，費力甚多，並蒙秀威公司出版，併此致謝。

陳三井　謹識於南港四分溪畔

2012.06.15

目　次

第一章　旅歐教育運動的本質

　　民初旅歐教育運動，可說隨著中華民國的誕生而同時出現，係由具旅歐、留法背景，並富無政府主義色彩的若干同盟會志同道合之士，如李煜瀛（石曾，1881-1973）、吳敬恆（稚暉，1864-1953）；蔡元培（孑民，1868-1940）、汪精衛（兆銘，1883-1944）、張人傑（靜江，1878-1950）、張繼（溥泉，1882-1947）等人所倡議，鼓勵學子到法國、比利時等國留學，或以工兼學，旨在扭轉自清華留美[1]以來「美雨壓倒歐風」的留學熱潮，讓美歐學術運河平均輸灌，其終極關懷在溝通東西文明，融合中外學術，另創一種新文明，為人類開一新紀元。

第一節　發起動機

　　「旅歐教育運動」一詞，並非作者近年所獨創，早在民國5年（1916）秋，蔡、李、吳、汪等倡議之士，即以旅歐雜誌社名義，

---

[1]　1908年，美國國會正式通過，退還大部分庚子賠款，做為中國向美國派遣留學生的經費，自1909年至1937年，逐年撥費資助中國派遣留學生。經過三次甄別考試，共錄取179名（1909年47人、1910年70人、1911年62人），自1911年4月，清華學堂建立到1929年改為清華大學，派往美國的留學生有1,279人，形成了清末民初的留美高潮。參閱：舒新城，《近代中國留學史》（中國出版社，1973）；李喜所，《近代留學生與中外文化》（天津教育出版社，2006）。

編印發行《旅歐教育運動》一
書，[2]分別函送教育部、雲南都
督唐繼堯與國內相關機構及若干
人士，簡介他們歷年至法從事教
育活動的情況，希望受函者「助
其進行」。[3]這是「旅歐教育運
動」一詞的由來。

發起旅歐教育運動的「民國四老」（左起：李石曾、蔡元培、吳稚暉、張靜江）

　　至於蔡、李、吳、汪等人為何要發起這個運動，這可以吳稚暉
所發表的〈海外中國大學末議〉一文，做為討論的基礎。民國8年
（1919）秋間，正當直皖戰爭期間，在全國教育會議通過速增設國
立大學提案，國內中西人士紛紛起而創辦大學之際，吳稚暉為有志
留學之莘莘學子請命，特撰〈海外中國大學末議〉一文，刊於《建
設雜誌》，[4]提倡以國內創辦大學之經費，移設大學於國外，可以
延聘其國第一流教授來校任教，糜費小而成就大，並列舉五點理由
及七項附帶功用，以供朝野採納。[5]

　　其中有兩點理由，可以解讀「旅歐教育運動」發起的動機：

（一）學術運河的平均輸灌

　　吳稚暉心目中所擬設立的海外大學，最急者為兩處：一為法
國，一為美國，原因是中美兩國的「國體相同，物質而外，精神亦
調和也。」他認為，有美國則英國可以不加考慮。而巴黎與歐洲各
國，接近在片壤之中，英、德、伊（義大利）、比等，皆巴黎中國

2　旅歐雜誌社編，《旅歐教育運動》。
3　陳三井校訂，《旅歐教育運動》（中央研究院近代史研究所史料叢書27，
　　1996），校訂前贅語，頁2。
4　參見《建設雜誌》，1卷6號（民國9年1月），頁1-11；2卷1號（民國9年2
　　月），頁13-20。
5　楊愷齡撰編，《民國吳稚暉先生敬恆年譜》（台灣商務印書館，1981），
　　頁49。

大學學生所能自在遊歷之地。所以不注意已有甚多留學生之日本者，因「日本近在咫尺，已留學者太多，[6]留學之勢，已成弩末，無從別立一校，自為風氣。且帝國教育之暗潮，亦有與現象衝突之處。」最後，吳稚暉強調，所以先注意於巴黎者，蓋「歐洲學子，遠不及赴美之盛。欲使歐、美潮流，平均輸灌，故先及巴黎。」[7]

　　為何留歐學子，遠不及赴美之盛，這有多方面的原因。王光祈為此特別做了分析，他這樣說：「近十年來，美國留學界的勢力大漲。考其原因，第一是北京清華學校每年都有一大批學生赴美；第二是美國教會在中國辦了許多教會學校，專以派赴美國留學為餌；第三是國內人士都主張振興實業，留美人才多配合社會需要；第四是中國政治方針漸由親日而趨為親美，留美人才頗為政府所重視。有此諸因，所以留美學生的勢力漸漸佈滿長江流域，以至於北京、廣州。他們在實業界的，很能得資本家的歡心；在教育界的，亦很能得社會的同情。」[8]

　　總之，具旅歐留法背景的吳稚暉，有鑒於自清末民初以來留學日本者已過剩，留學美國者復又有後來居上之勢，為平衡這種留學潮流，為期學術運河的平均輸灌，故特別鼓吹旅歐教育運動。

---

[6] 據《旅歐教育運動》估計，「十年以前，留學日本者達三萬餘。近雖驟減其數，聞尚逾三千人。若留歐之同學則合各國而計之，尚不及此數三分之一也。」另稱「留歐學界不及數十人」，旨在突顯兩者之不成比例。參閱《旅歐教育運動》，頁30、頁2。1894年甲午戰爭之後，愛國救亡成了歷史的主旋律。日本何以強大，引起了中國朝野上下的共同關注和思考。在知識分子提倡、封疆大吏鼓吹，配合政府的政策誘導下，一波波的青年東渡日本留學。單是1905年至1906年之間，便達8,000人以上。請參閱：黃福慶，《清末留日學生》（中央研究院近代史研究所專刊，1975）；李喜所，《近代留學生與中外文化》。

[7] 吳稚暉，〈海外中國大學末議〉，收入拙編，《勤工儉學運動》（正中書局，1981），頁326。

[8] 王光祈，〈留學界的兩大潮流〉，張允侯等編，《留法勤工儉學運動》（二）（上海人民出版社，1986），頁662。

這一擬設於巴黎之海外中國大學，除可平衡重美輕歐的留學潮流，讓學術運河平均輸灌外，據吳稚暉的看法，尚有以下四項附帶作用：

1. 可為中國在海外之耳目

   巴黎中國大學居歐洲，日與彼都人士相接觸，觀察當尤較國內真切，言論當尤較發紓。

2. 可為中國在海外之宣傳

   可透過該校出版品，如日刊、週刊、月刊等對外有所宣傳，使「群知有中國，群知中國之消息」；一旦知中國有此大學，大學中有此數百人，則新聞記者必常有蹤跡，亦可自動為中國傳播新聞。

3. 可與法國學術界不斷接觸，常邀其大師演講，或與其大學舉行各項運動比賽。

   可輸入歐洲新知或重要譯述於國內。[9]

（二）融合世界學術的崇高理想

從吳稚暉、李石曾到蔡元培等人，都是好談教育與學術，具有世界觀的中國啟蒙哲士。先是，李石曾與張靜江早年以隨員名義隨孫寶琦出使法國。兩人同行出國，一見如故，氣味相投，尚未動身，即有世界旅行團之計議，一切設想均以世界為目標。從北京到上海，再由上海到法國馬賽，在船上一連三、四十天，兩人仍時時研究將來如何達成中西文化教育交流的前途，由廣義的「至大無外」至狹義的「至小無內」，無論空間、時間、人間、物間，無不包括在內。其後好友吳稚暉因上海蘇報案被通緝，流亡至英國倫敦，並應張靜江之邀來到巴黎，共商發起世界社之志趣，並討論進行之具體計劃。最後由蔡元培、張人傑、吳稚暉、李石曾、汪兆

9　吳稚暉，〈海外中國大學末議〉，頁332-335。

銘、褚民誼等聯名正式發起，於1907年於巴黎成立。

　　李石曾是個十足的理想家，他自稱「廿二歲出遊四海，半世紀曾歷五洲」，具有超越時間、空間、人間、物間的世界觀，以全人類文明的進步為志趣，故世界社的事業從教育入手，以著述或出版雜誌廣布宣傳為媒介，至高至大，無所不包。其主要內容包括（一）著述與出版事業；（二）學術與研究事業；（三）教育與文化事業；（四）社會與經濟事業。[10]

　　以歐洲為出發，融合世界學術，乃旅歐教育運動者的崇高理想。他們立論的基點在於「歐洲為近世文明之中心，然歐洲之文明，非獨屬於歐洲，實世界之潮流感合匯集而成。況歐洲亦世界之一隅，故歐洲之文明，即世界之文明。」同時，他們引伏爾泰（François-Marie-Arouet Voltaire, 1694-1778）「文明屬於眾人」之言，以證「科學為公」之說，認為「歐洲之人，或他域旅歐之人，對此公共之文明，均有介紹之義務，而無可界劃」，雖因語言區域之不同而有分工制宜之事實，但無礙於「欲稍盡力以介紹傳達於歐洲中國之間。」[11]本乎此，吳稚暉之倡設中國大學於海外，乃至吳、李、蔡等人之進而發起旅歐教育運動，其動機除了讓歐美學術運河平均輸灌外，更崇高的理想便是要溝通東西文明，融合中外學術，另創一種新文明，為人類開一新紀元。

第二節　創辦者的共同特質

　　民初旅歐教育運動的創辦者，同時具有幾項共同的特質，並且

---

[10] 陳三井，〈留歐知識社群與孫中山革命〉，《歷史傳承與創造未來——慶祝中華民國建國百年紀念特刊》（台北市廣東同鄉會出版，2011.11），頁20。
[11] 《旅歐教育運動》，引言，頁1。

可以說兼具幾項不同的身分。茲分述如下：

（一）志同道合的同盟會會員

首先，吳稚暉、蔡元培、張人傑、李石曾，號稱「民國四老」。四老或出身科舉（吳為辛卯科舉人，蔡為壬辰科進士），或生長世家，但有一共同特點，即受新思潮激盪之結果，摒棄了傳統的忠君觀念，邁向革命救國的大道。這一點非常難能可貴。[12]

四老之中，最早加入同盟會的應屬蔡元培。1905年8月20日中國同盟會在東京成立，依會章規定，本部之下設各省分會，各省分會長均經先後派定。安徽分會長吳春暘回滬後，主張於江蘇之外，在上海另設分會，並推薦蔡元培為分會長，本部允之。不久，黃興到上海，將孫的委任書面交。據「中國同盟會成立初期（乙巳、丙午兩年）之會員名冊」記載[13]，蔡氏加入同盟會之日期為「乙巳9月29日」，介紹人為何海樵，其任上海分會長當在10月26日加盟之同時或稍後。[14]但在此前，蔡氏即與一些開明的知識分子在上海成立了中國教育會，又由教育會協助南洋公學退學生成立了愛國學社，志士雲集，頓時成為國內革命者的匯聚處，與東京的志士及留學生掀起的革命狂潮，遙相呼應。他們發起張園演說會，議論時政，倡言革命，所有的演講詞，均在《蘇報》發表，使一向保皇色彩濃厚的《蘇報》，一變而為愛國學社的機關報，言論之激烈，大為世人所注目，終至觸怒清廷，而釀成翌年轟動中外的「蘇報案」。[15]

---

[12] 陶英惠，〈記民國四老——吳敬恆、蔡元培、張人傑、李煜瀛〉，《傳記文學》，23卷5期，頁21。

[13] 「中國同盟會成立初期（乙巳、丙午兩年）之會員名冊」，參見《革命文獻》第2輯，頁18-177。

[14] 高平叔撰著，《蔡元培年譜長編》（北京：人民教育出版社，1996），上冊，頁303；陶英惠，《蔡元培年譜》上冊（中央研究院近代史研究所專刊36，1976），頁165。另據《國父年譜》載，孫中山委派蔡元培出任上海分會長時間為9月8日，參閱增訂本上冊，頁230。

[15] 陶英惠，前引文，頁22。

1902年夏，吳稚暉在日本為公使蔡鈞拒不保送留日自費生入府城學校事，率眾大鬧公使館，被日警押解出境，適蔡至日遊歷，恐其中途發生意外，乃伴送回國。及抵上海，吳便加入了中國教育會及稍後成立之愛國學社工作，關係日趨密切。[16]蘇報案發生後，吳走英國，後到巴黎，曾與孫中山先後見面，1905年冬，曹亞伯自東京參加同盟會後，又至倫敦，訪晤吳稚暉，出示同盟會盟書，遂由曹亞伯介紹正式加入同盟會。[17]

至於張人傑（字靜江，1877-1950）是浙江大財產家之子。他在法國充任使館商務隨員的同時，由其父出資30萬元開辦通運公司，在上海、巴黎間經營古玩、茶葉、絲綢等貿易，並在紐約開設分公司。1905年，張靜江在法國商船上結識了孫中山，表示願意在財政方面資助孫中山的革命活動。此後，張氏在經濟方面大力支持同盟會的活動，獲得了孫中山的信任。[18]1906年3月，張靜江在新加坡正式加入同盟會。

除了「民國四老」是同盟會早期會員，與革命關係密切外，尚有兩位實際追隨孫中山，在同盟會總部負責重要職務的幹部，即張繼與汪兆銘。

張繼（1882-1947），字溥泉，河北滄縣人。早歲渡日入早稻田大學，攻政治經濟，除上課外，專在圖書館翻閱中江篤介等所譯之《法蘭西大革命》、《民約論》等書，革命思想勃然以興。張繼的革命歷程，頗為曲折，初入勵志會，繼與秦毓鎏等組青年會，1901年與秦力山等創辦《國民報月刊》，倡言革命排滿；又組興亞會，主張中日同舉革命。1902年始至橫濱結識孫中山，又識章

---

16 陶英惠，《蔡元培年譜》，頁102。
17 楊愷齡，《民國吳稚暉先生敬恆年譜》（台灣商務印書館，1981），頁33。
18 馮自由，〈新世紀主人張靜江〉，《革命逸史》（上海商務印書館，1947年三版），第2集，頁227-228。

炳麟。1905年，以與鄒容剪留學生監督姚某髮辮，被逐回滬。與鄒容、章炳麟、章士釗等游，董理《蘇報》。及蘇報案發，改辦《國民報》以繼之。1904年赴長沙，任明德學堂西洋史教習。10月，黃興舉義失敗，同走滬，以萬福華刺王之春案被捕。出獄，赴日，任留學生會館總幹事。1905年8月，同盟會成立，任司法部判事（部長鄧家彥）兼《民報》發行人及主編人。[19]

汪兆銘（1882-1944），字季新，號精衛，廣東番禺人。1904年冬，粵督岑春煊選派學生留日，與朱執信、古應芬等四十人考取官費東渡，入東京法政大學速成法政科。1905年7月28日，孫中山在東京召開中國同盟會籌備會，到者七十餘人，眾舉黃興、汪兆銘、宋教仁等八人負責起草會章，又自寫誓詞，宣誓加盟。8月20日，同盟會召開成立大會，加盟者三百餘人，通過會章，公推孫中山為總理，汪任評議部議長，議員尚有田桐、馮自由、胡漢民、朱執信、吳鼎昌等二十人。其後，同盟會機關報——《民報》在東京創刊，一至五期由胡漢民編輯，汪任撰述，嘗以精衛等筆名發表文章，鼓吹革命。胡、汪與保皇黨梁啟超之《新民叢報》大開筆戰，展開革命與君憲之爭。[20]汪氏在革命過程中最轟轟烈烈的一件事，便是1910年春同黃復生等謀刺攝政王載灃的壯舉，可惜失敗被捕，雖然「慷慨歌燕市，從容作楚囚」，卻未能「引刀成一快」，徒負少年頭。

另一位同盟會會員是褚民誼（1884-1946），號重行，浙江吳興人。1903年東渡日本，先入高中，後入大學，研習政治經濟。1906年，隨同鄉張人傑赴法，過新加坡時，加入同盟會。在孫中山

---

[19] 陳三井，〈張繼與勤工儉學〉，收入氏著，《勤工儉學的發展》（台北：東大圖書公司，1988），頁123。

[20] 劉紹唐主編，《民國人物小傳》，第13冊（傳記文學出版社，1992），頁116。

親自領導下，同年4月成立同盟會新加坡分會。[21]許多愛國華僑紛紛
參加，革命力量空前發展。褚民誼經由張人傑引見，與新加坡分會
的主要領導人陳楚楠、張永福、林義順、尤列等會面，並經陳、尤
兩人介紹，在會所晚晴園宣示入盟。[22]

　　抵法後，佐吳稚暉、李石曾、蔡元培等刊行《世界畫報》、
《新世紀》，鼓吹革命。[23]

（二）改良社會的進德會會員

　　辛亥革命成功，民國成立後，蔡元培、李石曾、吳稚暉、張
繼、張人傑、汪兆銘等這批老同盟會會員，又於民國元年（1912）
2月中在上海發起進德會。進德會的發起有其時代背景。緣清帝退
位後，李石曾從華北到上海與蔡元培、吳稚暉、張人傑等相會。時
各省軍人往來蘇滬者，頗縱情聲色，而剪髮易服之後，社會漸趨奢
侈，政客之獵官熱亦驟盛，李、吳、蔡諸人有心想改變這種風氣，
遂發起進德會。[24]由李石曾、吳稚暉、張繼、汪兆銘列為發起人，
會約係吳氏所起草。其在〈緣起〉中云：

> 亡清之腐敗，積社會之腐敗而成，腐敗之原因種種，而亦
> 自有其最普通之可約言者在焉：即「吃花酒」、「鬥麻
> 雀」，加之以「討小老婆」是也。若民國新建，承其流而
> 不加注意，將腐敗之根株不去，而凋敝之原氣難復，因發

[21] 關於新加坡分會成立時間，有兩種說法。《國父年譜》與顏清湟皆主張4
月6日（陰曆3月13日），參見黃季陸、秦孝儀增訂，《國父年譜》上冊，
頁242及顏清湟著，李恩涵譯，《星馬華人與辛亥革命》（聯經公司，
1982），頁110。張玉法則表列為1905年冬，參見氏著，《清季的革命團
體》（中央研究院近代史研究所專刊32，1975），頁325。今從前說。
[22] 黃美真主編，《汪偽十漢奸》（上海人民出版社，1986），頁262。
[23] 劉紹唐主編，《民國人物小傳》，第3冊（傳記文學出版社，1980），頁
287。
[24] 陶英惠，《蔡元培年譜》，頁243。

起為進德會，廣徵海內有道之士，相與邀約，為社會樹立風氣，庶新社會可以成立，而國風丕乎其變焉！

　　該會無會長、幹事等名目，亦無章程，不納會費，不設罰則，但憑會員介紹，即刊刻氏名表字於冊中，使海內共知為進德會會員。其會員分四種，所守之戒約，分當然進德三條（普通會員）及自然進德五條。自然進德又分甲部（四條）、乙部（五條）、丙部（八條）三種會員。茲將會員種類及會約列後：

(1) 會員（即普通會員）：不狎邪、不賭博、不置妾（已置者入會以後不再置）。以上三條，為當然進德，凡為正式會員者，以守當然進德三條為資格之完全；倘止能謹守不狎邪、不賭博兩事者，可列為進德會贊成員。

(2) 特別甲部會員，除前列三項外，加不作官吏。

(3) 特別乙部會員，除前列四項外，加不作議員及不吸煙。

(4) 特別丙部會員，除前列六項外，加不飲酒及不食肉。

　　戒約最多者為八項，故又曰八不會。自2月27日起，《民立報》每日特闢專欄報導進德會消息，刊登進德會會員錄，以收到先後為序，隨時增列。[25]

　　其後，會約有所更新，名單亦有所變動。甲種列不賭博、不狎妓、不置妾三項，會員有陶昌善、龐書城、鍾養齋（守頤）、鈕惕生、顧忠深、陶聲、魏宸組、黃中慧、洪濤、蔡元培。乙種增列不作官吏一項，會員有張靜江、張溥泉、陳方、丁寶書、戴季陶、袁廷梁、孟昭常、陸煒士、史敬（子寬）。丙種增列不作議員、不吸煙兩項，會員有周頌西（廷訓）、周佩箴、汪精衛、沈桐生（電華）、薛竹蓀（智善）、周冠九（國良）、何泰（劉生）、褚民

---

25 「進德會會約」，《民立報》，民國元年2月26日，頁2。

誼。丁種會員會約規定不狎邪、不賭博、不置妾、不作官吏、不作議員、不吸煙、不飲酒、不食肉。認丁種會員始終遵守會約者，僅李石曾、吳敬恆、廉泉（惠卿）三人而已。[26]

除首倡之「進德會」，又有「六不會」與「社會改良會」之繼起。

按臨時大總統孫山中以清帝退位，袁世凱宣布贊成共和，乃於13日向參議院提出辭職，蔡元培、李石曾、汪兆銘等被派為歡迎袁世凱專使，迎袁南下就職。專使等一行於2月21日自上海乘招商局新銘輪船啟程北上，23日在東海舟次發起組織「六不會」與「社會改良會」。據蔡元培回憶：

> 此行同去者，有汪精衛、宋漁父（教仁）、鈕惕生（永建）、唐少川（紹儀）及其餘諸君，凡三十餘人，船中盡是同志，而且對時局都是樂觀的，指天畫地，無所不談。……船駛至天津附近，忽遇霧，停泊數日，在船中更多餘暇，組織了兩個會，一是六不會，一是社會改良會。
>
> 六不會是進德會改造的。吳稚暉、汪精衛、李石曾諸君，以革命後舊同志均將由野而朝，不免有染著官場習氣的；又革命黨既改成政黨，則亦難保無官吏議員之競爭；欲提倡一種清靜而恬淡的美德，以不嫖、不賭、不娶妾的基本條件，凡入會的均當恪守，進一步則有不吸煙、不飲酒、不食肉、不作議員六（五）條，如不能全守，可先選幾條守之。同船的人，除汪君外，大都抱改革政治的希望，宋君尤以政治為生命，所以提議刪去不作官吏、不作議員二條，

---

[26] 羅家倫等主編，《吳稚暉先生全集》（中國國民黨史料編纂委員會，1969），卷3，頁635-637。

而名此通俗化之進德會為六不會，以別於原有之進德會。[27]

另社會改良會由唐紹儀所發起，其宗旨在以人道主義及科學知識為標準，改良社會上種種之惡習慣，列舉改良條件三十六條，互相策勵。內容相當廣泛，茲錄其條文如下：

（1）不狎妓。

（2）不置婢妾。

（3）提倡成年以後，有財產獨立權。

（4）提倡個人自立，不依賴親朋。

（5）實行男女平等。

（6）提倡廢止早婚（男子十九歲以上，女子十七歲以上，始得嫁娶）及病時結婚之習。

（7）提倡自主結婚。

（8）承認離婚之自由。

（9）承認再嫁之自由。

（10）不得歧視私生子。

（11）提倡少生兒女。

（12）禁止對於兒童之體罰。

（13）對於傭工，不得苛待（如僕役、車夫、轎夫之類）。

（14）戒除拜門、換帖認乾兒女之習。

（15）提倡戒除承繼、兼祧養子之習。

（16）廢跪拜之禮，以鞠躬、拱手代之。

（17）廢大人、老爺之稱，以先生代之。

（18）廢纏足、穿耳、敷脂粉之習。

（19）不賭博。

---

[27] 高平叔，《蔡元培年譜長編》，上冊，頁410。

（20）在官時不受餽贈。

（21）一切應酬禮儀，宜去繁文縟節（如宴會、迎送之類）。

（22）年節不送禮，吉、凶等事不為虛糜之餽贈。

（23）提倡以私財或遺產補助公益善舉。

（24）婚、喪、祭等事不作奢華迷信等舉動，其儀節本會規定
　　　後，會員皆當遵守傳布。

（25）提倡心喪主義，廢除居喪守制之形式。

（26）戒除迎神、建醮、拜經及諸迷信鬼神之習。

（27）戒除供奉偶像牌位。

（28）戒除風水及陰陽禁忌之迷信。

（29）戒除傷生耗財之嗜好（如鴉片、嗎啡、及各種煙酒
　　　等）。

（30）衣飾宜崇質素。

（31）養成清潔之習慣。

（32）日常行動，不得妨礙公共衛生（如隨處吐痰及隨意拋擲
　　　污穢等事）。

（33）不可有辱罵、喧鬧、粗暴之行為。

（34）提倡公墳制度。

（35）提倡改良戲劇及諸演唱業。

（36）戒除有礙風化之廣告（如賣春藥、打胎等）及各種印刷
　　　品（如賣春畫、淫書等）。[28]

其中第一條、第二條、第二十九條等，實與「六不會」同。在
上海發起之進德會，與新銘輪舟中所組織之「六不會」及「社會改
良會」，均為一種社會改良運動，在新舊時代交替之際，有這些開

---

[28] 中國國民黨黨史會編，《革命文獻》，第41輯（1967），頁144-147；
　　《民立報》，民國元年3月29日，頁2、12。

明的知識分子登高一呼，確能使人耳目一新。[29]當時《民立報》評
曰：「此舉似微，然於個人之精神，社會之風氣，關係甚大。果能
鼓吹實行，可一掃從前政界之惡習。」並譽兩會會員「實社會革命
之負弩前驅者也。」[30]

（三）無政府主義色彩

　　近代中國無政府主義派是在日本和法國的海外中國同盟會員
中形成的。在日本東京，以出版《天義報》[31]為主進行活動的劉師
培、何震、張繼、汪公權等人是「天義派」，在法國巴黎出版《新
世紀》為主進行活動的李石曾、吳稚暉、褚民誼、張靜江等人是
「新世紀派」。[32]

　　中國無政府主義的傳入時期，開始於1901年到1902年，在1903
年「蘇報案」前後形成一股熱潮，其餘波一直延續到1905年。被視
為「中國最早的無政府主義者」的張繼，他的《無政府主義》一
書於1903年在上海出版。這本書是張繼利用日本資料以譯述形式編
成的上下兩篇著作，它可以說是1907年以前出版的書籍中最富有體

---

[29] 陶英惠，前引書，頁251。

[30] 《民立報》，民國元年3月2日，頁2。

[31] 《天義報》是近代中國最早的無政府主義期刊。1907年6月10日創刊於東
　京，共刊行19期，它的發起人為何震、陸恢權、徐亞尊、張旭、周大鴻
　等。1907年2月劉師培到日本後，和幸德秋水等人接近，迅速成為無政府
　主義者，並與張繼發起組織「社會主義講習會」，但名為討論社會主義，
　實為提倡無政府主義。這以後，《天義報》實際上成為「社會主義講習
　會」的機關刊物。《天義報》對西方無政府主義的介紹，分為兩種類型，
　一為綜合譯述；二為專人介紹。專人介紹有蒲魯東、巴枯寧、斯諦納爾
　（Stirner）、克魯泡特金、托爾斯泰等人。《天義報》反對在中國進行一
　場資產階級民主革命，革命派的民族、民權、民生三大主義都受到指責。
　《天義報》鼓吹的「無政府革命」，其綱領有三：一、無中心、無畛域；
　二、實行共產；三、實行均力。詳參丁守和主編，《辛亥革命時期期刊介
　紹》（北京人民出版社，1983），第三集，頁334-358。

[32] （韓）曹世鉉，《清末民初無政府派的文化思想》（北京：社會科學文獻
　出版社，2003），頁17及註1。

系性的譯著。在文章中。張繼認為無政府主義最大的價值在於它的平等原理。他不僅將18世紀法國空想社會主義馬布利、巴伯夫（François Nöel Babeuf, 1760-1797）等人視為無政府主義者，而且將雅各賓派也稱為無政府黨，將啟蒙思想家盧梭的民主平等思想等同無政府主義。張繼在《無政府主義》譯著序文中宣稱：「吾願殺盡滿洲人，以張復仇大義，而養成復仇之壯烈國民；吾願殺盡亞洲特產之君主，以洗亞人之羞辱，為亞人增光；吾願殺盡政府官吏，以去一切特權之毒根；吾願殺盡財產家資本家，使一國之經濟均歸平等，無貧富之差；吾願殺盡結婚者，以自由戀愛為萬事公共之基礎；吾願殺盡孔、孟教之徒，使人人各現其真性，無復有偽道德之跡。」他是革命派中的最激進分子，也可以說是虛無主義和無政府主義複合的早期無政府主義分子。但從實質上說，他所崇拜的，充其量不過是一種革命的精神，一種反抗專制統治的信念，還不是西方本來的無政府主義。[33]

身為上海革命派的領導人蔡元培也是中國早期介紹無政府主義的人物之一。1904年2月17日起，他的白話小說《新年夢》分六次在《俄事警聞》（後改名《警鐘》）上發表。他透過「最愛平等自由」的「中國一民」的夢境，宣傳了他那帶有濃厚無政府色彩的社會理念。在《新年夢》中，反映了主人翁以下幾方面的主要思想：

　　（1）宣傳廢除私有財產和採取按勞分配原則的思想；

　　（2）主張打倒腐敗的政府；

　　（3）強調中國人要為反對和抵抗列強侵略、實現民族獨立而鬥爭；

　　（4）主張設立起調解糾紛作用的萬國公法裁判所；

　　（5）主張廢除姓氏、家庭、婚姻、法律，統一語言、文字，

---

[33] 同上書，頁34。

　　　　直至廢除國家，實現大同理想；

　　（6）號召改造自然、征服自然。[34]

　　文章的主要內容，是要廢政府、廢私產、廢軍備，同時主張廢姓氏、廢家庭、廢婚姻、廢法律、統一語言文字，最後廢國家。[35]這些空想社會主張與中國無政府派構想的理想社會大體上一致。

　　《新世紀》（La Novaj Tempo, 世界語）周報於1907年6月22日創刊於巴黎，1910年5月21日停刊，共出121期，由吳稚暉、李石曾、褚民誼負責編輯，張靜江負責財務。在《新世紀》中，吳稚暉以燃、燃料、夷、四無、留歐學界一分子、留英一客等為筆名；李石曾則以真、真民為筆名；褚民誼也使用民、千夜等的筆名。在發刊辭中宣稱：「本報議論，皆憑公理與良心發揮，冀為一種刻刻進化，日日更新之革命報。」[36]

　　中國無政府主義的傳入始於1901到1902年，而以日本的「天義派」和法國的「新世紀派」為代表。

　　法國是著名的無政府主義者蒲魯東（Pierre Joseph Proudhon, 1809-1865）的故鄉，也是巴枯寧（M. A. Bakunin, 1814-1876）、克魯泡特金（Peter A. Kropotkin, 1842-1921）以及其他許多國際無政府主義者經常活動的地方。十九世紀後期，在法國流行的暗殺風潮衰退，而80年代前後，克魯泡特金和邵可侶（Elisée Reclus, 1830-1905）等人開始介紹新的「無政府共產主義」。克魯泡特金是十九世紀後期至二十世紀初期一位具有國際影響的無政府主義理論家和活動家，並且是國際性的地理學家。他的主要著作有《麵包

---

[34] 蔡建國，《蔡元培與近代中國》（上海社會科學院出版社，1997），頁231-234。

[35] 曹世鉉，前引書，頁35。

[36] 〈新世紀發展之趣意〉，《新世紀》（文海出版社，1987年翻印）第1號，1907年6月22日。

掠取》（1892）、《田園、工場、手工場》（1899）、《現代科學與無政府主義》（1901）和《互助論》（1902）等，直接影響了中國無政府派。邵可侶與克氏一樣，也是一位著名的法國地理學家與無政府主義者。他的主要著作有《進化、革命與無政府理想》（*L'Evolution, La Revolution et l'ideal anarchique*, 1892）、《世界新地理》（1875-1894）、《無政府狀態》（*L'Anarchie*, 1896）、《人與地》（1905-1908）等。他向住在法國的中國人傳播無政府主義，並直接影響了以後《新世紀》的創刊。此外，格拉弗（Jean Grave, 1854-1939）[37]也是法國無政府主義理論家，著有《垂死的社會和無政府狀態》（*La société mourante et l'Anarchie*, 1893）、《革命與改良》、《未來的社會》（*La société future*, 1895, 1903）、《無政府狀態：它的目的與手段》（*Anarchie : son but, ses moyens*, 1899）等，從1902年到1908年之間，他與中國留學生之間關係密切，並協助他們的社會活動。嚴格說來，在法國的中國留學生中的無政府主義思想的源泉，是邵可侶和格拉弗所翻譯的克魯泡特金的思想。[38]

　　《新世紀》創刊後，有不少文章是從格拉弗主編的法文《新世紀》雜誌上翻譯而來。邵可侶的侄子保羅・邵可侶（Paul Reclus）和世界社同人的關係也很密切。李石曾自己曾說：「邵先生是一位天下馳名的大地理學家，同時也是一位大革命家、大思想家、大著作家。他叔侄兩位是相類的人物。……小邵是我最好的朋友」，並與吳稚暉比較說：「邵可侶是法國的吳稚暉，吳稚暉是中國的邵可侶。」[39]

---

[37] 有關邵可侶與格拉弗的無政府主義思想，請參見Marie Fleming, *The Anarchist Way to Socialism*（London: Croom Helm, 1979）；郭華榕著，《法國政治思想史》（北京人民出版社，2010），頁645-654。

[38] 曹世鉉，《清末民初無政府派的文化思想》（社會科學文獻出版社，2003），頁56-58。

[39] 李石曾，〈石僧筆記〉，《李石曾先生文集》，下冊，頁58。

　　《新世紀》的幾位主要負責人，幾乎都與「世界社」的組織成員重疊。李石曾在巴黎家庭式膳宿公寓（pension）常遇見保羅・邵可侶，頻將克氏所著《互助論》、陸謨克（Lamark）所著《生物互助並存論》、居友（J. M. Gugau）所著《自然道德論》介紹宣揚，石曾聞而樂之。[40]其後，李氏通過邵可侶受到了十八世紀法國啟蒙思想家的影響，推崇盧梭和伏爾泰反對強權、反對宗教的哲學。又通過保羅・邵可侶的介紹認識了無政府主義。李氏可能是對邵可侶的無政府主義倫理學印象很深，因此他也以無政府主義者的標準實行嚴格的倫理生活，其代表事例就是實踐素食主義而參加肉體勞動。無疑的，他是留法學生中全面接受無政府主義之第一人。[41]

　　張靜江，浙江吳興人，除了在上海、巴黎間經營古玩、茶葉、絲綢等貿易，並在紐約開設分公司外，他與李石曾一樣，「旅法數年，漸結識西歐無政府主義黨諸學者，獲聆蒲魯東、巴枯寧、克魯泡特金等學說，因之思想銳進，立論怪特，隱然以中國無政府主義之宣講師自任。」不過，除馮自由說他「縱談所篤信之無政府、無宗教、無家庭等學說，議論生風，所談男女關係之界說，尤見天真」[42]一節外，並未發現他為《新世紀》寫過文章或留下相關學說論述，可見他是個行動派，而不是理論家。李石曾亦曾指出，「公（指張）重實行，生平發表自親撰述之文章極少。」[43]

　　新世紀派的主要撰稿者褚民誼，本來是張靜江的同鄉後輩，先到日本留學研讀政治經濟，後來又隨張靜江到法國，參加李石曾創辦的豆腐工廠，開始接受無政府主義學說。他可能受到克氏《告少年》的影響最大，曾在《新世紀》撰文曰：「閱克陸（魯）泡特金

[40] 楊愷齡，《民國李石曾先生煜瀛年譜》（商務印書館，1980），頁18。
[41] 曹世鉉，前引書，頁58-59。
[42] 馮自由，〈新世紀主人張靜江〉，《革命逸史》，第2集，頁223-224。
[43] 李石曾，〈靜江先生傳記之一〉，《李石曾先生文集》，上冊，頁382。

之《告少年》，然後知世之不公平者，斷非藉律師之力，所能展轉也，根本之問題，不能解決，則社會種種，終不得正當。所謂根本問題者，則社會組織之問題也。」[44]

　　吳稚暉抵法後，受到李石曾的影響而成為一個無政府主義者。吳、李等人在宣傳無政府主義的文章中，經常使用「大同」、「公理」、「良心」等傳統詞語，其中「大同」指理想社會，即無政府共產社會，「公理」代表自然和社會普遍法則，即科學、真理的同意詞，還有，「良心」在這裡指一種自然道德。吳稚暉在〈談無政府主義之閑天〉一文中論述道：

> 無政府三個字，乃世間最吉祥的名詞。……果其互相消除國界，即最粗淺之一端。……無政府者有「道德」而無「法律」；惟「各盡所能」，而不可謂之「義務」；惟「各取所需」，而無「治人與被治者」；此之謂無政府。[45]

　　從上面引文中，可知新世紀派對科學、道德及教育的深信，以及無義務、無權利的無政府倫理觀。

　　總之，巴黎新世紀派所宣稱的無政府主義思想，堅決反對宗教、傳統、家族、放縱、知識分子、統治、軍閥、國家等，同時積極贊同自由、科學、人道、革命、共產、國際等，其主要實現手段包括「書說」、「抵抗」、「結會」、「暗殺」、「眾人起事」等方法。在革命宣傳中，他們始終堅持互助論的信念，即追求人性的進化、社會的進化，最終達到理想社會。[46]

---

[44]　民，〈續無政府說〉，《新世紀》，第46號，1908年5月9日。
[45]　X與X，〈談無政府之閑天〉，《新世紀》，第49號，1908年5月30日。
[46]　曹世鉉，前引書，頁64-65。

　　從「世界社」到「新世紀派」，多數成員皆為志同道合的同盟會會員。蔡元培、吳稚暉、張靜江、李石曾號稱「民國四老」。四老之中，最早加入同盟會的應屬蔡元培（1905年8月），吳稚暉於1905年冬與孫中山在倫敦見面，由曹亞伯介紹正式加入同盟會。1905年，張靜江在法國郵輪上結識了孫中山，表示願意在財政方面資助孫中山的革命活動，這是大家熟知的一段佳話。1906年張在新加坡正式加入同盟會。入盟最晚的是李石曾，他在1906年8月經張靜江介紹加入同盟會。《新世紀》另一編輯褚民誼，亦於1906年4月隨張靜江過新加坡時，在晚晴園宣示入盟。

　　新世紀派同人之加入同盟會，在手續上與一般會員稍有不同。同盟會在當時是一個秘密的革命團體，為了防止秘密的洩漏，不得不嚴格規定，但因防備過嚴，對於自信自尊與自由意志是一種損傷，而與新世紀派所標榜的無政府主義，追求自由理想，無拘無束等，自然有所扞格。例如規定要對天發誓一節，都不太願意，認為物質的天，沒有上帝，用不著發誓。而且先前他們已經在做著革命的工作，用不著再發誓了。基於這些考慮，經孫先生特許，李、張等在入會時並沒有完成全部手續。為此，李石曾曾自況：「吳稚暉、張靜江兩先生和我在同盟會和國民黨裡，一方面是正式黨員，同時也可以說是黨友。黨員是要嚴格遵守紀律的，黨友則尺度稍有不同了。」[47]

　　既是革命黨員，又兼具黨友身分的李、吳、張等人，一面批評同盟會的革命理論，一面肯定同盟會革命論的現實意義，這一點是與東京講習會派（劉師培、張繼等）不同的地方。李石曾和褚民誼兩人對同盟會的三民主義批判相對比較激烈，排滿革命活動經驗比較豐富的吳稚暉對同盟會路線的態度則較溫和。吳稚暉認為民族主

[47] 李石曾，〈中山先生胸襟浩瀚〉，《李石曾先生文集》，上冊，頁410-412。

義的革命會成為復仇革命，共和革命僅是過渡，最終是大同革命，便是無政府主義的境界。從《新世紀》所刊載的文章中得知，當時巴黎無政府派所要推翻的國家和政府的具體對象就是清朝，這一點與同盟會的宗旨不謀而合，他們認為推翻清朝就意味者無政府主義革命的開端。新世紀派主張的不是滿族和漢族之間的對立，而是對皇帝體制的消滅。他們不僅要打倒清皇室和依附皇室而生存的官僚，並且仇視主張君主立憲的康、梁等人。褚民誼不僅攻擊了君主立憲派，而且也批評了共和革命派。[48]

（四）旅歐、留法背景

這些旅歐教育運動的發起人或實際參與者，多具有旅歐（主要留法）的背景，其最早年代始於1902，以訖於1920年帶旅歐教育運動的高峰，茲列表說明如下：

	留法事蹟	旅歐（英、德）事蹟
李石曾	1902 以隨員名義留法 1903 入蒙達集農校 1906 入巴斯德學院 1907 與吳、張創《新世紀》 1908 創辦巴黎豆腐公司 1913 全家抵法，住巴黎郊外 1915 至巴黎，發起「勤工儉學會」 1916 發起「華法教育會」 1920 察看里昂中法大學校舍	1905 自巴黎至倫敦 1906 至倫敦，訪吳稚暉 1914 經柏林到巴黎
張人傑	1902 以隨員名義留法 1903 創辦通運公司於巴黎 1907 合辦《新世紀》週刊	

---

[48] 曹世鉉，前引書，頁65-68。

吳稚暉	1905 應李石曾之約到巴黎 1914 由英赴法 1920 赴法察看里昂中法大學校舍 1921 率國內生赴里昂，出任里大校長， 　　　旋離去	1903 因蘇報案離滬乘輪抵倫敦 1905 孫中山過倫敦，親自造訪 1914 與鈕永建同遊荷蘭後， 　　　仍返倫敦
蔡元培	1914 歐戰期間由德國移住法國都魯士 1920 視察里昂中法大學	1907 隨出使德國大臣孫寶琦赴 　　　德，先居柏林一年，繼遷 　　　居來比錫，入大學註冊聽 　　　課，以哲學為主 1912 返國出任教育總長
張　　繼	1908 由星洲乘船至巴黎參與《新世紀》	1914 赴歐，歷游英、法、義 　　　等國 1919 冬赴歐考察，歷法、德、 　　　西班牙等國
汪精衛	1912 經南洋赴法國 1915 返國 1917 遊法國，經英國、芬蘭、西伯利亞 　　　返國 1919 再度赴法	
褚民誼	1906 追隨張人傑去法國 1912 再次赴法 1915 三度赴法，協助汪等籌組華法教育會 1920 協助吳、李等人創辦里大 1920 入斯特拉斯堡大學學醫 1924 獲博士學位	1912 就讀比京自由大學

第三節　鼓吹到法國留學的理由

　　所謂旅歐教育運動，進行的結果實際僅包含法國與比利時兩國，而又以法國為主，比利時為輔。法國最初主要以巴黎為首選目標，因巴黎與歐洲各國交通最為適中，如稍早巴黎中國學院之設立是也。且李石曾等人「居法較久，相習較深」，可就近進行。其後因里昂政學兩界人士之建議，與其設大學於巴黎繁華之區，不如創

在里昂，所以又多了里昂一個地點。

　　不管巴黎也好，里昂也罷，這些旅歐教育運動的發起人，為何鼓吹中國青年學子到法國留學？這批具旅歐、留法背景的先知先覺究竟他們對法國的影像、教育制度、學術文化水準、社會觀感等方面有何看法？因為他們的這些想法和主觀認識，無疑將左右數以千計的青年學子的前途，也無可卸責的必然影響到民國初年的學風趨向。茲分述如下：

（一）法國大革命、現代性的影響

　　總體而言，誠如周策縱所指出，「這個時期內，法國對中國影響之大實在無法形容。自跨入二十世紀以來，法國大革命時的政治思想在中國青年革命者中間的風行可說一時無兩。在二十世紀開始的二十年間，它影響了許多中國知識分子和政治領袖，如梁啟超、陳獨秀和不少國民黨的領導人物。陳獨秀二十多歲時就攻讀法文，後來十分羨慕和讚揚法國文明。在《新青年》的創刊號裡，他發表了一篇〈法蘭西人與近世文明〉的文章，宣稱法國是近代西方文明的創造始者。他沒有引據充分確切的史實，就認為法國人『創造』三個最重要的學說。拉法耶特（Marquis de Lafayette, 1757-1834）在他的〈人權宣言〉一文裡提出了人權學說。拉馬克（Jean-Baptiste de Monet, Chevalier de Lamark, 1744-1829）於1809年在他的《動物哲學》（Philosophie Zoologique）中已發表了進化論，比達爾文早了五十年。近代的社會主義則是源出於法國作家巴伯夫（François Noël Babeuf, 1760-1797）、聖西蒙（Duc de Saint-Simon, 1675-1755）和傅立葉（Charles Fourier, 1772-1837）。……在很多方面，五四時期的中國知識分子受十八、九世紀法國民主思想和自由主義的影響，遠超過受於其他西方國家思想的影響。五四型中國知識分子的氣質，往往流露出法國浪漫主義的痕跡。法國的烏托邦社會主義（Utopian Socialism）和無政府主義，尤其是它們的理論方面，也傳

入了中國。」[49]

（二）法國學術水準不差

　　國人向有菲薄法國學術之觀念，其原因甚多。或說法為民國，本中國舊社會所不喜；或因法國失敗於普法之戰，多以弱國視之，因亦菲薄其學術；或謂法國學問，遠不如德國者。[50]有的則從法國社會風氣不良、巴黎風俗奢靡著眼，反對到法國留學。例如有說：「法國為退化之國，無可為學。……法國人風俗、習慣都不好，差不多是『男惰、女淫、官貪、民詐』，……法國只有三樣東西好：美術好，酒好，婦人好。」[51]有人甚至僅為巴黎之遊，而以偏概全的誤認法國皆驕奢淫佚。[52]李石曾亦明白指出「從前中國人的觀念，覺得法國很腐敗，不足以為中國的模範。因為法國是個民主國，信奉君主的是不贊成到法國去的；因為法國人愛平和，侵略主義的色彩不及別國的濃厚，崇拜帝國主義、強權主義的人士不贊成到法國去的。」[53]

　　面對這種根深蒂固看法或偏見，旅歐教育運動的倡導者因職責所在，不得不想方設法為法國的學術水準大肆介紹傳達，盡力轉圜抗辯，以免影響莘莘學子留學意願！

　　歐洲為近世文明之中心，而法國又為歐洲文明之中心，世界學術發明多由法國。[54]李石曾認為，「法國是新思想的源泉，新社會

---

[49] Chow Tse-tsung, The May-Fourth Movement（Cambridge: Harvard University Press, 1960），pp.35-36; 周策縱原著，楊默夫編譯，《五四運動史》（台北：龍田出版社，1980），頁42-43。

[50] 吳玉章，〈在四川留法預備學校之演說〉，張允侯等編，《留法勤工儉學運動》（上海人民出版社，1980）（一），頁300。

[51] 子暲（蕭三），〈我的留法勤工儉學觀〉，同上書，頁356。

[52] 《李石曾先生文集》，下冊，頁296。

[53] 李石曾，〈在預備赴法學生聯合會成立大會上的演講詞〉，《留法勤工儉學運動》（一），頁309。

[54] 同註2。

的前驅，就是物質的科學也有豐富的貢獻。」[55]特就法國學術，舉出兩點成就：

（1）物質之科學

法國算學大家戴楷爾（笛卡兒，René Descartes, 1596-1650），助進於科學者甚多，且為唯物哲學之先導。以化學言之，三大發明家皆為法人，鹿華西（拉瓦謝，Antoine Lavoisier, 1743-1794）為普通化學發明家，曾得物質不滅之公例；裴在輅（Marcellin Berthelot, 1827-1907）為有機化學發明家，得有機質科化合之術；巴斯德（Louis Pasteur, 1822-1895）為生物化學發明家，微生物學得以成立，致用於外科之傳染病者，不勝枚舉，而成一醫學之大革命。中國普通觀念，謂醫學以德國為最精，若無巴氏之發明，恐德國醫學亦未能如此進步。巴黎巴斯德學院（Institut Pasteur），乃全世界之首創。其他關於化學實用，因緣於學理而出者正多。即物理學中，如類電母等諸大發明，亦不勝道，均可證法國物質科學非有遜於德國也。

（2）哲理

進化學哲理，為法國陸謨克所發明，猶在達爾文五十年之前。進化學中國亦名天演學，即證明生物進化由簡單而繁複，由微小生物演進而為蟲魚鳥獸以及於人，此說既定，則宗教中上帝造人之迷信已根本打消。又如實驗哲學與社會學，亦成立於法儒孔德（Auguste Comte, 1798-1857），與斯賓塞同時而較早，其學說亦有同處。孔氏謂科學分類，亦由簡而及於繁，由算學而理化博物以至於社會學，實近世科學中至要者。又有近於社會學之人類學，研究人類之各問題，巴黎人類學校與人類學會，為全世界之首創，創立者實法國醫學家樸皋。[56]

---

[55] 同註5。

[56] 《李石曾先生文集》，下冊，頁228。

　　「留法儉學會」初成立，為求普及，雖亦有成立「留德儉學會」、「留日儉學會」或「留歐儉學會」之議，但特別解釋趨重法蘭西教育之理由，除上述兩點外，對法國學術之精博一項，復補充謂：「邵可侶（Elisée Reclus, 1830-1905）以地理學大家，貫通人地之觀念。他如伯班巨為氣爐之祖；伯庸里為無線電之先驅。氣船飛艇潛水艦，皆法國之產物。……至於人道主義，盛倡於孟德斯鳩、服爾德、盧梭、狄峉麓諸子。詩文美術，尤為法人之特長。由此一覽，法人學術之精博，人人得而見之，非有所偏譽也。」[57]

　　蔡元培曾游學德、法兩國，比較兩國之科學，認為各有所長，他說：「近世言科學者，率推法德兩派。法人多創見，而德人好深思，兩者並要，而創見尤為進化之關鍵也。」[58]又稱：「吾國人恆言各國科學程度，以德人為最高。同人所見，法人科學程度，並不下於德人。科學界之大發明家，多屬於法。德人則往往取法人所發明而為精密之研究。故兩國學者，謂之各有所長則可，謂之一優一劣則不可。」[59]

（三）法國政教分離較澈底

　　李、吳、蔡等人創辦旅歐教育運動，鼓吹在海外設立中國大學，其中一項考慮，便是「環境較清高，且可免除種種政潮之纏擾」。[60]而法國政教分離的情況，尤其可作為中國之借鏡。

　　蔡元培任北大校長時，對於當時北洋政府摧殘教育事業的情況，有深刻感受，故主張「教育事業，當完全交與教育家，保有獨立的資格」，以免受各派政黨及各派教會的影響。他認為教會是保

57　《旅歐教育運動》，頁64-65。
58　蔡元培，〈華法教育會叢書序〉，孫常煒編著，《蔡元培先生年譜傳記》（國史館，1986），中冊，頁117。
59　蔡元培，〈北京留法儉學會預備學校開學式演說詞〉，高平叔編，《蔡元培全集》（中華書局，1984），卷3，頁52。
60　曾仲鳴，《法國里昂中法大學》，頁1。

守的，不能把教育權交與教會，他在〈教育獨立議〉一文中，除排斥政黨干預教育外，特別反對教會插手教育，其理由是這樣的：

> 教育是進步的，……教會是保守的；無論怎麼尊重科學，一到聖經的成說，便絕對不許批評；教育是公共的；英國的學生，可以談阿拉伯人所作的文學；印度的學生可以用德國人所造的儀器；都沒有什麼界限。教會是差別的，基督教與回教不同，回教與佛教不同。……彼此說真說偽，永遠沒有定論。正好讓成年的人自由選擇。……若是把教育權交與教會，便恐不能絕對自由。所以教育事業，不可不超然於各派教會以外。[61]

　　蔡元培在另一篇題為〈非宗教運動〉講演中，更明白指斥宗教之非是，謂：「然今各種宗教，都是拘泥著陳腐主義，用怪誕的儀式，誇張的宣傳，引起無知識人盲從的信仰，來維持傳教人的生活。這完全是用外力侵入個人的精神界，可算是侵犯人權的。」[62]

　　蔡元培對於法國政教分離的情況，有深入的觀察。他於1917年1月1日在北京政學會歡迎會上講〈我之歐戰觀〉時，指出「法國人對於宗教，較之德人尤為淺薄，即如聖誕日，德國尚停市數日，飾樹綴燈；法國則開市如常，並無何等點綴。至於教堂中常常涉足者，不過守舊黨而已。自1892年至1912年，法國屬行政教分離之制，凡教士均不得在國立學校為教員，自小學以至大學皆然。此外反對宗教之學說，自服祿特爾（Voltaire）以來，不知有若干人。可

---

[61]　蔡元培，〈教育獨立議〉，同註10，頁587-588。
[62]　蔡元培，〈非宗教運動——在北京非宗教大同盟演講大會演說詞〉，同上註，頁589。

見法國人對宗教之態度矣！」[63]報紙所載，常有脫漏或舛誤，同年2月19日，蔡元培有致《新青年》記者函，對此問題又作如下補充：「自1886年至1912年，法國厲行教育與宗教分離之政策。凡國立學校中，關係宗教之分子，一律排除。現在從小學至大學，任事者並無教會之人。此外反對宗教之學說，時有所聞，自服祿特爾以來，不一而足也。蓋法之國立學校，雖排除宗教分子，而教會仍有私立學校之自由也。」[64]

在蔡元培等教育家看來，法國於1866年已廢除神學之專科，1907年實行國教分離，教育職務，多出乎宗教，返乎常民，此誠古今萬國教育界之新聲。換言之，法國教育能脫於君神之迷信，非但其他專制國之所無，即瑞士、美國二國，雖離於君主之制，猶惑於新教之風也。而中國本無國教，遂無宗教之障礙，故法國教育之觀念，最宜於中國。[65]

曾在法國留學的左舜生，也舉出事例，見證法人排斥宗教教育之徹底與擁護自由思想之熱烈。某年在里昂召集的全法國小學教員大會，因阿爾薩斯、洛林兩省人民想保留他們的宗教教育，曾議決通過下列條款加以防止：

（1）限制有宗教信仰之私家教育的給憑，及其文憑的職業上之效力；

（2）防止教會的教學；

（3）禁止兒童學校僱用女修道；

（4）強迫有職業者送其子弟入公立學校；

（5）一切公共教育上所用之人，皆須係無宗教信仰者；

---

[63] 蔡元培，〈我之歐戰觀〉，高平叔編，《蔡元培全集》，第3卷（北京中華書局，1984），頁2-3。

[64] 蔡元培，〈致《新青年》記者函〉，同上書，頁24。

[65] 《旅歐教育運動》，頁63-64。

完全廢止教材中之涉及宗教宣傳及暗示者。[66]

從以上這些條文可以看出，法人擁護自由思想是何等的熱烈！排斥宗教教育是何等的徹底！左氏見賢思齊，引此條文以為國內教育界之戒。

（四）法國美術教育發達

當代學者，論美育思想及法國美術教育最多者，殆為蔡元培。蔡元培的教育思想中有一個十分重要的內容，即是他的美育思想。他在德國萊比錫大學留學時，便十分重視學習美學和研究美學思想，尤受康德的哲學美學思想的影響，認為康德的學說為「嗣後哲學家未有反對之者也」。[67]

蔡元培研究哲學而又深受希臘美術精神的影響，所以特別注重美育，以美育涵養性靈，以優美代替粗俗，化殘暴而為慈祥。他甚至主張，以美育代宗教。他不僅談美育的理論、美育的價值和功用，也談美育實施的具體方法。要是人生美育化，社會也美育化了，人類的心靈，何患不得平安？人類的道德，何患不得完成？大同之治，可以促進，世界觀理想，也就可以實現。[68]

蔡元培認為美育是養成健全人格所不可缺少的重要因素。他甚至認為，美術與國民性關係非淺，凡民族性質偏於美者，遇事均能從容應付，雖當顛沛流離之際，決不改變其常度。當法國在歐戰期間，明知軍隊之數，預備之周，均不及德，而臨機應變，豪不張望，當退則退，可進則進，若握有最後勝利之打算，而決不以目前之小利害動其心者，此皆源於美術之作用也。[69]民族性偏於優美一

---

[66] 左舜生，〈法國徹底的排斥宗教教育〉，《醒獅週報》，第5號（1924.11.8），第1版。

[67] 蔡建國，《蔡元培與近代中國》，頁158。

[68] 方炳林，〈蔡元培教育思想〉，《台灣師大教育研究所集刊》，第5輯（1962）。

[69] 蔡元培，〈我之歐戰觀〉，高平叔編，《蔡元培全集》第3卷，頁4。

派的法國，其法語的雅馴，建築與器具的華麗，圖畫之清秀以及文學、美術之品味，在在受到蔡元培的推崇。

蔡元培在華法教育會的成立會上演說，更從日常生活中所見，推崇法國美術的發達。他信心滿滿的說：「法國美術之發達，即在巴黎一市，觀其博物院之宏富，劇院與音樂會之昌盛，美術家之繁多，已足證明之而有餘。」[70]這是每一個到過巴黎的人都能夠輕易發現而感觸極深的事。

（五）法國普通教育學費低廉

一般而言，法國普通教育尤有特長之點，即學費廉求學易是也。其公立小學，為普及教育之根本，全免學費，人人可得求學（等於台灣後來所實行的義務教育）。中學為學問之要徑，價廉而制簡，較少他國「貴冑學堂」之餘味。等級相去較近，學問普及較易。至於大學為高深學問之建設，多不納學費，或學費相較低廉，寒士工民皆得與共之。法國距離「教育平等」固甚遠，然其趨勢向之矣！[71]

法國各級教育由中央統籌，自拿破崙以來已成定制，然學校收費低廉，亦有其社會背景。國人常有一誤解，以為法人為世界最侈靡之民族，不知法國侈靡之習，不過巴黎。曾有義大利作家普雷羅里尼（Prerrolini）著《二十世紀之法國人》一書，謂巴黎為世界之都市，其習尚由各國民族輻輳而成之，不得以是概法人。統巴黎以外各省之法人而觀之，實為世界最善儲蓄之民族，可謂之經濟界平民制，以其全國富力，全操於農人及小康家也。國民儲蓄之增率，每歲不下於二千兆云云。可以知法人之尚儉，而法國良為適於儉學之地點也。[72]

---

[70] 蔡元培，〈華法教育會之意趣〉，《蔡元培先生年譜傳記》，上冊，頁453。
[71] 《旅歐教育運動》，頁64。
[72] 蔡元培，〈說儉學會〉，高平叔編，《蔡元培全集》，第3卷，頁64。

　　李石曾認為，法國學校學費之所以儉省，較他國費用為廉，與法國之平民主義發達有關。[73]蔡元培對法人的儲蓄習慣極為推崇，認為「法國人多業小農，善儲蓄」，與中國人之習慣相類似。[74]李石曾亦說，「法人勤儉而善居積，與吾儕同。」[75]

　　從奢華的巴黎到鄉間小鎮，徐特立親身目睹法人勤儉的一面，他留下這樣的回憶，「現在就讀之學校，校長常自種蔬菜，幫助學生；年假時造各種表冊，皆教員分任。又曾見有教員由號（門）房自抬行李入內，並不呼僕役，較之我國教員，耐苦多矣！各處學生早起趕課，口嚼麵包，手提書包，兩足起跑，絕無不振作之像。鄉村婦女掘土、割草、種蔬，與男子一同行動，絕不似我國女子以作男子之工作為恥。」[76]

（六）法國人崇尚平等自由，較無種族歧視觀念

　　「自由、平等、博愛」是法國大革命的口號，像法國大革命一樣，對近代中國，尤其對中國的知識界產生過巨大的影響。

　　早年留學法國，與吳稚暉、張人傑、蔡元培等人發起組織世界社，創辦《新世紀》週報，並設立豆腐公司，主張派遣華工參加歐戰，復倡議旅歐教育運動，鼓勵莘莘學子到法勤工儉學，且創設里昂中法大學以培養專門人才，而能充分融入法國社會，成為巴黎沙龍常客的李石曾，據他的觀察，「法國人民，素無歧視外人之習。」[77]蔡元培亦補充說：「法國人無仇視外人之習。」

---

[73] 《李石曾先生文集》，下冊，頁229。

[74] 蔡元培，〈《華法教育會叢書》序〉，高平叔編，《蔡元培全集》，第3卷，頁144。

[75] 《李石曾先生文集》，下冊，頁296。

[76] 徐特立，〈留法通訊〉，《留法勤工儉學運動》（二），頁566。

[77] 李石曾，〈與蔡元培等致勸學所及小學校諸君函〉，《李石曾先生文集》，下冊，頁297。

李石曾指出，「法人之思想自由，甲于世界。既無崇拜官紳之風，尤少迷信宗教之蹟，不尚繁文，最富美感。」[78]

在湖南長沙師範當過校長，四十三歲始參加勤工儉學行列的徐特立，他以親身的體驗，見證法國社會的平等自由風氣。他「一到法國，覺無所謂總統，無所謂平民，無所謂農奴，無所謂文明種族，同為人類，即同為一家也。」他回憶乘法輪赴法時，「同船有軍人六、七百，我等與之水乳交融，見我暈船，則時時詢問，見我等學法語音不合，則殷殷啟導。同船一月，有如舊交，馬賽登岸，握手作別，似有不能捨之意。路人似骨肉，皆平等自由之精神也。」從徐特立的感觸，可知法國人是富於感情的民族，對於陌生人充滿熱烈的感情，對於不同膚色的種族沒有歧視的心理。[79]

徐特立初抵法國時，法文一字不識，曾入木蘭省立公學（Lycée de Moulins）學習法語文，對於中小學內自由平等精神發揮，更是印象深刻。他說，同學之間「兩相辯論之際，絕對尊重個人言論自由」，又說：「法人平等之精神，人所共見。如校長與門房同坐談天，毫無隔閡，先生與學生互稱先生，尤其甚者，對乞丐亦稱先生。……無論何人，都可握手，多上級的與下級的先握。」[80]

安徽留法學生曹自謙亦認為：「法國人性質大都和藹可親，不若英人之嚴峻。尚友愛，喜自由，愛平等，且以之作國徽焉。思想

---

[78] 同上註。

[79] 徐特立，〈由巴黎致湘學界書〉，收入清華大學編，《赴法勤工儉學運動史料》（北京出版社，1980），第2冊，上，頁192。

[80] 徐特立，〈法國小學教育狀況〉（原載《湖南教育》第3卷第7、8號〔1924.7〕），收入中央教育研究所編，《徐特立教育文集》（北京人民出版社，1986），頁23。

力甚強，多所發明，泱泱然有大國之風。」[81]

　　1919年旅法的蔣碧微回憶說：「法國人對於有色人種毫不歧視，這是他們的一大優點。」[82]1928留法的阮毅成說得最透徹：「法國是平等、自由、博愛的發源地，所以法國人對人類平等的觀念，乃至於各民族文化的平等觀念是他國人所不能及的。……在巴黎，任何顏色的人種可以與法國人享同等的待遇。任何國家的語言可以普遍的學習，也可以實用。」[83]

　　以上所述，係屬個人片面感覺問題。事實上，就平等一項而言，歐戰華工到法，工價特少，作工時間過長，且受監工者之虐待，並未受到平等之待遇。何況，華工在現實生活上受到彼國工人及普通社會之嫉視，[84]並不如想像中之美好。

　　總之，欲求高深學問，必先養成學問家，欲養成學問家，捨留學莫濟。總結上述，李、吳、蔡等人何以鼓吹留學以赴法為較宜，希望國內教育家多注意法蘭西教育，理由甚多。除法國本身學術水平不差，各類學問博通外，再以蔡元培的看法做一歸納。蔡氏認為，法國文化有特宜於我國者有五：

（1）曰道德觀念

　　國人之言道德也，曰恕，曰仁，曰正其誼不謀其利，與條頓民族之功利論、強權論不能相容。惟法人尊自由、尚平等，常為人道主義而奮鬥，與我國同也。

（2）曰文學美學之臭味

　　我國文學美術，皆偏於優美一派，而鶩重神秘之風甚少。歐人中近此者為拉丁民族，而法人尤其著者也。

---

[81]　曹自謙，〈留法見聞錄〉，《留法勤工儉學運動》（二），頁194。

[82]　蔣碧微，《蔣碧微回憶錄》（台北：皇冠雜誌社，1979），頁71。

[83]　阮毅成，《八十憶述》（台北：聯經出版公司，1984），上冊，頁288。

[84]　《旅歐教育運動》，頁82-83。

（3）曰信仰之自由

我國教育中從不參以偏重一教之主義，革命以後，持此尤堅。歐洲各國普通教育中，有修身而無宗教者，惟法國耳。

（4）曰習俗之類似

法國人多業小農，善儲蓄，和平寬大，無仇視外人之習，均與我國人相類。

（5）曰儉學之機會

吾國學校，尚未遍設；各種專門學術，不能不資於遊學；而遊學之費，公私具絀；費數百金而於三、四年間得造成一種專門學術者，以法國為最便。[85]

簡而言之，法國教育適宜國人之點，較他國為多，故謂：「為高深之學問而擇地，非法其誰乎？」

---

[85] 蔡元培，〈華法教育會叢書序〉，高平叔編，《蔡元培全集》，卷3，頁145。

第二章　旅歐教育運動的內涵

　　旅歐教育運動的內涵，廣而言之，應溯自「留法儉學會」，歷經「勤工儉學會」、「華法教育會」，包括華工教育，兼及北京中法大學、巴黎中國學院、里昂中法大學、比利時曉露槐（Charleroi）中比大學的創辦等事業，前後銜接，國內外學術聯成一氣。除上述之外，尚可包括用以支援資助此一運動的若干相關企業，如豆腐公司、法國都爾（Tours）中華印字局、通運公司、開元茶店等；用以輔助推進運動的若干學社，諸如世界社、世界編譯社、上海法文學社、巴黎華僑協社等；用以廣布宣傳的若干刊物雜誌，如《世界畫報》、《民德雜誌》、《學風雜誌》，乃至後來扮演更重要地位的《旅歐雜誌》、《華工雜誌》、《旅歐周刊》等。結合以上這些重要或比較次要的學會、學校、學社或刊物，大體構成一個以北京、上海（國內）、巴黎、里昂（歐洲）為傳播中心的學術網絡，進行那時挫時興、艱苦備嘗，長達近半世紀之久的旅歐教育運動。

第一節　留法儉學會

（一）留法儉學會發起的背景

　　自洋務運動時期那批留歐學生歸國後，赴歐留學的青年逐步減少，即以留法而論，不過三、五人而已。1900年，清政府制定了

鼓勵出國留學的政策，並重新向歐洲派留學生，留歐之風氣再開。
1903年，湖北選派24名青年赴比利時學習。1904年前後，京師大學
堂選派幾十名青年到法國留學。據1910年統計，當時已有近50名留
法學生大學畢業。他們攻讀的科目大體以機械工程為主。[1]

又1902年，孫寶琦（慕韓）出使法蘭西，李石曾、張人傑、夏
循均（堅仲）三人以隨員名義乘新銘輪由天津隨行，同行者合官費
自費生共20餘人。至上海，李石曾晤吳稚暉並相偕至四馬路杏花樓
餐廳便餐，吳氏諄諄注意於青年海外苦學，以期廣為介紹。其後，
張人傑創辦通運公司於巴黎，又4年，其鄉人自費留學者，相繼而
至，有汪汝琪、唐鏡元、趙志游、趙子靜、褚民誼、陸悅琴等人。
通運公司與其分設之開元茶店，有若自費生之機關。自是以後，官
費生到者漸多，尤以江蘇、湖北為眾。1903年，留法同人組織中華
會館於巴黎。又3年，改為留法學會。[2]

又吳稚暉於1903年由滬赴英，與同學一、二人，實行苦學之生
活。1907年吳氏抵巴黎，與李石曾、褚民誼二人同居宿，試驗節儉
之生活，每月房租15法郎，飯費60法郎，比一般生活減少一倍。三
人所鼓吹者，為平民主義，所接近者，為勞動社會，此皆留法儉學
會之張本。同年，蔡元培與自費生數人留學於柏林，亦實行儉學。
1909年，法國之李石曾研究大豆之功用，創辦豆腐公司（設於巴黎
西北郊之哥倫布Colombes），組織豆腐工廠，製造大豆各種食品，
並設為以工兼學之意。廠中工人皆來自河北高陽，由5人漸增至30
人，自費生亦有同來者，同宿同食，略如校中共同生活之組織，每
人每月飯費40法郎已足，此亦儉學會所由根據。[3]

---

[1] 李喜所，《近代留學生與中外文化》（天津教育出版社，2006），頁314-315。
[2] 《旅歐教育運動》，頁49。
[3] 同上註，頁50。

（二）留法儉學會之發起 ：宗旨與會約

民國元年（1912）二月間，李石曾、吳稚暉、張靜江、汪精衛、褚民誼、張繼、齊竺山等人，發起留法儉學會，並設預備學校於北京方家胡同，吳山、齊竺山、齊如山等人擔任組織，法人鐸爾孟擔任教授。[4]這是歷經十年的蘊釀與儉學實驗心得，所邁出的旅歐教育運動的第一步。

李、吳、張等先知先覺，基於本身的儉學體驗，他們對改良社會有一份責任，對於青年學子有更大的期望，這是他們發起留法儉學會的目的。理由是「改良社會，首重教育。欲輸世界文明於國內，必以留學泰西為要圖。惟西國學費，夙稱耗大，其事至難普及。」故聯合同志，「興苦學之風，廣闢留歐學界」，且當「共和初立，欲造成新社會新國民，更非留學莫濟，而尤以民氣民智先進之國為宜。」[5]

根據會約，留法儉學會的宗旨是「以節儉費用，為推廣留學之方法；以勞動樸素，養成勤學之性質。」會約共19款，茲誌較為重要者如下：

（1）會員及資格　自往留學者，或盡義務於本會者，無論男女少長均得為本會會員。前往留學之會員，以年歲在十四歲以上，能自了其事者為合格。若其父母親友攜同入會者，不限年歲。其體質學格適宜與否，由本會同志研究審定。入會者填具入會券，保證人同時簽名。

（2）義務　本會無會長等名目，惟由會員中推定同志數人，分任義務。

（3）會費　除個人學費外，不納會費。會中應用款項，由同志集助。

---

[4]　同上註，頁50。
[5]　同上註，頁50。

（4）辦法　關於備裝旅途食宿學課諸事，均由推定同志，組織襄助。

（5）旅途　由西伯利亞火車赴法，行期十八日，旅費約二百圓。

（6）住宿　學友住宿，或在校中，或在專行組織之舍中。

（7）衣服　衣服以樸素便利為主。每年作衣洗衣，不逾一百圓，如有盈餘，還給本人。

（8）學額　至少二十人。

（9）學費　每年一切食宿學費等，共計約五六百圓。理裝一百圓。旅費二百圓。

（10）學期　由個人自定，若無他故，至少三年。留學年內，應互守會約，以免中輟。隨學期之長短，以應可習之科目，列表如下：

願留學三年者，以首一二年預備普通語言文字，及普通科學；以末一年習簡單藝術，或考驗事項。

願留學四年者，首一二年同上，末二年可入農工商實習學校：二年畢業。

願留學五年者，首一二三年預備，末二年可入大學，習科目中之可以二年畢業者。

願留學六年者，首一二三年同上，末三年可入高等實業學校，或美術學校，或大學，習科目中之可以三年畢業者。

願留學七八年者，首一二三年同上，末四五年可入高等實業學校兼實驗，或美術學校，或大學，或醫科。

（11）學課　本會以科學實業，及一切有裨人生，與有關社會之智德體育各種學課為重。不事政法軍備各科。所入學堂，以不背以上之意，及省節經費為準。幼者並可補習

中文，以後學習專科。已通語言文字者，可免預備，逕
入專科。

（12）工作　凡關於個人及公共之工作，皆由學生擔任。每日
兼作有益人生社會之工藝，以為實習，並稍輔助經濟。
（住校者無之）

（13）誡約　不狎妓，不賭博，不吸煙，不飲酒，不為一切傷
生耗財之事。

（14）養成勤儉純潔，並有智識技藝之學子，為本會希望之結
果。至學校文憑成績，與本會無關。[6]

綜上所列，可知儉學會乃一自由傳達之機關，而非規章嚴密之
組織，於義務能者為之，無會長等名目，經濟由同志籌集，入會者
無納費之必須。值得注意者，留法儉學會有意在5年內將3千多名學
生分批送往法國留學，[7]可見其計畫之宏大。

（三）分支預備學校

除留法儉學會外，又有留英儉學會之設，會址設於上海法租界
嵩山路吉羊里43號，彼此相通，欲往英國或法國兩處，均可入會報
名。惟補習科上海只有英文，北京只有法文。另有留法女子儉學會
（其會約同）、居家儉學會（有願全家往法者，代為籌劃省儉之食
用房屋等法。其子弟入學者，可擇普通儉學會之約中適宜者行之，
故暫不立會約）。[8]歐戰前，亦有留德之同學，倡留德儉學會之議
者。留法儉學會初成後，亦有仿此而為留日儉學會者。可見儉學會
之宗旨，固可適用於各處。[9]

---

[6] 同上註，頁51-54。會約內容前後不同，亦有多至23款者，另可參閱張允
侯等編，《留法勤工儉學運動》（一）（上海人民出版社，1980），頁
14-18。

[7] 王介南，《中外文化交流史》（山西：書海出版社，2004），頁398。

[8] 陳三井編，《勤工儉學運動》，頁3。

[9] 《旅歐教育運動》，頁63。

留法儉學會之所以能發揮功能，厥為預備學校之附設。根據學校簡章，大致可以窺知以下主要內容：

（1）宗旨及辦法　本校專為有志者赴法留學而設。校中一切事宜由儉學會幹事擔任辦理，務以不背本會會約及養成儉學之習慣為宗旨。

（2）地址　本校設於北京安定門內方家胡同。除四川設立留法預備學校外，俟經費充足再行推及各省。

（3）職教員　設幹事一人或二人經理校務；法國教員一二人教授法語；本國教員若干人教授中文及各科學；並延同志盡講授之義務（如泰西風俗及公共衛生等項）。

（4）資格　以曾入留法儉學會，自信能確守會約及本校學生規則者為合格。

（5）學額　無定，至少以二十人為限。

（6）學期　定為六個月，屆期考驗以定去留。及格者即由會中給予證書，定期赴法。其願預備一年或二年者聽。惟須滿二十人方能開班。

（7）學課　法文、中文、算學及應用科學。

（8）經費　現由同志捐集，推廣時得請求教育部撥款補助。

（9）學膳費　學費之多寡，視學生之額數而定。如學生滿二十人，每月學費六元，膳費五元；四十人以上，每月學費五元，膳費五元。入校時至少必須先繳五個月學膳費。[10]

北京預備學校於民國元年春間成立，設於安定門內大方家胡同路北順天高等學堂舊址，之前為國子監南學。每班預備數月即赴法。但前後只辦了三班，經由此校赴法者，約在八十人以上，百人

---

[10]　《留法勤工儉學運動》（一），頁19-20；另可參閱拙編，《勤工儉學運動》，頁18；旅歐雜誌社編，陳三井校訂，《旅歐教育運動》，頁58。內容稍有出入。

以下。至二次革命後，教育部索還校舍，預備學校遂遷入四川會
館，然警役隨時到校巡查，各生不堪其擾相率退學，校遂停辦。自
此儉學會不復有大批人去法矣！

　　除北京留法儉學會首開風氣外，四川亦有朱芾煌、吳玉章、沈
與白、黃復生、趙鐵橋、劉天祐等人發起四川儉學會，設預備學校
於少城濟川公學（係沈與白私人創辦）。

　　1912年底，留法儉學會組織第一批儉學生赴法。這批學生共30
餘人，其中有北京留法預備學校20餘人和吳玉章由四川帶來的成都
留法預備學校朱廣相、朱廣才、李乃堯、朱廣儒、胡諤君等16人。
北京留法預備學校的學生為留法儉學會第一班留法學生，成都預備
學校的學生為留法儉學會第二班留法生。

　　據北京留法預備學校第一班結業的李書華回憶：第一班同學除
徐廷瑚與他以外，有李宗侗（玄伯）、李宗侃（叔陶）、汪申（申
伯）、彭濟群（志雲）、陳揚傑（子英）、榮祜（佑申）、樂禔
（篤周）、樂夑、聶國樑（培元）、魏樹榮（耀東）、魏樹勳（希
堯）、羨鍾周、羨鍾鑑、張紹程（張紹曾之弟）、馮啟球、徐學
洛、雷善勤等；又有女同學鄭毓秀（即後來之魏道明夫人）章以保
（即後來之唐在彰夫人）二人，合共二十餘人。這是中國男女同班上
課最早的學校。後來鄭女士另行單獨去法留學，章女士則未出國。

　　第一班於民國元年4、5月間開學上課。上課後約4個月，第二班
同學余順乾（子元）、謝田、李乃堯、胡諤鈞、朱廣儒、朱廣相、
朱廣才等十餘人亦到留法預備學校。第二班同學幾全為四川人。

　　第一班同學與第二班同學約共三十餘人，臨時加入李駿（顯
章）、何魯（奎元）等，同乘火車經過西伯利亞於民國元年底到達
巴黎。兩天後，即由李石曾先生送往巴黎以南一百餘公里之蒙達集
（Montargis），預備學校第一班學生入該地男中學，第二班同學入
該地工職，預備法文。食宿自修與法國學生同在一處，惟校中給中

國學生另組法文班。後來又有幾批留法儉學會學生到法，然總計前後如數大約不過一百人。[11]

　　1913年6月3日，留法儉學會又組織第二批儉學生30餘人啟程赴法，這批赴法學生除預備學校第三班的學生外，尚有北京孤兒院張守正、楊宏遠兩名孤兒及北京平民學校兩名女教員張星華和王蓮生。臨行時送別者極眾，平民學校的送行學生並高唱送別歌，其詞云：

> 桃李花開色正豐，春風化雨功。
> 平民教育福無窮，好作主人翁。
> 先生遠行吸歐風，離別黯然中。
> 吾道明昌天下公，臨風唱大同。[12]

　　留法儉學會走陸路搭火車經過西伯利亞到法國，大部分進入蒙達集（Montargis）、楓丹白露（Fontainbleau）、墨蘭（Meulun）、文森（Vincennes）等地的中學校學習法文，食宿自修與法國學生同在一處，惟校中給中國學生另組法文班；有少數人考入專科學校或大學，例如李書華（潤章）先入都魯芝大學（Université de Toulouse）農科，繼入巴黎大學學物理，獲理科博士學位，徐海帆（廷瑚）入巴黎大學習化學。留法儉學會曾刊《法蘭西教育》一書，介紹法國普通與高等教育，供諸生參考採擇。

---

[11] 李書華，《碣廬集》（傳記文學出版社，1967），頁2-3。
[12] 《中華教育界》，1913年7月號，紀事欄「瑣記」。轉引自：張允侯等編，《留法勤工儉學運動》（一），頁30。

第二節　勤工儉學會

　　1914年夏，歐戰爆發，法國兵士傷亡日重，壯丁短缺，勞力不足，乃有法國陸軍部委託惠民公司代招華工，赴歐參戰，於戰地擔任伐木、運輸、挖掘戰壕等後勤工作之舉。[13]同年6月，贊成華工出洋的李石曾居巴黎，遂與蔡元培、張人傑、吳敬恆等暨豆腐公司員工李廣安、張秀波、齊雲卿等人發起「勤工儉學會」，以「勤於作工，儉以求學，以進勞動者之智識」為宗旨。入會者視個人力之所能，以助該會之發展，或個人實力求學，或助他人求學，或以書說之著述演講為傳達，或以經濟為傳達之助，皆由會員隨時組織而實行之。李石曾並撰《勤工儉學傳》月刊一冊，華法文對照以廣宣傳，蔡元培為該書作序，發揮勤工儉學之本意。[14]

　　勤工儉學會成立後，李石曾等更倡工作一年，讀書兩年之說，一面與法人共同組織華法教育會以為推動，一面在國內設立預備學校，共謀學生出國之準備與在法謀工之便利。此外，吳稚暉於1916年在《中華新報》發表〈朏盦客談話〉長篇連載，以其親歷之經驗，為勤工儉學廣為宣傳、指導；華林於1917年回國，極力鼓吹各縣籌縣費派遣學生，影響所及，留法勤工儉學幾成為舉國公認之唯一要圖，自總統以至學者名流莫不竭力提倡、贊助，是以至1919-1920年間形成一股巨大浪潮，前後蹠至法國者近二千人，其中以四川、湖南兩省為最多，直隸、浙江等省次之。[15]

---

[13] 參閱，陳三井，《華工與歐戰》（中央研究院近代史研究所專刊52，2005再版）。

[14] 陳三井，《勤工儉學的發展》（東大圖書公司，1988），頁9。

[15] 據不完全統計，四川412人、湖南398人、直隸196人、浙江116人。參閱：趙靜主編，《留法勤工儉學運動》（解放軍文藝出版社，2004），附錄一。

　　除華法教育會將於下一節論述外，茲將這個時期在國內所成立的留法預備學校作一介紹。為了適應赴法勤工儉學的需要，國內不少地方都開辦了勤工儉學預備學校和預備班，這是繼承民初留法儉學會的作法而來，不過最大的不同，在於大部分除了教授法語外，又教授鐵工、木工、繪圖等技藝。據統計，這類學校和預備班各地約有二十餘處，茲就資料所及，分別介紹如下：

一、留法勤工儉學預備學校概述

（一）北京高等法文專修館

　　自袁世凱死後，被迫流亡法國的李石曾、蔡元培等相繼回國，繼續倡導旅歐教育。1917年4月，中斷四年的北京留法儉學會恢復活動。5月，華法教育會和勤工儉學會在北京相繼成立。這三個會所幾經搬遷，最後遷至南灣子石韃子廟，聯合掛出招牌，成為推動勤工儉學運動的總機關。[16]

　　北京高等法文專修館於1918年即已成立，由華法教育會發起，中法協進會贊助，以養成法文及專門人才為宗旨，分本科及專科兩類，專科又分師範科與工業科兩種，前者以養成法文教員為宗旨，後者以養成法文工業技師為宗旨。專修館以蔡元培為館長，李石曾為副館長，法人鐸爾孟為名譽館長。法文教員有包玉英、何尚平、程文熙等人，工科教員有高魯、彭濟群等人。一年後學生已達三百餘人，山西省長閻錫山亦派學生兩班九十人到館學習，該館亦招收女生。[17]一般而言，該校具有較高的教學質量。

　　惟這種名為法文專修館，實為留法預備班的作法，卻存在不少問題和缺點，薛世綸便指出其重要的三點：

---

[16] 王會田，〈簡論保定對留法工儉學運動的貢獻〉，收入趙靜主編，《留法勤工儉學運動》，附錄二。

[17] 張允侯等編，《留法勤工儉學運動》（一），頁161-167。

（1）畢業資格無奇不備

招生簡章雖規定，要中等以上的畢業生方有入校資格，但實際上，分子卻異常複雜。有中等學校已畢業的，也有中等學校未畢業的；有高等小學剛畢業的，也有高小尚未畢業的。簡直可以說是五花八門，無奇不備。一個純粹的專門學校，就成了一個無所不包的「垃圾桶」。

（2）功課華而不實，師資不足

從功課表上看，很為堂皇、圓滿，每週有法文課十幾小時，圖畫七、八小時，工程、機械、土工、金工、拳術、體操各若干小時，但實際上授課的，除法文課程往往缺席一半外，其餘可以說都是表面敷衍文章。圖畫與金工課程尚不及中學或師範中隨意科之圖畫、手工那般高深。至於工程、機械、土工，至今尚未找到教員。一切都是虛銜，不過藉以粉飾門面。

（3）管理放任，學生怠惰

校內規則，取絕對放任主義，學生之行動也絕對自由。這種辦法，用意雖好，可是陳義過高，於這般血氣未定，沒有獨立精神和自治能力的學生，似不大相宜。而學生中除去少數純潔勤謹不受氣息傳染者外，其餘大多怠惰奢侈成性。因其如此，所以一般有志學生入校上了數日課，明白內情後，便大抱悲觀，相率望望然而去，或改入他校，或自備旅費提前首途，能在此終業者，百不得一。[18]

薛世綸的批評，或覺過於苛刻，但確實已點出勤工儉學這批主事者一開頭喜歡掛招牌，好高騖遠，管理鬆懈等弊病。薛世綸在檢討批評之餘，進而對畢業年限、教學和管理等問題，洋洋灑灑提出十項建議，亦算有心人。

---

[18]　薛世綸，〈對於留法勤工儉學問題的通信〉，《留法勤工儉學運動》（一），頁347-348。

（二）高等法文專修館長辛店分館工業科

此校附屬於北京高等法文專修館，但有一定的獨立性。學制為一年，招生對象是中學生、師範生以及有同等學力者。學校的教師大都是從法國或比利時歸國的留學生，幾乎全部用法文授課。學校實行半工半讀，每週上課20小時，實習和作工40小時，主要以到鐵路工廠參觀、勞動為主。學生考試合格獲取畢業證書者，即介紹到法國留學。[19]

（三）布里村留法工藝實習學校

布里村位於高陽縣東南18華里的潴龍河畔。1917年夏，李石曾到布里村看望好友段宗林（子均），時逢村邊的潴龍河發大水，他看到村民們在緊張的防汛期間提著小油燈到村裡的「半夜學堂」學習，感動之餘，遂在該學堂即興演講。他以潴龍河發水為題，講述如何學習法國的科學技術，變水患為水利。老鄉們聽呆了，都覺得很新奇。布里村在十年前曾是李石曾的巴黎中國豆腐公司招募和培訓工人的基地，學風很盛。十年來，豆腐公司的工人經常給家鄉的親朋寫信，介紹在法國的生活、勞動和學習情況。1917年前後，部分豆腐公司的工人由法國回高陽探親，又親口向鄉人們敘述了在法國情景，使高陽縣的群眾感到法國並不那麼遙遠，出國也不那麼可怕，去法國不失為一條謀生之路。在這裡創辦留法預備學校，「教者易得其人，學者亦極踴躍」，十分適宜。經磋商，即選定本村段宗桂家一個三合院為校舍，段宗桐為校長，巴黎中國豆腐公司回家探親的工人齊連登、

布里村留法工藝學校

---

[19] 李喜所，《近代留學生與中外文化》，頁331。

張秀波、曹福同為法文教員。辦學計畫決定之後，李石曾即向教育部呈文備案，教育部很快批下了李石曾的上呈，於是張貼布告，考試招生。

招考資格規定，年在十八歲至二十二歲之間，身體強壯，素有職業或曾入學校，向無煙、酒、賭博、放蕩之嗜好，得有切實保證者，均可報名。考試之內容略分為兩種，一為淺近漢文、算學，二為知識與志趣之回答。

報考的學生國文和算數考試合格後，還要考體力。體力考試是在一個打麥場兩端各立一木杆，考生擔著兩筐約一百斤重的黃土繞杆行走一周者視為合格。李石曾、段宗林等站在場內監考，老鄉們和應考的學生站在場外圍觀，很是熱鬧。「布里留法工藝實習學校」就這樣建立起來了。這是全國建立最早的唯一一所專門培養留法勤工儉學生的學校，但因校舍小，沒有實習工廠。

第一期實際錄取的人數約有六、七十名，多是高陽及附近縣的學生。由於此期人多教室少，學生們上下午分班上課。學習不滿一年，於1918年春即畢業，畢業生各獲一張中法文對照的畢業證。

為適應形式的發展，主要是赴法後勤工的需要，李石曾、段宗林、段宗桐等買下本村一塊地，於1918年秋建成一所新學校，請高、蠡兩縣名書法家、布里村的張卓甫書寫的新校名──「留法工藝學校」。新校除教室、辦公室、宿舍、食堂和小花園外，重要的是設立的實習工廠，以打好赴法後的勤工基礎。蔡元培特為該校題寫「業精於勤」橫匾掛在實習工廠車間的牆上。學生們在實習工廠學得了一定的工藝技能，赴法後均能順利地進入工廠並能勝任技術性工作。1919年5月抵法的勤工儉學生，二十餘人直接進入工廠作工，他們以來自保定布里村留法預備學校的學生為主。

新建學校的資金來源於熱心人的捐款、賣彩票、請梅蘭芳、姜妙香等名藝人義演等。段宗林捐出自家祖墳後二畝地供建新校打井

脫坯、建窯燒磚用。段宗林的族兄段宗揚拆了自家一座舊樓，將磚瓦木料捐出建校，高陽縣由此傳出「布里有個段宗揚，拆了南閣蓋學堂」的佳話。馬寶來因監工建校操勞過累而病故。布里村這些仁人志士的創業與奉獻精神，實讓後人敬仰！

新校建成後，面向全國招收了第二期學生，約六十人。本期學生分為北方班和南方班，北方班多為河北籍，南方班均為湖南籍，故又稱湖南班。中國共產黨的早期創始人之一蔡和森即在此班。1919年春，因學校師資的變化和赴法經費等原因，蔡和森赴京，南方班的學生集體轉入保定育德中學附設的留法高等工藝預備班學習。

1919年秋，該校招收第三期，仍分南北兩班，1920年夏畢業。因法國蒙受歐戰創傷嚴重，經濟凋敝，留法勤工儉學的形勢急轉直下，布里村留法工藝學校停止招生。[20]

布里村留法工藝學校學生名單（據不完全統計）[21]

省市	姓名
河北省	王蘭馨、王守義、王自珍、田世古、段潤波、段其光、段其燕、段澄波、段廣心、段秉午、段松年、劉文長、劉國馨、宋樹濤、嚴瑞升、鄧豫熙、曹清泰、李蔭波、趙近仁、管殿勛、孫連峰、孫岳峰、孫松亭、成顯奎、周世昌、胡嘉謨、高樹堯、高震堃、張　鈞、張德祿、張閣勛、張玉琪、張治安、張漢文、張樹光、陳書樂、孟鶴泉、宏金元、李瑞成、李世銘、焦玉峰、董　平、齊雅如、齊雲啓、韓振世、韓克寬、程寶琛、傅國祥
湖南省	王蘭馥、王仁達、蕭自乾、劉　樽、包光溢、樓紹連、樓紹丞、孫發力、黃進一、傅昌鉅、汪庭賢、熊信吾、顏昌頤、蔡和森、侯昌國、唐靈運
江蘇省	沈沛霖、唐樹華、謝　會、謝葛華、朱增璞、柏勁直、楊品蓀

---

[20] 王會田，前引文。

[21] 趙靜主編，《留法勤工儉學運動》，頁53。

湖北省	吳清東、陳聲煜、馬道翰、廖仁先、鄧繼禹、楊家柱、楊振釗、徐邦杰、陳恩澤
山東省	周文中、姜　信、唐　潛
安徽省	沈宜甲
河南省	王增序、王增壁、陳嘉言
四川省	熊天錫
山西省	劉炳煦

（四）保定育德中學附設留法高等工藝預備班

1917年夏，李石曾、蔡元培到保定育德中學參觀並發表演說，建議在該校設立留法預備班，當時的校長王幸增（國光）與李石曾是高陽同鄉，又是摯友，育德中學曾多次得到李石曾的幫助，留法勤

保定育德中學舊址與碑文

工儉學的宗旨與育德中學當時的「教育實用主義」正好相合，且育德中學的教職員多是同盟會員，改革氣氛甚濃，故該建議極得廣大師生的歡迎，即刻決定籌建「留法高等工藝預備班」（簡稱留法班），原來的校辦工廠兼作留法班的實習工廠。8月，面向全國招生。

留法班的法文教員由巴黎中國豆腐公司的工人李廣安擔任，從1918年招收的第二期開始，機械教員由劉仙洲（名振華，保定市完縣人，後曾任北洋大學校長、清華大學副校長等職）擔任。在留法班正需機械教員時，恰逢劉仙洲由香港大學畢業，他在回保定途中已應聘於天津高等工業學校，月薪一百五十元。因為他原是保定育德中學畢

業生，王國光就堅決叫他辭掉天津之聘，回育德執教，月薪五十元。劉仙洲因愛母校，慨然允諾，且連續數年未曾離職，貢獻極大。後來王國光回憶說：「我這種請教員的方式似乎不盡人情，他這樣的犧牲也是人所罕見的。」此事一時傳為佳話。

留法班實習工廠設有鍛、銼、鉗、機加工，木工等技術工種，學生們在工廠輪流實習各工種，收效甚大，故赴法後無論是作工還是求學，都比較容易，且成績優秀。查育德留法班畢業學生之公益技能較他處尚優。其中尤以保定育德中學及北京高工學校之學生在彼成績為最佳，無非因其在中國之時，法文與工藝預備有根底，故到法後不感困難耳。育德中學留法班教學設備之良，師資水平和教育質量之高，其他預備班均不能與之相比。

法國駐中國公使參觀了育德中學留法班，十分讚賞，回京後即撥了一筆經費，以表支持。曹督軍（曹錕）對於保定之預備學校，除捐款兩萬元外，更捐機器三座，專為預備留法生之用。吳玉章因慕育德之名實，把兒子吳震寰從遙遠的四川送來保定育德留法班學習。當時保定師範有個美國教員叫福斯特，因敬佩育德中學留法班，曾贈給育德中學實習工廠幾台機器，因此，實習工廠曾以「福斯特鐵工廠」名之。

保定育德中學留法班於1917年8月招收第一班，生源多為育德中學應屆畢業生，計三十一人。1918年9月招收第二班，計八十六人。本期學生湖南人最多，其中有從布里村轉來的一部分學生，故有「湖南班」之稱。李維漢、李富春就在本班學習。毛澤東曾由北京到保定去看望湖南學生。1919年秋招收第三班，計六十三人，劉少奇即在此一班。1920年秋招收第四班，計三十三人，1921年畢業。此時留法勤工儉學運動在法國受到挫折，故本班學生未能到

法。至此，育德中學留法班停辦。[22]

（五）直隸公立農業專門學校附設留法預備班

1920年9月，直隸公立農業專門學校（今河北農業大學，校址在保定市）也辦過一期留法預備班，招生三十餘名，農專增設留法班後，主要是養蠶繅絲，學習法語和農業知識。據《河北農業大學校志》載，1920年6月，甲種農科第四班三十五名畢業，並呈准試辦留法勤工儉學班。9月，招收留法班一班，生源一部分是本校應屆生，一部分是社會招收，1921年畢業。其中大部分學生考中官費入里昂中法大學，回國後成為各行業的專家學者。[23]

（六）成都留法預備學校

1918年4月建立，吳玉章任名譽校長。由於房舍擁擠，無固定校址，學生借成都市腳板街的志成法政專門學校上課，所招學生有二百多人，包括陳毅及其哥哥。該校以學習法文為主，兼學代數、幾何、化學、物理等課程。考試由四川省政府統一命題，前30名可以公費留法，其餘則為留法勤工儉學生。

（七）上海留法勤工儉學預備科

1919年開辦，由上海留法勤工儉學會和中華職業教育社聯合負責，附屬於中華職業學校，一年畢業。根據學生法語程度，分甲、乙兩組。法語過關者，重點學習工藝技能，編為甲組；不通法語者，白天上法語課，夜間學習工藝，編為乙組。每天在中華職業學校開設的工廠實習4小時。[24]

（八）其他

除上述主要預備學校和預備班外，尚有青星學會附設法文學校、長沙游法機械科預備班、長沙法文新塾、福建私立政法學校留

---

[22]　王會田，前引文。

[23]　王會田，前引文。

[24]　李喜所，《近代留學生與中外文化》，頁331。

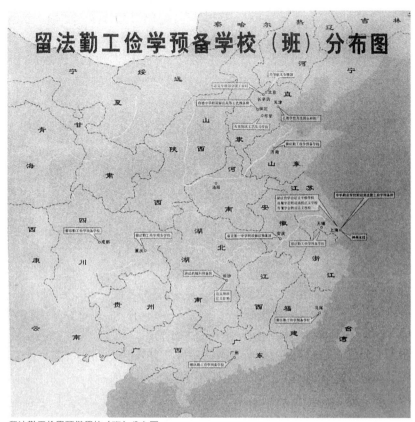

留法勤工儉學預備學校（班）分布圖
圖片來源：趙靜主編，《留法勤工儉學運動》，頁79。

法預備班、安徽省立第一中學附設留法預備科等，限於篇幅與資料
不足，無法一一縷述。茲將其分布圖顯示如上。

二、留法勤工儉學生分批赴法

　　根據資料，從1919年3月至1920年12月，在勤工儉學會與華法
教育會的安排下，共遣送二十批勤工儉學生赴法。張允侯等所編的
《留法勤工儉學運動》（一）（上海人民出版社，1980）首先刊出

「歷屆勤工儉學生赴法一覽表」，載明啟程時間、船名、人數、抵
法時間及備註，不過資料比較簡略。其後，凡研究勤工生赴法者，
如鮮于浩、[25]李喜所、[26]葛夫平[27]等人都加引用，並由此進而推論勤
工生的總人數。

　　貢獻最大的是鄭名楨，他根據國內外報刊的資料，再將這二十
批赴法勤工生的細部內容，予以深化，配合有各省的名單，十分有
價值。茲引述如下：

　　第一批：1919年3月17日，勤工儉學生八十九人於上海楊樹浦
碼頭，乘日輪「因幡丸」啟程赴法。其中湖南四十三人、直隸二十
二人、四川九人、山東八人、湖北三人、廣東、江蘇、安徽、江西
各一人。3月15日，環球中國學生會在上海靜安寺路五十一號會所
內，召開歡送會，吳玉章、張繼、高魯以及法國駐滬總領事等中法
有關人士參加了歡送會。毛澤東也於前一天由北京趕到上海參加歡
送。會後全體合影留念。

　　第二批：1919年3月31日，勤工儉學生二十六人，乘日輪「賀茂
丸」，由上海啟程赴法。其中直隸十五人、湖南十人，江蘇一人。

　　第三批：1919年4月14日，湖南籍勤工儉學生二人，乘日輪
「伊豫丸」，由上海啟程赴法。

　　第四批：1919年7月13日，勤工儉學生五十七人，乘日輪「三
島丸」，由上海啟程赴法。其中山西十二人、江蘇二人、河南二
人、山東浙江、福建各一人、直隸十五人（其中有布里村留法工藝
學校法文教員齊連登，以及隨他一同赴法的高陽布里學校學生陳書
樂等人；還有一名年僅十二歲的王書堂也隨齊一起赴法，他是赴法
勤工儉學生中年齡最小的一個）、湖南十三人（其中有保定育德中

25　鮮于浩，《留法勤工儉學運動史稿》，頁56-58。
26　李喜所，《近代留學生與中外文化》，頁335、336。
27　葛夫平，《中法教育合作事業研究，1912-1949》，頁17-18。

學留法預備班結業的學生羅學瓚等人）。

由於歐戰初止，法國輪船忙於運送士兵和戰爭物資回國，不願運載其他旅客，所以第一、第二、第三批學生均乘日本船，由英國倫敦轉去法國。

第四批勤工儉學生赴法時，正值全國人民到處都在開展聲勢浩大的抵制日貨鬥爭，勤工儉學生「本不願乘三島丸，因係以前預定，且此時又別無他船」，只得仍乘日本輪船赴法。陳毅等四川學生抵滬後，堅決不乘日本船，後經華法教育會與法國政府交涉，從第五批開始改乘法國輪船，由上海直達法國馬賽。

第五批：1919年8月14日，勤工儉學生七十餘人，乘法輪「麥浪」號，由上海啟程赴法。其中陳毅等四川學生六十一人，浙江六人、上海五人。

第六批：1919年8月25日，勤工儉學生五十四人，乘法輪「盎特萊蓬」（André Lépon）號，由上海啟程赴法。其中湖南十餘人、浙江十餘人、安徽一人、四川五、六人、廣東、江蘇、直隸等省人數不相上下。

第七批：1919年9月29日，勤工儉學生十九人，乘法輪「博爾多斯」（Porthos）號，由上海啟程赴法。其中湖南十六人、天津、直隸、浙江各一人。這批學生中最引人注目的是湖南著名教育家徐特立，當年已四十八歲，為了尋求新思想，學習新知識，放棄了國內優厚的薪金、安適的生活，與青年們一起去法國作工求學。

第八批：1919年10月16日，勤工儉學生四十八人，乘美輪「渥隆」（Wollowra）號，由上海啟程赴法，其中湖南有李卓然等二十二人、廣東七人、湖北四人、浙江、江蘇、江西、陝西各一人，還有王若飛等五人是貴州首次赴法的勤工儉學生。

第九批：1919年10月31日，勤工儉學生二百零七人，乘法輪「寶勒加」（Paul Lécat）號，由上海和香港分別啟程赴法。由上海上船的

一百五十四人，其中湖南八十餘人，包括曾在保定育德中學留法預備班學習的李維漢、李富春、張昆弟、賀果等人，江蘇十三人、山西十一人、四川十人、河南九人、浙江八人、江西六人、山東四人、直隸三人、湖北三人、安徽、北京、天津、廣西、熱河、福建各一人，另有福建學生三十五人、廣東學生八人，由香港上船。

　　這批學生是勤工儉學生赴法以來，人數最多的一次，並且有舒之銳等兩名女學生。故到法國後引起法國及世界輿論的注意，「（一）巴黎《時報》云：近有中國學生二百人到馬賽，同來者有前參議院院長張繼君、前河南師範學校校長汪（王）君。中國學生已來者將近七百人矣。《時報》為法國政界最重視之報紙，法國政界中人無不注意其刊載的消息。此事一經其報導，法國政界昔日不知中法教育之關係者，至此亦無不以學生來者之多，視為重要之問題；……（三）美國訪事。美國各報派駐法國記者訪事聞中國多數學生到法，次日即至招待學生各機關訪問周至，遍告以美國一千二百種之報章。該訪事乃主張美國開禁華人，故以法國歡迎學生而為之運動美人不可讓法人偏美矣。此可見中國學生之來法，非僅影響留法學界，亦且影響華人在全世界之地位矣！」

　　第十批：1919年11月22日，勤工儉學生四十人，乘英輪「勒蘇斯」（Rhesus）號，由上海啟程赴法。其中貴州十一人，有著名教育家黃齊生，江蘇八人、浙江五人、廣東、湖南各三人、直隸、安徽、福建、奉天各二人，廣西一人。

　　第十一批：1919年12月9日，乘法輪「司芬克斯」（Sphinx）號，由上海啟程赴法。人數共一百五十八人，其中四川五十四人，有聶榮臻、鍾汝梅、帥本立等。湖南三十六人，有顏昌頤及熊淑彬、范新順、范新瓊三名女生。河南八人、江蘇、浙江十七人，直隸十餘人，江西、吉林各數人。

　　第十二批：1919年12月25日，勤工儉學生九十餘人，乘法輪

「盎特萊蓬」號，分別由上海和香港啟程赴法。由上海上船的五十多人，內有湖南女生葛健豪、蔡暢、向警予、李志新、熊季光、蕭淑良等六人，蔡和森也於此批赴法。由香港上船的有廣東、福建學生約四十餘人。

第十三批：1920年2月15日，勤工儉學生五十二人，乘法輪「博爾多斯」號，由上海登船的三十三人，來自山西、江西、安徽、四川、湖南、山東、廣西、湖北八省。由香港上船的十九人，係由黃強帶來的廣東、福建學生。

第十四批：1920年4月1日，勤工儉學生一百一十餘人，乘法輪「寶勒加」號，由上海啟程赴法。由上海上船的有五十餘人，其中四川十五人、安徽七人、北京六人、湖南四人、江西、浙江各二人。由香港上船的有六十餘人。

第十五批：1920年5月9日，勤工儉學生一百二十六人，乘法輪「阿爾芒勃西」（Armand Behic）號，由上海啟程赴法。這批學生中有新民學會會員陳贊周、蕭子璋、熊光楚、歐陽澤、劉明儼、張懷六人。5月8日，新民學會在滬會員毛澤東等十二人，曾在半淞園開會送行。這批學生中還有不少是在京、津、保三地預備學校（班）結業，因家貧籌款無從，一面在上海、北京、天津等地做工維持生活，一面設法等機會去法國的湖南等省學生。各省赴法人數湖南六十一人、浙江二十三人、四川有趙世炎等十三人和女生三人、江蘇九人、江西有傅烈等六人，湖北四人、陝西二人、廣東有熊銳等二人，廣西一人。

第十六批：1920年6月25日，勤工儉學生二百二十餘人，乘法輪「博爾多斯」號，由上海啟程赴法。由上海上船的九十七人，由香港上船的一百二十餘人。

第十七批：1920年9月11日，勤工儉學生八十九人，乘法輪「盎特萊蓬」號，由上海啟程赴法。這批學生主要來自四川，如鄧

希賢（即鄧小平）、江克明（即江澤民）、冉鈞、傅汝霖等八十五人，其中貸費生四十七人，自費生三十八人；湖南一人、江蘇女生吳佩如、張近煊、鄭壁芋三人。

第十八批：1920年11月7日，勤工儉學生一百九十七人，乘法輪「博爾多斯」號，由上海啟程赴法。其中直隸三十六人、奉天二十六人、浙江二十三人、安徽二十人、江蘇十七人、湖北十六人、四川十三人、湖南十人、江西十人、河南十人、陝西五人、綏遠三人、貴州二人、山東、廣東、廣西各一人，女生三人。

在這批學生中，有當時天津學生運動著名領導人，「覺悟社」的發起和領導人之一的周恩來。……與周恩來一起赴法的「覺悟社」社員還有郭隆真等人。這批赴法四川學生中還有傅鍾等。

第十九批：1920年11月24日，勤工儉學生二十二人，乘法輪「高爾地埃」（Cordillère）號，由上海啟程赴法。其中四川七人、廣東、湖南各二人、直隸、浙江、陝西各一人。劉清揚等女生佔半數以上，這是勤工儉學生赴法以來女生最多的一次。男生有張申甫和天津學生運動的積極參加者、年僅十六歲的陶尚釗等八人。同船赴法的還有赴歐洲考察教育的北京教育考察團團長蔡元培、羅文幹、湯爾和、陳大齊、李光宇等人。

第二十批：1920年12月15日，勤工儉學生一百三十四人，乘法輪「智利」（Chili）號，由上海啟程赴法。由上海上船的一百二十二人，香港上船的六人，其餘六人不明。這批赴法學生四川籍的占最多數，其中有穆青、蕭樹械（即蕭樸生）、李季達、許祖熊、范易、李暢英（即李大章）等男生九十二人，女生有胡慕昭、常濚湄二人。在長辛店留法預備班學習的湖南學生何坤（即何長工）、高風、毛遇順、羅喜聞等人。同船赴法的尚有北京政府駐法公使陳籙。

這一批勤工儉學生是華法教育會組織赴法的最後一批。[28]

此後，由於法國發生經濟危機，工廠倒閉、工人失業、至法國的勤工儉學生就業不易，生活困難，中國駐法公使館和華法教育會對勤工儉學生已愛莫能助，國內青年赴法勤工儉學的熱潮，從此冷卻下來。

其後，周永珍編著的《留法紀事——20世紀初中國留法史料輯錄》，復在鄭名楨所提供的資料基礎上，將各省名單的籍貫、年齡、法文姓名等做了整理，資料愈見完整。[29]惟限於篇幅，無法詳列。

三、工學實踐概況

在短短兩年之間，透過華法教育會的安排，究竟送去多少勤工儉學生？由於各省統計人數不確實，加以前後資料不一致，真是言人人殊，很難正確估算。一般認為，約在一千九百人左右，各省之中，又以四川高居第一，湖南次之。茲根據較新的資料，依次列表如下：

省份	人數	省份	人數
四川	412	江西	36
湖南	398	奉天	28
直隸	196	山西	24
浙江	116	貴州	21
江蘇	91	山東	15
安徽	87	陝西	10
河北	80	廣西	8
廣東	61	雲南	3

---

[28] 鄭名楨編著，《留法勤工儉學運動》（山西高校聯合出版社，1994），頁29-36。

[29] 周永珍，《留法紀事——20世紀初中國留法史料輯錄》（國家圖書館出版社，2008），頁207-358。

福建	59	綏遠	3
河南	41		

另籍貫不明者，達二百八十一人。[30]

根據上表加上籍貫不明者，已達一千九百八十人，可見仍有重複之處。本表較為可疑的是，廣東省僅列六十一人，與鮮于浩書中所列的二百五十一人，懸殊至大。

主要的問題是，這些勤工儉學生到法後如何儉學？如何勤工？一般而言，這些勤工儉學生根據各人的經濟、學歷、體力、技藝等情況有先入學的；有入學實習法文一段時間後，又轉入工廠的；有的則先入工廠做工，有了儲蓄後再入學校。在開始階段，由於對法國的情況還不熟悉，法文程度還很低，與法人交談在語言方面還有一定困難，不少人在還有一筆預備費時，多半先入校學習法文。

勤工儉學生到法後，先後透過華法教育會與中法監護中國青年委員會（Comité Franco-Chinois de Patronage des Jeunes Chinois en France, 簡稱C. F. C.）、巴黎中法友誼會（Association Amicale de Patronage Franco-Chinois, 簡稱A. A. F.）三個團體的安排與介紹，有的入校學習法文，有的進工廠做工。

根據法國國家檔案館（Archives Nationales）所藏的勤工儉學專檔顯示，勤工生整體的學習活動範圍，前後涉及到法國二百零二個學校，其中有公私立中學，有職業學校，有專科，有大學，當然實際有中國學生就讀的尚不到此數。據華法教育會1920年10月的統計，中國學生在學超過二十人的學校有下列十二所：[31]

---

[30] 趙靜主編，《留法勤工儉學運動》，附錄一。

[31] Archives Nationales, 47 AS1 A/2-1（3）．

編號	校名	人數
1	蒙達集私立中學 Collège de Montargis	70
2	福列私立中學 Collège de Flers	47
3	墨蘭私立中學 Collège de Melun	32
4	德勒私立中學 Collège de Dreux	32
5	穆南公立中學 Lycée de Moulins	23
6	舍多帝葉利私立中學 Collège de Château Thierry	22
7	剛必安私立中學 Collège de Compiègne	22
8	拜耶爾私立中學 Collège de Bayeux	22
9	楓丹白露私立中學 Collège de Fontainbleau	21
10	寇恩私立中學 Collège de Cosne	21
11	普洛萬私立中學 Collège de Provins	20
12	坎城私立中學 Collège de Cannes	20

從上表可知，勤工生就讀者以私立中學為主，公立中學只有一處。蒙達集人數最多，尚不包括女子勤工儉學生，如蔡暢、向警予等人所就讀的蒙達集女子中學在內。

一般而言，中法監護會對於學生的服務工作做得相當細心而有耐性，一再為推薦學生入校就讀而與校長通信，並呼籲法人校長多注意勤工生的生活、娛樂、學業與學習精神。[32]法國學校對勤工生照顧的好壞，因校而異，有的由校長親自為中國學生補習法文，每天兩小時，不計報酬，遇勤工生有疾病住院開刀，校長夫人並到醫院探視，[33]熱情令人感動。有的校長以自己的公館接待勤工生，供膳宿，早晚同桌共膳，順教法語。[34]可惜學生在法，食宿學費樣樣需錢，日子一久，欠款愈多，學生無力支付，校長向中法監護會索

---

[32] Archives Nationales, 47 AS4, B/6-56.

[33] Ibid, 47 AS2, B/6-16.

[34] Ibid, 47 AS3, B/6-49.

要，中法監護會心有餘而力不足，只得推給已解散的華法教育會或中國使領館，以致糾紛迭起。[35]不僅頗傷雙方感情，亦有辱國體。

華法教育會等三團體向勤工生推介法國工廠多達八六九處，但經濟不景氣，工廠裁員無缺，或條件不合，或廠方為保護本國工人，被打回票者不在少數，故實際有勤工生做工者恐不到一半。根據華法教育會同年之統計，超過二十人之工廠有以下八廠：[36]

編號	廠名	人數
1	聖德田列夫廠 Leffaive à Saint-Etienne	53
2	沙列特胡欽孫工廠 Hutchinson à Chalette	46
3	哈佛勒史乃德工廠 Etablissements Schneider à Harfleur	45
4	聖夏門沙凡工廠 Chavanne Brun à St.-Chamond	40
5	慧密尼鑄鋼廠 Forge & Acieries de Firminy	36
6	聖夏門海軍鎔鑄廠 Forge & Acieries de la Marine à St.-Chamond	30
7	葉丹馬雷工廠 Etablissements Marrel à Etaings	25
8	勒克魯鄒史乃德廠 Etablissements Schneider le Creusot	20

勤工生所在的工廠種類繁多，其中最多的是鐵工廠，還有火車、汽車、摩托車、飛機零件、化工、木工、造船、冶煉、鍋爐、電氣、橡膠、印刷、皮鞋、酒精、人造絲、製藥等廠。也有在礦山、農場從事勞動的。勤工儉學生分布的地域很廣，北起第厄普（Dieppe）港，南抵尼斯（Nice）、土魯斯（Toulouse）一帶；東起南錫（Nancy），西至翁熱（Angers），都有勤工儉學生在求學和工作。總之，在五十五萬平方公里的法國土地上，幾乎到處都留下了他們的足跡。[37]

---

[35] Ibid, 47 AS6, B/16-4.

[36] Ibid, 47 AS9, A/2-1（4）.

[37] 張允侯等編，《留法勤工儉學運動》（一），頁8。

第三節　華法教育會（含華工教育）

繼留法儉學會、勤工儉學會之後，民國5年（1916）3月，中法兩國文化教育界人士蔡元培、李石曾、歐樂（Aulard）、穆岱（Marius Moutet）等人，在巴黎共同發起組織「發展中法兩國之交誼，猶重以法國科學精神之教育，圖中國道德、知識、經濟之發展」為宗旨之「華法教育會」（Société Franco-Chinoise d'Education），做為旅法華人文化教育事業以至實業的總機關。它的任務主要是發展中法友誼關係，組織中國學生到法留學，辦理華工教育，在法國創辦華人學校和講習班，編輯刊印中法文書籍，促進中法兩國經濟文化交流等。

「華法教育會」在巴黎發起後，也在國內各地成立分會，展開各項活動，對大部分的勤工儉學生而言，「華法教育會」有若他們的褓母，兩者關係密不可分，自不待言。

一、華法教育會的發起及其活動

民國5年，由於袁世凱稱帝，國體阽危，為聯結同盟國之需要，李、吳、蔡等人本擬組織「華法聯合會」，以發揮兩項功用：一是短程目標——當革命之時，可利於革命之進行；二是長程目標——傳達教育事業，為永久之進行。其後與法國同志相商，多主張劃分為二事：旅歐之國民黨一部分，專力於政治之進行；其他一部分專力於教育與社會之進行。這是聯合會易名為教育會之原因，[38] 亦即「華法教育會」成立之緣起。

---

[38]　《旅歐教育運動》，頁105。

　　同年3月29日，「華法教育會」假巴黎自由教育會會所，召開
發起會，到會者（包括通信報名及一向盡力於旅歐教育者）有法方
文化教育界人士歐樂、穆岱、赫里歐（Edouard Herriot）、法露，
中方有吳稚暉、汪精衛、李石曾、李聖章、張繼、張人傑、張競
生、彭濟群、蔡元培、褚民誼等各三十人。首由穆岱發言，略謂：
「自吾與留法中國團體諸君交接以來，見其關於教育之計畫精深宏
博，頗有裨於中法兩國精神上之發展，亦有裨於人道。」並宣示其
宗旨與作用，列為三部（詳後）。次由蔡元培演說該會之旨趣，強
調「承法國諸學問家、道德家之贊助，而成立此教育會。此後灌輸
法國學術於中國教育界，而為開一新紀元者，實將有賴於斯會。」
次由李石曾發言，指出中華印書局之刊行書報，遠東生物研究會、
留法儉學會之組織，工人團體之結合等，印證該會內容非惟理想與
計畫而已，實已見諸實行。

　　最後推舉幹事，皆法華各半，茲誌名單如下：

　　　　會長　歐樂（法）；蔡元培（中）。
　　　　副會長　穆岱（法）；汪精衛（中）。
　　　　書記　輦納、法露（法）；李石曾、李聖章（中）。
　　　　會計　宜士（法）；吳玉章（中）。[39]

　　同年6月22日，「華法教育會」仍假巴黎自由教育會會所，舉
行成立會。首由巴黎大學革命史家歐樂教授演說，說明「中華民國
與法蘭西民國相同，皆欲以教育為要務。諸君欲為真實之革命，非
僅易其衣表，實更易其身心；非但求中國之益，實求人道之益也。
諸君為此高誼之行為，而求助於法國，因其有改革之經驗。然華法

─────────────
[39] 同上書，頁106-111。

教育會之助中國，亦即所以助法國也。此並力之工作，誠與二國以平等之益，與平等之榮也。」次由書記輩納君報告，並宣布擬定之會綱，經全體認可通過。最後由法士乃演說中國近狀，及數年共和事業之經過。[40]

為統一及擴張留法各團體會務之「華法教育會」，自此積極展開各項活動。

（一）宗旨及作用

「華法教育會」的成立，象徵旅法各團體的一次大整合，因為它實際上是管理旅法華人文化教育事業乃至實業的總機關。根據「華法教育會」大綱，其宗旨在「發展中法兩國之交誼，尤重以法國科學與精神之教育，圖中國道德、知識、經濟之發展。」

其作用可分下述三部分：

(1) 哲理與精神之部分──以傳達法國新教育為務，如編輯刊印中、法文書籍與報章。

(2) 科學與教育之部分
   1.聯絡中法學者諸團體；
   2.創設學問機關於中國；
   3.介紹多數中國留學生來法；
   4.助法人遊學於中國；
   5.組織留法之工人教育；
   6.在法國創設中文學校或講習班

(3) 經濟與社會之部分──其作用為：發展中法兩國經濟之關係與助進華工教育之組織，以法蘭西民國之平等、公道諸誼為標準。[41]

---

[40] 同上書，頁111-113。
[41] 同上書，頁115-116。

　　由上述可知，「華法教育會」是一個充滿理想主義色彩的團體，它的基本精神在於發展中法兩國之交誼，尤重以法國科學與精神之教育，圖中國道德、知識、經濟之發展。而其主要任務則在發展中法友好關係，組織中國學生到法留學，組織華工教育，在法國創辦華人學校和講習班，編輯刊印中法文書報，促進中法兩國經濟文化交流等。因此，舉凡留法儉學會、勤工儉學會、華工學校等各項事務均歸由「華法教育會」主持。

　　平心而論，不管中法友好關係的促成或兩國經濟文化的交流，均非立竿見影、一朝一夕可以見功，何況由一個並無固定經費，組織且不甚縝密的民間團體來負責推動？其後，「華法教育會」的主要功能，除了出版刊物雜誌外，大抵侷限在大批青年學生的遣送和照顧方面，但即使這一項工作，後來也引發軒然大波，且待第三章專述之。

（二）組織與經費

　　一個學會或團體，除了領導人的才幹和能力外，貴在有嚴密的組織分工與充足的的經費來源，如此才能開展工作，也才能維持會務於不墜。吾人若想檢驗「華法教育會」的功效，可先從這兩方面作一論述。

　　按「華法教育會」大綱，共十八條，可區分為宗旨與組織、經理、存款與常年經費、章程之改變及會之解散、內部辦事章程五大部分。

　　就有關組織部分，大綱規定會員有名譽會員（由大會推舉）、公益會員、實行會員三種（第三條），後兩種入會者，須有會員三人保薦（第四條）。「華法教育會」每年開大會一次，其居法國之會員皆與會（第十一條）。其最高權力機構為評議會，設評議員二十四人，於大會時由公益會員與實行會員中推舉之，任期三年。評

議會之職權有三：

> （1）認可公益會員與實行會員之入會權（第四條）。
> （2）決議因重大問題或因過期一年未付會費者之除名（第
> 　　　五條第二款）。
> （3）對本會之財產事業有完全經理之權（第十條）。

　　此外，評議會並推舉幹事，以組織幹事會。幹事會設會長二人，副會長二人，書記二人，副書記二人，會計二人，皆中法各一人。幹事會員任期一年，期滿可續任（第七條）。
　　評議會每三月開會一次，每次開會由會長召集，或由三分之一之會員請之。必有四分之一會員到會，則所決議事件，方作為有效（第八條）。[42]
　　觀以上有關內部組織的條文，大抵有以下幾點可議之處：

> （1）幹事會組織採雙頭馬車式的中法各一之合作辦法，用
> 　　　意雖善，但不切實際，蓋容易形成爭權或相互推諉的
> 　　　現象，對於會務的推行弊多於利。
> （2）會員為一切學會團體之基礎，竟未列專案規定其權利
> 　　　與義務，甚至只盡義務並無權利；會員大會僅在選出
> 　　　評議員而已，對工作計畫及經費之預決算，幾無置喙
> 　　　之餘地。
> （3）評議會獨攬大權，不但推舉幹事以組織幹事會，而且
> 　　　對該會之財產事業有完全經理之權，萬一用人不當或
> 　　　所經營事業發生紕漏，如何進行超然而獨立之監督與

---

[42] 同上書，頁116-118。

制衡？再者，評議會之集會，由該會所推舉擔任會長的幹事之一來召集，亦不合情理。

「華法教育會」既列有編輯刊印中法文書籍與報章，組織華工教育，在法國創設中文學校或講習班之實際工作項目，自不能不寬籌經費，以期達成。關於該會之經費來源，大致不外四個途徑：

(1) 為會員會費——按大綱第三條規定，除名譽會員由大會推舉，不納會費外，公益會員每年付會費至少二十法郎，實行會員每年至少納會費五法郎。各項會費可於一次繳納，以免按年零付，即公益會員須交四百法郎，實行會員須交一百法郎，即可取得永久會員資格。

(2) 為公款補助——如向僑工局之借款。另法政府補助華工教育每年一萬法郎。

(3) 為各界捐款——如張繼曾為華法教育會籌款。

(4) 為產業（包含會費）之生息。[43]

以上四項收入的數目與各項支出的情形，因缺乏資料，無法做一評估。

（三）活動

「華法教育會」自民國五年六月二十二日成立後，在巴黎比若街（Rue Bugeaud）八號設址辦公，積極展開各項文化工作，茲分述如下：

---

[43] 同上書，頁119。

（1）刊行雜誌書刊

 1.《旅歐雜誌》——創刊於1916年8月15日，在法國中部名城都爾出版，係半月刊，三十二開本，每月1日與15日出版，共發行二十七期，至1918年3月1日為止。

 該雜誌的〈緣起〉云：「吾人之旅於此者，耳目之所感，其最著者，一則因學理之發達，而精神物質之文明，乃進步而不已也；一則因民權之發達，而平民制度之基礎，因以確立，且亦進步而不已也。吾人之所感，既如此矣，取其所感，以相質證。踪跡相邇，則發為語言；馨欬相隔，則形於文字。真理以辛萃難而愈明，事實以討論而愈確，斯勢之不容己者。詩曰，『嚶其鳴矣，求其友聲。相彼鳥矣，猶求友聲。矢引伊人矣，不求發生』。此吾人所欲致其誠於旅歐同人之間者也。又曰：『庭中有奇樹，綠葉發華滋。攀條折其榮，將以遺所思。』此吾人所欲致其誠於國內父老兄弟之間者也。」

 《旅歐雜誌》可視為「華法教育會」的機關刊物，因為該會的主要負責人，如蔡元培、李石曾、汪精衛（汪於1917年1月間回國後，由褚民誼代理其編輯工作）等也是這個刊物的主編，該刊大部分文章也是他們撰寫的。

 《旅歐雜誌》是「以交換旅歐同人之知識，及傳布西方文化於國內為宗旨」。它的內容分圖畫、論說、紀事（有世界大事、國內要聞、旅歐華人近況）、通訊、叢錄雜俎等欄。該刊特別注意報導勤工儉學會的活動，以及旅法華工的近況。[44]

 為了宣傳與配合勤工儉學的進行，《旅歐雜誌》亦譯載歐美各國早期苦學出身的著名人物之傳記，作為勤工儉學者的表率。文章大部分由李石曾執筆，介紹的人物有富蘭克林（Benjamin

---

[44] 中共中央（馬克思、恩格斯、列寧、斯大林）著作編譯局研究室編，《五四時期期刊介紹》（北平，1978），第三冊上，頁193。

Franklin, 1706-1790）、盧梭（J.-J. Rousseau, 1712-1778）、傅利葉（Charles Fourier, 1772-1837）等人。蔡元培為華工學校所編寫的講義，共四十篇，分德育與智育兩部分，也每期在《旅歐雜誌》上發表。

《旅歐雜誌》停刊多年後，復於1928年9月15日，由里昂中法大學復刊，但筆者只發現兩期，其篇幅與內容已大不如前。又復刊之〈發刊詞〉亦重申〈緣起〉之宗旨態度云：「留歐各界久感精神散漫，消息隔閡。固由於事業學術，各有所專，處地不同，聲聞難通。然亦實由於補此缺憾無相當刊物。使讀者能於數分鐘內，偶一翻閱，即使旅歐各界事情，瞭然若見。故本誌於此點特別注意。凡求學，經商，勞工，治事一體重現。將一月間消息翔實記載，而由擬特重於調查統計，使讀者能於具體事件一目了然。此固本誌於八年前所曾努力者，今更將特別注意及之。更有進者，吾國百事待興，在在需人，留歐同人實為國人一部分渴望所寄。而學術轉販與經濟組織之研究大端，一則為百務基礎，為應祖國之需要，實為留歐大部分同人之最大責任。一則為吾國社會政治一切問題之背景之樞紐，絜得其綱，百紛俱解。此二者尤為吾留歐同人所當努力從事，悉心研究者。」[45]

2. 《華工雜誌》——創刊於1917年1月16日，先為半月刊，後改成月刊，亦為三十二開本，每月10日和25日出版，為勤工儉學會與「華法教育會」、中華印字局所協力刊行，共發行四十九期，至1920年12月25日為止。

《華工雜誌》法文刊頭為Revue Chinoise Populaire，可說是《旅歐雜誌》的姐妹刊物，但它著重對華工進行宣傳。所刊〈華工雜誌說明〉可以佐證。

---

[45]　《旅歐雜誌》，復刊第1期（1928.09.15），頁1-2。

（一）性質　是編專為工界同志所刊行，尤以旅歐之工界為重，故其立論與徵引，恒在此範圍之內。惟普遍知識至為切要，亦多及之。

（二）宗旨　本編以提倡勤、儉、學三者為宗旨，亦即以此為吾工界改良之方法。必勤工始能維持生計；必節省始能於生活之外得餘資以求學；必求學始能增進吾人之知識能力之程度，以達於幸樂正當之人生。

（三）文字　是編多用白話與字母二種文字，然亦偶用文言、白話與字母三種文字，其用意有三：（甲）若專用文言，能讀者必少，故兼用白話；（乙）若專用文言與白話，其不識字者仍不能讀，故兼用字母，因字母數日即可學成；（丙）若專用字母，則讀者只能讀字母之書報，為數有限，故兼用文言與白話，使之同時習練，俾漸進得讀一切之漢文書。又本編亦恒附注西文，俾同時得習西文之益。[46]

　　《華工雜誌》以提倡勤、儉、學三者為宗旨，它的內容具有三項特色：第一，它的文章通俗易懂，即便是刊登了一、二篇文言文，也都另附白話。同時為了便利不識字的工人閱讀，該刊還附有拼音字母。第二，在這個刊物上，國內外新聞報導佔了很大篇幅，重要的新聞如第一次大戰的情況，參戰各國工人的罷工等都有詳細的報導，於增進華人的時事知識與啟發工人的覺悟都產生相當的影

---

[46] 同上書，下冊，頁489。

響。第三，為了便利工人在工餘時間學習外國語，該刊每期都附載有英、法、中文會話對照。[47]

《華工雜誌》除了大量報導有關旅歐華工的活動之外，同時也刊載過他們為反對所在國政府、資本家的壓迫、剝削，和要求增加工資而進行鬥爭的消息。因為這個緣故，《華工雜誌》出版後，就引起法政府當局的注意，每期的稿件都必須經過陸軍部的檢查，許多重要的言論和新聞報導，均被他們事先刪掉。

除上述兩種刊物，直接與華法教育會有關外，尚有兩種刊物亦與鼓吹旅歐教育與華工教育有關，故並列於此，稍做介紹。

3.《旅歐周刊》——《旅歐周刊》的法文刊頭為 *Journal Chinois Hebdomadaire*，在巴黎西郊的 La Garenne Colombes 發行，為旅歐周刊社所出版，周太玄是這個刊物的主編，大部分文章都是他寫的，李石曾、王光祈、曾琦、華林等人也經常撰文，可見這是旅歐知識分子所創辦的一個刊物。

該刊創刊於1919年11月15日，每期四版一張，逢星期六出刊一次，售二十生丁，共發行九十三期，至1921年8月20日為止。

《旅歐周刊》在發刊詞中為自己揭示了以下三個任務：第一，對於旅歐方面，除記述工學各界事體以外，對於教育的發展、團體的組織、生活習慣的改良、痛苦和不平事件的伸解，都是竭誠盡力的討論記載；既不願為激烈過當的批評，又決不取悅一時，依違兩可。第二，對於國內，除報告旅歐新聞以外，還要常常登載西方學者在本報發表的論文，或是本報記者與他們為學術的談話；並特設學術新聞一欄，蒐集學術上的新發現，以供讀者的研究；還有重大問題，也要請專門家的批評解釋。第三，該刊雖以旅歐為名，但並不以此自己限制，將作為旅歐以及美洲、南洋以及其他各處的華僑

---

[47] 同上書，頁197-198。

意志的交通，事實的聯絡。

《旅歐周刊》大致包含論說、新聞（世界新聞、國內新聞、學術新聞、旅歐新聞）、通信、隨感錄、讀者論壇等欄。這個刊物的最大價值，在於它的旅歐新聞欄報導和介紹了中國人旅歐團體的組織、活動與勤工儉學的情況，這對吾人研究五四時期中國青年旅法勤工儉學活動提供了第一手的材料。此外，它的論說與讀者論壇，也有助於我們瞭解部分留歐中國學生的思想傾向。

4.《華工旬刊》

《華工旬刊》的法文刊頭為 *Le Travailleur Chinois*，亦在巴黎西郊的La Garenne Colombes發行，由旅法華工會（Association des Travailleurs Chinois en France）所出版。該刊創刊於1920年10月15日，每期逢五出版，四版一張，每張定價二十五生丁，全部發行期數不詳。

《華工旬刊》與《旅歐周刊》、《華工雜誌》一樣，同為對華工進行宣傳教育的刊物，在其發刊詞中首先指出，「凡有人類的地方，就有華工的足跡」，但由於華工既沒有受過相當教育，又沒有團結力，所以無論在南洋或美洲，到處受人排斥虐待，因此有組織華工教育的必要。《華工旬刊》的出版，除在歐洲「聯絡華工個人的感情，消滅相互間的隔膜」外，並願代表華工，「以求國人的同情，輔助團體，以謀華工的教育」。

《華工旬刊》的內容，大致包括雜評、世界工人消息、國內大事述要、旅法華工新聞、啟事等欄，尤其旅法華工新聞一欄，載有各地華工消息，哀樂甘苦盡在其中，為研究歐戰期間華工最直接之史料。

（2）華工教育

華工招募時，因巴黎招工局與留法儉學會所訂合同有華工教育一條件，故「華法教育會」初發起時，即先著手設立華工學校，意

在選吾國工人之較有知識者，授以普通知識及中法文，使得分赴各工廠為譯人，並以工餘時間轉教華工。經法政府贊成，撥借校舍，並每歲津貼一萬法郎。[48]可見華工學校之設，在培養翻譯與充華工之材。

華工學校與「華法教育會」同年同日發起，並於4月3日開學。其中課程為：法文、中文、算學、普通理化、圖畫、工藝、衛生、修身與工會組織諸科。擔任法文與法語者為米什、歐思同、黎乃德諸君；擔任中文者，為李聖章、徐廷瑚（海帆）、夏震聲等人；蔡元培編輯智育、德育諸講義；李石曾演講人生術，即衛生、修身等諸問題。入校者共二十四人，其名單為王章、王志仁、朱明俊、白夢林、呂士杰、李友三、車駿聲、胡玉樹、段立、段同仁、段樹勛、段肥洽、馬志遠、馬執中、陳申如、曹福同、張慶友、楊夢遊、趙鳳洲、蔣樹芳、齊全純、齊福祥、劉瑞祥等。[49]

除在巴黎設華工學校外，並在法國華工所到之處開設夜班，共設三百二十三處。

（3）編輯法文與科學教科書及華工學校講義

二、國內分會的成立及其活動

蔡元培、李石曾、吳玉章等人為推展會務，決定在中國組織會所，這是國內分會成立的由來。蔡氏等返國後，「華法教育會」即於1917年4月分別向教育部、內務部立案。並由教育部撥借大方家胡同圖書館房舍為會所及開辦學校等事。在圖書館未遷移之前，暫以南灣子石達子廟為臨時會所。[50]

---

[48] 〈旅歐華人紀事〉，《旅歐雜誌》，第1期，1916年8月15日。
[49] 《旅歐教育運動》，頁85。
[50] 《留法勤工儉學運動》（一），頁80。

「華法教育會」成立後，國內各地也紛紛成立分會。根據資料，已知者有京兆分會、直隸第一分會、山東分會、上海分會、湖南分會、四川分會、福建分會、廣東分會與陝西分會等九個分會。[51]

（一）章程之比較

分會亦頒有分會簡章，共十四條，大抵較巴黎「華法教育會」大綱為簡略，其相異處為：

(1) 分會簡章不談宗旨與作用，只列職務，共有四項：1.推廣留法儉學學生及工學學生；2.勸各學校增加法文班次；3.輸入關於法文諸著作；4.聯合會員募集款項以擴充本會事務。

(2) 會員不分種類，僅訂出會員資格如下：1.在本分會或本分會所辦事，捐款十元以上者；2.為本分會勸募捐款至五十元以上者；3.任本會事務者；4.盡義務於本分會或本分會所辦事務者。

(3) 分會職員每兩年改選，與巴黎之一年改選幹事不同。

(4) 設駐京代表二人，由本分會會員中推舉。[52]

事實上，這個簡章並未為各分會所普遍採用。其後各自訂立簡章者有上海、廣東、陝西等處，內容各有詳略不同。上海、廣東大體依循巴黎總會大綱精神，以其宗旨為宗旨，以其會員種類為種類，但廣東頗能顧及地方特色，特別在宗旨之條，標出其作用如下：

(1) 聯絡中法兩國在粵人士之情誼，其法國商人及遊歷者均同；

---

[51] 同上，頁87-88。
[52] 同上，頁86-87。

（2）輔助中國學生赴法留學，資其利便，並組織教育機關；

（3）輔助發展法蘭西教育於中國南方；

（4）輔助發展中國南方與法國經濟上之關係，使兩方國民生計日益發達。[53]

陝西分會的章程共二十四條，區分第一章總則，第二章會員及職員，第三章經費，第四章會期及會規，第五章選舉及任期，第六章附則，不僅比上海、廣東分會章程完備，且較巴黎「華法教育會」的十八條大綱為詳盡。可見其有所本外，並有所延伸發揮。例如在履行「華法教育會」宗旨下，特訂定如下職務：

（1）紹介譯著：搜羅新出書籍、雜誌，翻譯國文，以傳達法國教育精神；

（2）推廣留學：研究儉學方法，勸導學生留法，以聯絡華法學者，灌輸科學知識；

（3）創設學校：設立學問機關，研究實用學理，以冀提倡學藝，發展國內經濟；

（4）勸學法文：勸誘學問機關研習法文，以為留學之準備；

（5）擴充會務：聯合會員，募集款項，以擴充本分會及總會事務。

第五條涉及會員資格者，也有更具體明確的規定，茲條列如下：

（1）有學識經驗者；

（2）為本分會勸募款項者；

---

[53] 同上，頁90-91。

（3）在本分會擔任事務者；

（4）在分會每年照納會費者。[54]

以上兩項，均較原分會章程進步落實。此外，關於會員及職員之權利義務均有明白規定，這也是以前所沒有者。

四川分會則將職員區分為執行部職員與評議部評議員兩種。執行部除正副會長外，均將幹事地位提升，創設總務主任、會計主任、文牘主任、交際主任等頭銜；評議部除設評議長外，並廣設評議員達九十二人之多。[55]

（二）活動

各地成立分會的章程，雖有大同小異之處，但其主要活動的項目，似可從陝西分會中找到具體的答案。一言以蔽之，那就是「推廣留學，創設學校，勸學法文」。

關於各地設立預備學校的情形，可分述如下：

（1）民國六年儉學會組織人（亦即「華法教育會」組織
　　人）多自法歸，且歐戰既久，亦將有終結之希望，又
　　加以有「華法教育會」之發展，更足以促成此事之進
　　行，適值馬景融君創設民國大學於京都，遂由華林、
　　馬景融與蔡公時、夏雷、白玉璘、江季子、時明荇、
　　劉鼎生、羅偉章等人，於六年六月續辦儉學會預備學
　　校於北京儲庫營，入校者三十人。復於六年秋遷於東
　　城方巾巷，又於八年春遷於西華門內。[56]

---

[54] 同上，頁95。

[55] 同上，頁93。

[56] 同上，頁38-39。

（2）民國六年保定蠡縣布里村設有留法工藝實習學校，以
法文、圖畫及工藝實習為主科，附以中文及普通知識
各班。保定育德中學校附設有留法高等工藝預備班，
以法文及鐵工為主要科目，機器學理、工藝圖畫、土
木工程等科副之。[57]

（3）民國七年，北京「華法教育會」在中法協進會的贊助
下，發起高等法文專修館，分設北京各城及長辛店。
以蔡元培為館長，李煜瀛為副館長，分設本科及專
科，專科又分師範科與工業科，前者以養成法文教育
為宗旨，後者以養成法文工業技師為宗旨。高等法文
專修館又設長辛店分館工業科，課程有法文、圖書、
科學、實習等。[58]

（4）此外，四川成都、重慶均有留法勤工儉學預備學校，
上海先後開辦法文專修學校、留法勤工儉學預備科，
長沙先後開辦了遊法機械科預備班、法文晚塾、法文
新塾，福州有私立法政專門學校附設的留法預備班，
貴州有留法勤工儉學預備學校，安慶有省立第一中學
附設留法預科等。[59]

　　據統計，以「華法教育會」名義所辦的留法預備學校或預備
班，全國約有二十餘處之多，其中大部分是既授法語，又教授鐵
工、木工、繪畫等技藝，但也有專門補習法語的。在各地分會的推
動下，不僅學習法語文的風氣大開，而且赴法勤工儉學的運動也如
火如荼的展開。

---

[57]　同上，頁163-164。
[58]　同上，頁161-163。
[59]　同上，頁127。

第四節 北京中法大學

民國初年，蔡、李、吳等人不僅發起留法儉學會、組織勤工儉學會，鼓吹青年學子留學法國，並且根據「華法教育會」所列之工作項目，分別創設學問機關於中國和法國，此即北京中法大學與巴黎中國學院的成立是也。

為維持與促進中法大學各項事業之發達，蔡元培等人特成立中法大學協會（Association Universitaire Franco-Chinoise）為一切中法教育之總機關，茲將其行政組織系統列表如下：[60]

中法大學發起於1920年春，由北京大學、廣東大學、里昂大學代表負責籌備，其定名之意義有三：一曰學術之意義；二曰組織之意義；三曰學制之意義。根據前引綱要，茲分述如下：

一、學術之意義

中法兩國思想之互為淵源，固有長久之歷史，惟近代以來，吾國儒哲之思想，固甚發展，然學術則恆感不逮，必圖有以補充之。

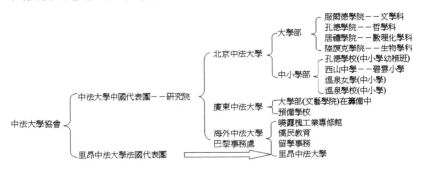

---

[60] 《中法大學概要》（收藏於巴黎中國學院[Institut d'Etudes Chinoises]圖書館），頁13。

觀乎法蘭西之學術精微宏博，皆有重大之發明，鴻儒碩彥，難以屈指數也。以兩國思想之相符，及法國學術之多足取法，而倡中法教育，不亦宜乎？

二、組織之意義

中法大學，統稱也。析言之又有中法大學研究院、北京中法大學、廣東中法大學、海外中法大學。每大學復分為若干部，每部又分若干組。如北京中法大學部分為文學、哲學、數理化學及生物學四科，中小學部各分為四校。如廣東中法大學，有大學部之文藝學院，有海外部之留學部，有中學部之預備學校。如海外中法大學，大學部有里昂中法大學，專門有曉露槐工業專修館，此外更有留學事務與僑民教育等組織。

三、學制之意義

中法大學雖依據中國學制，然亦採取法國之所長。即法國大學包含大中小各校，使有銜接之效，不似他國學制，大學只就中學以上之學課而言。中國大學固亦有附設中小學部者，然不過為一校之附屬。至北京中法大學，大中小各校並立，遠及數十里，實亦大學區之制。即海外中法大學，亦包含大學與單科大學，以及留學事業與僑民教育，無所不賅，此亦法國大學制之精神也。[61]

北京中法大學設立於1920年11月，但其溯源則可遠溯至1905年世界社之組織。世界社之目的，在以出版、研究、教育、社會四項事業，求達到發揚學術、普及文化、改進社會之理想。其中教育事項，分設立學校及介紹留學兩方面進行，因此有1912年留法儉學會之成立，此為介紹留學法國機關之一。同時又創設法文預備學校及

---

[61] 同前註，頁1-14。

孔德學校，前者為中法大學文學院之胚胎，後者為中法大學計劃之初等中等教育之始基。[62]至1928年改名為北平中法大學，在學制上取法國之所長，包括大學、中學、小學三級教育，使有銜接之效，並附設研究室或其他試驗場所，為特別研究與試驗及實習之機關。[63]

北平中法大學是一所私立大學，但其範圍頗廣，校區包括北京、西山、溫泉三處，稱得上是一個小型的大學區制。[64]除大學本部各學院外，尚附設有中學、小學、農場、療養院各數所。茲分述如下：

一、大學部

大學部設文科、哲學科、數理化學科、生物學科，分別以服爾德學院、孔德學院、居禮學院、陸謨克學院命名。茲將各院成立經過概述如下：

（一）服爾德學院

服爾德（Voltaire, 原名François-Marie Arouet, 1694-1778, 一譯伏爾泰），係十八世紀法國文學巨擘，對中國文化尤為注意，因取服氏為學院之名。是院承民國元年法文預備學校舊有之基礎而起，斷續多次。初設於方家胡同（即今之京師圖書館），嗣移於四川會館、方巾巷翊教寺、西山，後設於北京皇城根。分甲乙兩部，甲部為中國學生而設，乙部設於京西金山寺，為中國教員及法國教員而設，以便中國教員研究法國文學、法國教員研究漢學。由此可見，該院專注重法國文學並史地。預科　二年畢業，本科三年、研究科一年。服爾德學院設中國文學系、法國文學系、其後復增設經濟系。[65]

---

[62]　《中法大學史料》（北京理工大學出版社，1995），頁12。
[63]　〈北京中法大學章程〉，第2條。
[64]　李書華，《碣廬集》，頁99。
[65]　《中法大學概要》，頁6-7。

（二）孔德學院

孔德學院承孔德學校而起。孔德學校成立於1917年12月，蔡元培被推為校長。[66]該校由北大教授所創辦，概用新法，由小學一年始至中學末年止，定為十年。初設於方巾巷，後移於北河沿，更設分校於東華門大街。[67]據蔡元培指出，「我們這個學校，用孔德（Auguste Comte, 1798-1857）先生的姓作標榜，並不是他一個人的學問以外，都不用注意，且並不是就用他的哲學來教授小學生。我們是取他注重科學精神、研究社會組織的主義，來做我們教育的宗旨。」

孔德學院成立於1924年，其設立之目的有二：（1）以便孔德學校教員從事教育和研究試驗以及編輯教科書；（2）設立哲學講座，以備孔德學校學生或中法大學他院學生聽講。[68]孔德學院設哲學系，計畫添設心理系，終未成立。

（三）居禮學院

成立於1924年，即中法大學數理化科。初設於西山，翌年移京設於後門外吉祥寺，取法國理化大師居禮（Pierre Curie, 1857-1906）之名名之。居禮夫婦同為巴黎大學教授，發現鐳質放射物，為理化界開一新紀元。[69]居禮學院設數學、物理學、化學等系。

（四）陸謨克學院

陸謨克（J.-B. Lamark, 1744-1829）係法國生物學大師。是院發起於1918年，初為生物學之研究所，附設天然療養院應用生物之環境。1922年開設講座，有學生百餘人，又添設農場及天文台測候所等。1925年分該院為甲乙兩部，甲部設於北京皇城根，有生物學講座與試驗室。乙部設於西山碧雲寺，包括醫院農場等。陸謨克學院

---

[66] 高平叔，《蔡元培年譜長編》（人民教育出版社，1996），中冊，頁67。
[67] 《中法大學概要》，頁7。
[68] 同上。
[69] 《中法大學概要》，頁7。

設生物系。[70]

除大學部外，北京中法大學還設有中小學部。中學部包括以下四所學校：

二、中學部

（一）孔德學校——成立於1917年，初設於北京北河沿54號，後遷入宗人府舊址。外國語則分為法文與英文各班。1925年孔德學校高中生首次畢業。

（二）西山中學——成立於1925年，是大學本部由西山碧雲寺遷到城後，就碧雲寺原有校舍所設立者。

（三）溫泉女子中學——成立於1924年，在京西溫泉。

（四）溫泉中學校——成立於1923年，初設於溫泉廟，繼設於京西溫泉黃古園。

西山中學、溫泉中學和溫泉女子中學都是初中，外國語習法文。

三、小學部

（一）孔德學校——本校由「華法教育會」會員組織成立，兼施男女生高等小學校暨國民學校教育。定名為孔德私立兩等小學校，簡稱孔德學校。本校高等科（三年畢業）男女分校，國民科（四年畢業）男女生兼收。一切教授悉遵部章，惟於高等科外國語一門專用法文。男生高等科校址，暫設北京東城羊宜賓胡同1號，女子高等科暨國民科校址，暫設北京方巾巷50號。[71]

（二）碧雲小學校——成立於1921年，在西山碧雲寺煤廠村28號。

---

[70] 《中法大學概要》，頁7-8。
[71] 《留法勤工儉學運動》（一），頁105。

（三）溫泉女子小學校──與女子中學同樣成立於1924年，在京西溫泉。

（四）溫泉小學校──成立於1921年，設於京西溫泉村。

截至1926年，北京中法大學大學部和中小學部學生合計約千餘人。

此外，尚有附設之天然療養院二處，農林試驗場三處。天然療養院，一在京西碧雲寺地處半山蒼翠古柏林中，最宜於肺病之療養；一在京西溫泉，地處平原，有天然溫泉，其水之熱度與人身體溫相近。其水有鐳質性並含有多種礦質，宜於皮膚神經等病之療養。農林試驗場，一在碧雲寺，一在溫泉村，均與療養院相連接，一在金仙庵。此項附設機關，前者為利用天然之景物，使之有益於人生，後者墾荒山、造森林，既有益於氣候之調節及風景之點綴，復可以其出產補助及擴充教育事業，使教育與經濟收相互之利益。[72]

北京中法大學顧名思義，當以研究法國文化為主，大中小學之課程，大都取法法國而又求其適合於國情，惟外國語注重法文，大學各班以英文為第二外國語。其設立宗旨在「研究高深學術，養成專門人材，溝通中西文化，並注重實習，致力應用。」此與蔡、李、吳等人之發起旅歐教育運動的動機相呼應也。

又根據〈北京中法大學章程〉第三條，該校所標榜之辦學特色有三：

（1）德育──於普通德育外，特別注重者有二：

　　　　積極方面注重互助；

　　　　消極方面注重節儉。

　　　　此與旅歐教育運動的本質相契合。

---

[72] 《中法大學概要》，頁8-9。

（2）智育——於國學、科學等當然課程外，法文為必修科目。

　　體育——於普通體育之外，特別注重工作勤勞、接近
　　自然。[73]

北京中法大學創辦時，由李石曾任董事長，蔡元培任董事兼校長，吳稚暉等任董事。又設有海外部，即法國里昂中法大學，亦稱里昂中法學院。北平中法大學各學院每院畢業生前五名成績滿75分以上者，品行端正，身體健康，資送到法國里昂中法大學深造。從此國內外學術聯成一氣。

自1925年以後，北京中法大學得到中法教育基金委員會的補助，發展更為迅速。在上海設立有中法大學藥學專修科，造就了不少藥學專門人才。1932年中法大學與北平研究院合作，設立鐳學研究所。鐳所專研究鐳與放射性物質（所長嚴濟慈），藥所則以科學方法研究國藥（所長趙承嘏）。

1937年7月7日蘆溝橋事變爆發後，北京中法大學的發展突遭中斷。雖因法國的關係，北京中法大學得以維持至年底，但到第二年北京中法大學便因日偽的壓迫，既不能招收新生，也無法公開上課，是年6月8日，偽北京特別市公署社會局因北京中法大學附屬高級中學及附屬西山溫泉初級中學拒絕參加慶祝徐州陷落活動，便以「不服從地方主管教育機關命令」為由，發布第572號公函，要求中法大學將該兩附中主任撤換，即日離校，不得轉入校內其他部門；同時又頒布第2273號訓令，勒令停學。在日偽的一再壓力下，中法大學附屬學校於7月20日被迫停課。有鑒於此，校方派代表潛行南下，請示教育部，建議學校南遷，並在昆明成立中法大學駐滇事務處，作為學校南移的聯絡機關，同時成立昆明附屬中法中學，為大學南移作準備。1939年7月間北京中法大學得到教育部的批

---

[73] 《中法大學史料》，頁5。

准，率先將理學院遷往昆明，以便為抗戰培養所急需的人才。是年11月27日，中法大學理學院在昆明北門街59號正式開學。1941年8月，中法大學又呈准教育部，將文學院也遷至昆明招生上課，同時在西郊黃土坡建築校舍150間，將理學院遷入，而文學院則留在北門街。

　　北京中法大學自停課南遷後，校長李麟玉和其他數位教授堅持留守北京，一邊照管校產，一邊從事研究工作。1941年7月10日和16日，偽華北政務委員會教育總署先後發布督辦周作人簽署的第344號公函和1370號訓令，以中法大學及附屬高中自1938年9月以後即中止授課，校舍悉數空閒為由，勒令校長李麟玉務必在8月1日之前將校舍全部移交偽北京大學法學院和偽北京女子師範學院接收應用，中法大學被迫遷至鐳學研究所（即國立北平研究院理化部）工作。1945年7月鐳學研究所復被日偽部隊強占，中法大學再遷至所屬鐵工廠，在此過程中，學校的儀器和化學藥品等損失頗巨。同年8月抗戰勝利後，中法大學開始籌備復員工作，先後將校產收回。1946年暑假，大學部由昆明遷回北京，所有在北京的附屬高中及溫泉男女初中也均籌備復員，昆明附中則應當地的需要，仍留黃土坡原址。[74]

　　蔡、吳、李等人，從教育入手，發起旅歐教育運動，分別創設學問機關於中國（北京中法大學）和法國，根據吳稚暉的看法，其中不外（一）可輸入歐洲新知或重要譯述於國內；（二）可與法國學術界不斷接觸，常邀其大師演講兩大作用，以促進中法兩國學術之交流。茲分述如下：

---

[74] 葛夫平，〈簡論北京中法大學〉，《國際漢學》，第10輯。

一、在輸入新知或重要譯述方面：

北京中法大學於1925年10月創刊《中法大學》半月刊，據其〈發刊旨趣〉，特別重申發起旅歐教育與「中法教育」的動機，「不過欲謀中國學術之提高及普及，想從西歐到中國，開鑿一道輸入學術的運河。」中法教育雖由中法兩國人士所組成，「然不過法國同志的教育工人也加入中國開鑿這到運河的隊伍，其作用完全為造就中國學生，與其他國際教育含有文化侵略的意味者，截然不同。」[75]《中法大學》半月刊共出2期，至1926年10月改名為《中法教育界》，自1931年9月出至第45期後，改為《中法大學月刊》，《中法大學月刊》一直出至1937年8月第11卷第4、5期合刊始停辦。

這些代表北京中法大學的校刊，除報導與中法教育有關的消息，刊載一些研究文章外，大部分都與介紹法國的學術有關。這些文章除包含自然科學與哲學和社會科學外，還有文學。在文學方面，主要除大量譯載法國作家的作品外，還譯載和發表與研究法國作家和作品以及文學思潮相關的論著。《中法大學月刊》曾於8卷2期出刊「雨果（Victor Hugo）專號」。

1945年8月抗戰勝利後，在昆明的北京中法大學的一些教員曾創辦《中法文化月刊》，繼續致力於中法國學術文化的交流和溝通，該刊共出12期。

二、邀請法國學者到校演講

據1926年至1937年不完全統計，北京中法大學曾先後邀請十餘名法國學者到校演講，茲表列如下：（資料來源：參閱《中法教育界》）

---

[75] 〈發刊旨趣〉，《中法大學》半月刊，第1期（1925.10），頁2。

時間	姓名	職稱或專長	演講題目	演講地點
1926 10.01	M. A. Foucher 富歇	巴黎大學 教授	印度佛學之傳述	服爾德學院
1926 10.14	M. Edouard Belin 白蘭	電學家	介紹傳遞電報經過	
1926 12.14	M. Lecroix 拉夸	巴黎博物院 教授	Pelée火山噴火的各種 現象	服爾德學院
1927 11	J. Delacour 德拉鼓	巴黎自然 博物院	中國和印度支那的哺乳 類及鳥類	
1930 05.07	Voronoff 沃倫諾夫	法蘭西學院 教授	人類接腺與鳥獸接腺	本校大禮堂
1930 06.04	Margoulier 馬古烈	文學博士	文化之交換	孔德學院
1930 06.08	George Dumas 杜馬斯	巴黎大學 教授	參訪	
1931 10.09	Elie Faure 愛理霍	法國論文家與美術批 評家	世界藝術的演進	本校大禮堂
1931 10.16	Paul Langevin 郎之萬	法蘭西學院 教授	太陽熱之起源	本校大禮堂
1933 12.06	M. Fayet 法葉	法國天文學家	時刻之測定與國際經度 之測量	
1933 12.11	M. Honnorat 奧諾拉	前法國教育部長、上 議院議員	巴黎大學城之意義	
1935 09.07	Brumpt 勃倫特	巴黎大學 教授	非洲之睡病 Maladie du Sommeil	
1936 04.16	Morin 慕蘭	安南巴斯德 學院院長	介紹巴斯德學院情況	

　　據代理校長李書華回憶，他曾約請許多中法學者到校演講，很引起學生的興趣。其中白蘭的演講，尤其是破天荒的一次。1926年10月14日法國電傳圖像發明家演講〈電傳圖像〉（La Télégraphie des Images），並假北大物理實驗室利用北京瀋陽間長途電話線試

驗電傳字書及電傳照相，成績甚佳。第一次電傳字書，是我親筆寫給東北大學張翼軍教授的一封信，照原筆跡由北京用電話線傳遞至瀋陽。這是中國電傳圖像的第一次。[76]

為了做好學術運河的開鑿準備，在邀請法國學者專家來校演講的同時，北平中法大學各學校，每年每院選送畢業生前五名，並規定成績在七十五分以上者，赴法留學，以資深造。其待遇為津貼該生學宿膳費，並月給國幣十元，至出國船票及治裝費，亦由學校發給。

《中法大學》半月刊與《中法教育界》定期對選送出國名單皆有報導。據統計，在1926年至1939年的十餘年中，北京中法大學先後資送93名（其中5人因故未出國，實為88人）畢業生赴法留學，其中文學院44人，理學院32人，醫學院12人。另外，陸謨克學院於1926年前也派出34名學生赴法留學。這些學生到法後，所學專業十分廣泛，從文學、美術、心理學到政治、法律、到經濟學，從醫學、生物學、地質學、動植物學到數學、機械學、物理學、化學，應有盡有，他們大多在二戰爆發後回國，在教育界、科技界、醫學衛生界任職任教，其中不少歸國留學生成為國內知名專家、學者和教授，為傳播法國學術做出了重要的貢獻。[77]

第五節　巴黎中國學院

歐戰結束，兵爭已罷，各項文物待興，巴黎既為萬國聚會、列強代表集中之處，凡百舉動，世界矚目，蔡元培、李石曾、吳稚暉等中國哲人除在國內籌設北京中法大學外，乃有在巴黎籌辦中國學

---

[76] 李書華，《碣廬集》，頁106。
[77] 葛夫平，《中法教育合作事業研究，1912-1949》，頁135-136。

院，附入巴黎大學，普譯古書，並先以《四庫全書》為材料，以為傳播中國學術之構想。其理由洋洋灑灑共十四點，可由此瞭解時賢對中西文化的若干看法，茲臚列如下：

（1）吾國古老文物，本與希臘、羅馬抗立，泰西學子深究者少；普通人民甚以吾國為未開化者。此院之設，得使西球學界提倡吾國文化，漸消當日誤會。

（2）科學東侵，吾國青年以為舊學全無可取，殊不知互有短長，實可並用。吾國古籍有人研究，固然價值，得經公評，學風趨向，因可轉移。

（3）歐戰原因雖複雜，總以爭生存為主，物質競奪，趨於積極，遂難範圍，必致破裂，演出今日，無法解決。吾國先哲主張道德以立治本者，或可補救西法之窮。

（4）戰禍餘波，最痛心者，莫若盧灣（Rouen, 盧昂？）書庫之被燒毀，於是各國學者，竭力恢復。此院成立，擬抄四庫，分贈盧灣，兼送英美。吾國文明記載，一躍散布全球。

（5）歐美博物院搜陳吾國磁器頗多，惟圖書館所藏漢書，則無甚價值。四庫一經研究，勢必刊行西土，以磁器美觀轉為典籍趣想，質文影響，同時並及。

（6）亞洲文明，首推印度、中國。印度偏重哲理，創成宗教；中國根本道德兼興文物，故凡亞洲能稱文明之邦，無不被我教化。四庫古籍之富，不特亞洲無之，即使歐洲亦乏比倫，若經西人翻印，不啻證明始祖所在，亞洲後進之國，不再剽竊，以亂聽聞。

（7）歐亞文明，發源雖異，結果必同，似無可疑。新舊思潮，初相對陣，必生反激，歷來皆然。西人既樂研究四庫，國人亦宜翻譯西籍，互相切磋，殊途同歸，無謂爭

執，將來可免。

（8）吾國插足世界舞台，當以此次和議為始。至於歐洲，若莫哥國（摩納哥）人民不過數萬，土地不出數甲，久在巴黎創設海洋學院。又若義大利半島設立萬國農院，各國政府皆予補助。吾地大於全歐，吾民半超人類，宜有建設，免落人後，中國學院即首一端。

（9）華僑當日移美，不得政府保護，至今結果，猶有可觀。來歐工人日見增加，此邦學識，自易習染，祖國文化未可全忘，高等學術既設專院，普通教育聞風興起。

（10）因欲交換思想，遂至互借書籍，將來泰西人士肯來吾國創辦西文圖書館者，當不乏人，則貧寒學子略通西文，便得自修，比之出洋更為方便。

（11）庚子之變後，永樂大典因致散失，不惟國人痛心，西士亦代深惜，苟使四庫傳入歐美，吾國雖生大亂，不致再遭前厄。

（12）歐洲十八世紀，百科學子常引中國哲言以為佐證，以法人之福祿特（Voltaire, 服爾德）為最，使我古籍譯本日多，雖在今日，勢力亦同。

（13）吾國學術，歐美大學常開演講，然皆外人代庖，實以吾國中西通才，尚不多見。中國學院可代養才。

（14）太平洋岸新進之國，歷史方面苦無可言，或假天時地利之優美，或炫摹仿歐化之精緻，用作對外鼓吹，增高國際地位。至於四庫，實吾文明史略思想精華，一經傳布，不啻以無數舊哲喉舌，代作演講，其較貪天之功，攘人之美以為己力者，稍高一等。[78]

---

[78] 《申報》，1920年5月25日

　　總合上述，旨在透過巴黎中國學院之論道講學《四庫全書》，發揚東亞文明古國之精神，以重振我國之文化地位。

　　有了美麗而崇高的理想，尚須彼邦友人之贊助，始可促其實現。1919年8月交通部次長葉恭綽（玉甫）赴歐考察，偕韓汝甲以此意就商於法國前內閣總理班樂衛（Paul Painlevé, 1863-1933）、漢學家伯希和（Paul Pelliot, 1878-1945），班氏極力贊成，並允主其事，遂於1920年3月22日成立巴黎中國學院（Institut des Hautes Etudes Chinoises），其目的有五：

（1）幫助在巴黎大學內，組織研究中國新舊高等學問之機關。

（2）設立中國圖書館及造就中國圖書專門人才及譯員。

（3）組織及鼓勵一切中法機關之能使法國人研究中國高深學問，或中國人研究高深學問者。

（4）援助中國科學院（Academie Chinoise des Sciences）之設立，以為中國舊式的「亞伽得米」之補充，及西方科學發達於中國之準備。

（5）發行各種刊物，組織各種特別研究會及演講，發給獎金與津貼等。[79]

　　同年4月13日，巴黎中國學院在巴黎大學的黎希留（Richelieu）梯形教室舉行隆重的成立儀式，法國公共教育部長親自主持開幕典禮，中國駐法公使親臨祝賀，[80]是為中法文化提攜之第一聲。

---

[79] 劉真主編，王煥琛編著，《留學教育——中國留學教育史料》（國立編譯館出版，1980），第3冊，頁1506；另見劉厚，〈巴黎大學中國學院概況〉，《中法大學月刊》，4卷2期，頁161-162。

[80] 葛夫平，《中法教育合作事業研究，1912-1949》。頁227。關於巴黎中國學院，葛夫平已闢專章討論，且引用頗多一手材料，內容至為詳贍，本節僅做概要說明，望讀者諒察。

　　巴黎中國學院之開設，對於中法邦交與學術交流均有重大加分作用。根據該院與巴黎大學所訂條件，內分四部，其組織架構列述如下：

（1）名譽部

　　為中法兩國總統，法國總統戴夏內（Paul Deschanel, 1856-1922）且出任名譽院長。

（2）顧問部

　　為中法碩學，人數相等。

（3）監督部

　　設一法總監督為班樂衛，兩法正監督，一為阿拜爾（Paul Appell, 巴黎大學監督、科學院院士），一為布魯諾（Ferdinand Brunot, 1860-1938, 前代理巴黎大學監督、巴黎大學文科總教）。中國可派副監督二，中法書記數人。顧問部及監督部華員由班君到華與當局商定。

（4）教員部

　　設正教員三人，均法人，惟中國可派副教員輔之，以校正功課，且便華生聽講。正教員由大學會同學院派定，授課及辦事均在大學內為之。

　　徐世昌總統在歐戰結束後就曾寫了一篇有關東西文明的文章，宣稱：「世界文明不外兩大宗派：一曰西方文明，一曰東方文明。二者互有長短，調和之，熔冶之，實為戰後最大急務，亦惟戰後最好時機。」他呼籲中國作為東方文明的代表，趁此西方國家反思西方文明之際，積極承擔起傳播東方文明的責任，指出「克勝此絕大最高任務者誰乎？吾以為除吾國外，實無他求者也。」[81]

---

[81] 徐世昌，《歐戰後之中國》（1921年刊印）。轉引自葛夫平，〈伯希和與巴黎中國學院〉，《漢學研究通訊》，第26卷3期（2007.8），頁33。

　　按徐世昌在總統任內，為史學界所稱道之事有二：一為1919
年12月4日頒定，以柯劭忞所著《新元史》增入廿四史，而為廿五
史，視私撰與官修等列正史，裨益士林甚大；一為仿印《四庫全
書》，命朱啟鈐主持其事，而以三部贈諸法國。未幾，遂由巴黎大
學贈奉徐世昌以名譽博士學位。班樂衛亦於1920年6月來華，旋由
北京大學贈與理學名譽博士學位，是為中國國立大學以學位授予外
人之始。後來《四庫全書》雖因種種困難仿印不成，其於徐氏宜可
無憾也。[82]

　　巴黎中國學院之設，亦係徐世昌總統任內所倡，其所揭舉之四
大宗旨為：
　　（1）設立漢學專科。
　　（2）開辦四庫館。
　　（3）為學院專設學位。
　　（4）襄輔中國辦理通儒院。

　　由於事關重大，中國政府允年給二萬法郎，法政府亦允年助相
同數字。經雙方交涉結果，班樂衛致法教育部長之計畫節略有下述
幾點：
　　（1）在大學設立經史專科已實行。
　　（2）借用四庫原本若干年，或聯合世界各大學，設法刊行。
　　（3）特設中西通學博士學位，令留歐華生轉入學院，法政府
已口頭允給學生宿舍。
　　（4）請徐總統發起中國通儒院，由法碩學贊襄。

　　創辦費四萬法郎有著落後，巴黎中國學院總監督班樂衛即致函
巴黎大學，將此款指定分為三項用途：
　　（1）在文科設「中國文明史」講座一年，年薪1萬4千法郎。

---

[82] 沈雲龍，《徐世昌評傳》（傳記文學出版社，1979），頁722-725。

（2）在文科設「中國音樂詩畫」三種講演費，年費1萬2千
　　法郎。

（3）在理科設「易經數理與算學之關係」講座一年，年薪1萬
　　4千法郎。

以上三種合計，恰為4萬法郎。

巴黎中國學院自1920年3月成立後，至1921年12月12日始得法
政府承認，又至1929年3月17日方得附屬於巴黎大學，命名為巴黎
大學中國學院。至1930年，始在巴黎大學內有固定的房屋，內設講
堂一，可容百人，小教室、自修室、書記及圖書館員辦公室各一，
其圖書及陳列於其四廊集各室之壁架上。所藏頗多珍貴，書之種
類，以文學、哲學、歷史、美術為多，關於各省各縣及吾國外藩之
地理、風俗、種族各誌尤不少。

依章程第五條規定，中國學院設一評議會（即監督部，今譯為
董事會）管理之，其當然評議員為法國學術院（Institut de France）
院長、巴黎大學校長、北平大學校長、中國政府代表一人、巴黎
大學評議會代表2人，另由該院大會選出評議員9人（內法國4人、
中國5人），以上共計法方8人、華方7人。另由評議會產生一幹事
會，其組織為法國會長一人，中法兩國副會長各2人，中法兩國書
記各一人，法國會計一人。據1933年代理巴黎大學中國學院中國政
府代表之報告，評議會之重要負責人名單如下：

法國方面：

　　　班樂衛（Paul Painlevé）　　　會長
　　　克裸慈（Glotz）　　　法國學術院院長
　　　沙萊第（Charlety）　　　巴黎大學校長
　　　葛羅采（Croiset）　　　法蘭西學院董事
　　　包　亥（Borel）　　　巴黎大學評議會代表
　　　特呂舍（Truchy）　　　巴黎大學評議會代表

　　伯希和（Pelliot）　　　　　　法蘭西學院教授
　　布瓦葉（Boyer）　　　　　　 巴黎東方語專校長
　　墨尼埃（Gaston Meunier）　　會計
中國方面：
　　李石曾　　　　　　　　　　　中國政府代表（劉厚代理）
　　徐世昌
　　汪精衛
　　葉恭綽

　　至中國學院內部行政，設幹事一人，由該院教授葛蘭言（Marcel Granet, 1884-1940）任之，書記一人，由墨司托（Mestre）任之，均可列席評議會，但無表決權。研究方面，設一研究指導委員會，由漢學家伯希和、葛蘭言、馬伯樂（Henri Maspero, 1883-1944）、拉諾瓦（Louis Laroy）、哈甘（Joseph Hackin）、斐諾（Finot）、布瓦葉等七人組成之。[83]

　　按院章規定，巴黎中國學院與里昂中法大學一樣，在行政管理上儘量依中法人員對等原則，但實際上並沒有根據院章行事。中國方面雖然名義上在中國學院評議會裡有幾個席位，但實際並不參與管理。中方主要派遣一名政府代表，負責與法方聯絡。1925年7月27日，中國政府正式任命韓汝甲為「巴黎大學中國學院監督」，同時負責巴黎大學在中國設立分校事宜。1929年開始由李石曾擔任中國政府代表，但未到任。1929-1931年由駐法公使高魯代理，1931年後又由劉厚代理。這些人與法國方面一直合作融洽，不像里昂中法大學那樣因管理問題時常產生矛盾和不快。[84]

---

[83]　《中法大學月刊》，4卷2期，頁160-161。
[84]　葛夫平，〈巴黎中國學院述略〉，收入《中國社會科學院近代史研究所青年學術論壇》，2002年卷（社會科學文獻出版社，2004），頁429。

　　中國學院創辦時，中國政府原承諾每年津貼10萬法郎，法國政府津貼2萬法郎，但開辦以後，除前述之2萬法郎開辦費外，其後分文未付，該院得以苟延七、八年者，僅賴法政府捐助之款耳。1926年，庚款問題解決，中法文化機構均得分潤，而中國學院亦年得一萬元美金，遂得正常發展。1931年，法國外交部在未曾用盡之庚款內，特別撥助34萬6千5百法郎，供作購買中國書籍及津貼窮苦學生，或贊助論文印刷費之用。

　　由上述可知，中國學院在1926年以前，因困於經濟，迄無法正常開展工作，每年僅假東方語專或巴黎大學教室，公開講演中國文化一類問題而已。至1927年春季，因財源有著，始正式開課，共設七個講座。茲列表如下：

序號	課別	教授者	課程內容
1	中國文化	葛蘭言教授	地方風俗誌等
2	中國文學語言美術	伯希和教授	漢學圖畫等
3	中國美學	那諾瓦講師	詩韻等
4	現代中國政治外交史	杜巴別（Dubarbier）講師	國外大勢與中國內政之影響及蒙古問題
5	近代與現代中國經濟史	墨司它講師	徐光啟農政全書之研究
6	中國法律	艾斯加哈（Escarra）講師	韓非子之解釋等
7	中國科學	規定聘用若干人	不拘任何科學

　　上述前六項講座，均有專人講授，惟第七項中國科學講座教授極難聘得，蓋研究中國科學者赴歐不易，又或為語言所限，不能講演，而在歐學習科學者，又未見曾習科學，因此該講座一直未覓得專人講授，其間曾請盛成講「中國蠶學」、何尚平講「中國農學及特產」、褚民誼講「中國醫學」。至1932年，因無合適專家擔任，遂將該講座暫改為中國文學，由張鳳舉、吳康（中山大學文學院

長）分別擔任。

　　除此七講座之外，有因某種特殊專門問題，臨時延請專家講
演者，如戴密微（Paul Demiéville）講「唐代之佛學」、樊佛愛
（Colonel Favre）講「中國之各種祕密結社」、勒惹（Léger）醫生
講「中國之流行症與衛生」、馬伯樂講「唐以前之道學」、狄布斯
克（André Duboseq）講「中國之現狀」等等，又陳綿於「中國戲
曲」亦曾作過講演。[85]

　　中國學院學生人數不多，不過年有增加。茲將1930年代註冊學
生情況表列如下：

年度	註冊學生總數	第一學期	第二學期	自費生	免費生
1929-1930	30	17	13	17	13
1930-1931	38	23	15	26	12
1931-1932	56	33	23	35	21
1932-1933	55	30	25	34	21
1933-1934	52	34	18	35	17

　　至若學生國籍，仍以中法兩國為多，以1933年為例，可列表顯
示如下：[86]

　　　　中國　　　　　　18人
　　　　法國　　　　　　12人
　　　　安南　　　　　　1人
　　　　比利時　　　　　1人
　　　　德國　　　　　　1人
　　　　日本　　　　　　1人
　　　　英國　　　　　　1人

---

[85] 《中法大學月刊》，4卷2期，頁161-162。
[86] 《中法大學月刊》，4卷2期，頁162。

俄國　　　　　　　1人

在巴黎中國學院招收的學生中，人數最多的是中國人，其次為法國人，此外有德國人、英國人、義大利人、葡萄牙人、瑞士人、俄羅斯人、波蘭人，還有東方人如越南人、日本人。除了正式學生外，中國學院還有外來聽眾，他們中甚至有來自美國本土和中國的美國教授。就此來說，巴黎中國學院實現了其國際交流的初衷。

在1929年3月17日正式劃歸巴黎大學後，巴黎中國學院開始自己頒發畢業文憑。根據巴黎大學評議會通過並於1929年7月29日得到法國教育部批准的一項決議，中國學院可以授予學生兩種文憑：一種叫正式學生結業證書（Brevet d'élève titulaire），一種叫漢學研究畢業文憑（Diplôme des Hautes Etudes Chinoises）。前一種在中國學院學滿一年，經筆試和口試，合格者即可拿到證書；後一種須在中國學院學滿兩年，並提交一篇論文，論文須經中國學院教授的同意。巴黎中國學院所授予的文憑必須以巴黎大學的名義頒發，並且由巴黎大學校長和中國學院負責人雙重簽名才能生效。[87]

然截至1933年為止，考得文憑者，僅波蘭一人、安南一人。考得證書者，僅俄國一女生、法國一女生。中國學生在該院聽課者，大都係在巴黎大學預備論文，已考得文科博士學位者，前後有凌純聲（1929）、胡鴻勳（1929）、周還（1930）、陳宗寅（1932）、汪立（1932）、吳康（1932）、蔣恩鎧（1932）、羅玉（1932）、徐玉棠（1932）、吳益泰（1933）、賀師俊（1933）等十一人。[88]

有此卓越研究成績，頗能符合組織及鼓勵法國人或中國人研究高深學問之創院宗旨也。

---

[87]　葛夫平，前引文，頁436-437。

[88]　劉真主編，王煥琛編著，《留學教育》，第3冊，頁1505-1510。

第六節　里昂中法大學

　　里昂中法大學的設立，可視為民初旅歐教育運動的一重大實驗，亦可看做中法合作教育發展過程的一項具體成果，里昂中法大學成立於1921年10月，為李石曾、吳稚暉、蔡元培等一批稍早鼓吹勤工儉學

里昂中法大學進門

的哲人，與里昂當地熱心中法教育人士所共同創辦的一所海外中國大學，其目的在以比較經濟的組織，利用國立里昂大學及其他各學門學校現成之設備與師資，為我國作育有志深造之人才。

一、招生過程與學生來源

　　里昂中法大學的創辦，如果單從容納的人數演變一層來看，頗令人有「雷聲大雨點小」的感覺。根據李石曾的秘書蕭瑜（子升）在巴黎華法教育會召開的第一次勤工儉學生代表談話會上的報告，大約盡可容納二千五百人上下，[89]大有李氏當年發起勤工儉學的雄心壯志，「謀得廣下千萬間，盡庇天下寒士」的氣魄。以後因籌款情形並不順利，至1920年8月發布的招生計畫，已減為四百人，內於北京、天津、上海、廣州等處招四分之三，其餘四分之一則在

---

[89]　蕭子升，〈里昂中國大學最近之進行〉，《赴法勤工儉學運動史料》二冊下，頁591。

法招收。其中女生佔十分之一。[90]至1921年7月實際辦理招生時，又減為預定在北平、上海各招二十名，廣州招一百名。從最早的二千五百人到最後的一百四十名定額，可見招生人數已大幅縮水。人數縮水的主要原因，除經費籌措不易外，與校舍的修葺工程遭遇困難，一再拖延也不無重大關係。

招生時，曾在全國各大報刊登招生廣告，並印發介紹學校旨趣與內容的小冊子，即《里昂中國大學海外部的經過、性質、狀況》，供有興趣者索閱。

1921年7月14日的上海《民國日報》第二版，曾刊登一則「里昂海外大學招生」廣告，茲錄之如下：

（一）考期：國曆7月20日

（二）發案（榜）：24日

（三）在上海開船赴法：8月1日。必預先三日到滬。

（四）特待粵生二十名。

　　　　資格：（1）定要廣東籍貫，不論男女。

　　　　　　　（2）大學專門學畢業生認為相當者免考，惟人數逾額，試外國文決選。報名時附交畢業文憑，無憑者報名無效。

　　　　　　　（3）已在大學專門學修業者，准其考試。報名時附交該校校長證明，在本科修業者，無證書者報名無效。

　　　　　　　（4）報名時開明從前履歷並交四吋半身照相兩張。

　　　　待遇：（1）免交學繕費。

　　　　　　　（2）每人每年各給華銀二百元補助零用。

---

[90] 〈籌備中之海外大學〉，《申報》，1920年8月12日。

（3）出發時廉儉艙位，費校中代出，惟行裝
自備。

考試：（1）高等國文。

（2）高等算學。

（3）高等外國文、英文或法文皆可，惟僅有粗
淺程度者不收考。

（五）本部生五十名

資格：（1）不論籍貫男女。

（2）同粵生。

（3）同粵生，惟附交中學畢業文憑者亦准考試。

（4）同粵生。

待遇：（1）免交學費但每年交膳費華銀二百元，並附
交代存零用一百元。

（2）必要殷實保人出年納華銀三百元之保證
書，無者雖錄取無效。

（3）出發時廉儉艙位、費及行裝皆自備。

考試：同粵生。

（六）報名地點：在上海二馬路永安公司後面里昂海外部通詢
處。另有詳細說明書亦在該處乞取。報名18日截止。

（七）考試地點：在西門外滬杭車站路大同學院。

20日一日考畢，晨9點起。[91]

這可說是一校兩制的辦法，對於廣東籍考生特別優待，類似公
費留學，埋下學生日後感到不平，藉故鬧事的種子。

茲將各地招生情形，略述如下，以見其梗概。

在北平的考試由李石曾主持。據報考人之一的李亮恭回憶，

---

[91] 上海《民國日報》，1921年7月14日，第二版。

他見到報紙上的招生廣告後，即到設在南池子歐美同學會內的辦事處索取簡章，同時領到一本吳稚暉所撰寫的小冊子，對於這個學校的旨趣與內容有詳細的說明。[92]據擔任實際試務的徐廷瑚（海帆，第一批留法儉學生）說，當時的招生考試借第四中學教室，作為考場，李石曾親自監考。放榜後，師大附中在前十名中已佔三、四名之多，第一名的夏康（亢）農及李亮恭等，均係師大附中學生。當時考取的名單有夏康（亢）農（湖北）、李亮恭（江蘇）、趙進義（河北）、張璽（河北）、楊堃（河北）、周發歧（河北）、劉維濤（四川）、翟俊千（廣東）、單粹民（河南）、黎國材（廣東）、狄福鼎（江蘇）、方子（學）芬（廣東）、蘇梅（雪林，安徽）、汪廉（未赴法）。[93]另據蘇雪林追述，她當時就讀北平高等女子師範，考生一百餘人，女生六人，考三科——國文、英文、算學。考題分三次發給，國文題教各考生敘述他將來預備研究的學科，英文題有兩題，一個是「國民教育的重要」，一個是「公園散步」；算學題共十二題。[94]

上海的招生情形，據參加應考的商文立追憶，他是在7月某日，在南京高等師範（即後來的東南大學）學校閱報時，看到里昂中法大學招考學生的廣告，遂約貴州同鄉張廷休、何兆清二人前去應考，高師同去應考的尚有粵籍同學何衍璿。當時試場設在南市大同大學（學院），他們坐電車前往，在車上遇見一位身材高大而非常健康，目光炯炯，身著黑色西服白褲白鞋，年約五十以上，嘴上蓄有短鬚的長者，印象極為深刻，而且一同到大同大學門口下車，後來才知道這位老人就是來考他們的吳稚暉。考生並不太多，不過

---

[92] 李亮恭，〈稚暉先生與里昂中法學院的誕生〉，《勤工儉學運動》，頁405。

[93] 徐廷瑚，〈我與稚暉先生〉，《勤工儉學運動》，頁480。

[94] 蘇雪林，《棘心》（台中；光啟出版社，1977，七版），頁42。

一百餘人，上午像是考國文、英文，下午考數學，都是老人親自出題，英文、數學則是先印就一張試卷，國文題則是老人寫在黑板上。結果不到一個禮拜，通知寄來，四人都考上，要他們趕快到上海去治裝、辦護照準備出發。最後張廷休臨時變卦，只有商文立、何兆清和何衍璿三人前往。[95]

除北京、上海外，廣東同時以西南大學海外部名義辦理招生，性別不分男女，惟籍貫必限隸屬廣東一省之內者，且交驗畢業文憑或修業證書時，倘載明別省，臨時申明原籍廣東省者，概歸無效。茲誌其取錄四步驟如下：

（1）但為廣東籍貫之人，無論在通國之任何大學專門學，若已經本科畢業者，驗其文憑，認彼所入之校，實有相當價值；彼之文憑，實可作為充分之信據者，可免去考試，即通知錄取；其認為不充分，或已經額滿時，即說明理由，將文憑發還，或准其考試。

（2）在相當之大學專學，正修業之本科者，交驗該校校長所出之修業證書，認為充分者，准其考試。

（3）在相當之大學專門預科，已修業一年以上，交驗該校校長所出之修業證書，認為充分者，准其考試。

（4）但有中學畢業文憑者，可報考海外本部，不必指名廣東大學海外部報考，因廣東大學渴望養成教材，故用特別待遇，期望學力較充之人，先去幫忙。[96]

第一批究竟共招生多少人？北平、上海、廣州各佔多少人？因缺乏官方報告，甚難統計。且錄取之名單與實際出國之人數亦有稍許

---

[95] 商文立，〈隨吳稚暉先生同船赴法記〉，《勤工儉學運動》，頁432-433。

[96] 〈里昂中國大學海外部的經過、性質、狀況〉，《勤工儉學運動》，頁382-383。

之出入，並不易確定。惟一般說法，吳稚暉共整批率去一百零五名，
其中招自北平與上海，由上海出發者約四十餘人，由廣州錄取在香港
下船者約五十餘人。[97]另據《申報》透露，此次里昂海外大學原訂招
生一百六十名，分北京、上海、廣州三處招考。北京、上海均未招足
額，惟廣州所招，投考者過於名額數倍，故一次招足。其中六十名皆
特待生，將於法郵船波爾多斯（Porthos）號經過香港時下船，與京滬
各生一同泛海。以下所載，為京滬兩處所招各生姓名：

(1) 男生六十三名

李煦寰、陳璠、陳本鋒、翟俊千、黎國昌、陳崢宇、姚
冉秀、黎國材、曾錦春、曾覺之、曾同春、鍾伯厚、何
衍璿、羅易乾、古文捷、劉啟邠、梁政元。（以上十七
名為廣東特待生）

何其昌、周發歧、侯晉祥、許樹墀、楊堃、張璽、吳鎮
華、黃稟禮、劉維濤、葉譽、陳藎民、夏康（冗）農、
陳錫爵、趙進義、李亮恭、汪德耀、蔣國華、霍今銘、
張繼善、趙鶴瑞、趙壽祺、張樹藩、趙開、狄福鼎、徐
祖鼎、商文明、何兆清、李丹、虞炳烈、吳凱聲、陳彝
壽、何然、章桐、黃葉、司馬梁、唐學詠、馬光辰、王
樹海、陳振軒、陳洪、孫立人、廉邵成、徐頌年、方
岑。（以上四十四名為本部生及本部優待生與旁聽生）

(2) 女生共十一名

黃明敏、黃偉惠、羅振英、林寶權。（以上四名為廣東
特待生）

蘇梅、方蘊、方裕、劉梧、吳續新、潘玉良、楊潤餘。

---

[97] 參閱李亮恭，〈稚暉先生與里昂中法學院的誕生〉，《勤工儉學運動》，
頁407。

（以上七名為本部生）[98]

里昂中法大學的招生人數，固然從最初的二千五百人遞降為一百六十人，甚至到實際成行的一百零五人，但並不能保證質的問題。因為雖然比起過去華法教育會所鼓吹的勤工儉學，多了一道考試甄選的辦法，但實際上仍難免有招生不嚴的弊病，很多人是抱著姑且一試的心情去報考的。根據蘇雪林的回憶，當時她在北平女子高師就讀國文系二年級，法文從未學過，同班同學林寶權、外文系羅振英同邀去考，本來是玩笑性質，誰知一去考都考上了。[99]

辦理招生不嚴，學生素質自難以講求，這又看出吳、李等人匆促行事，急於掛招牌的另一項例證。這個關係百年教育大計的海外大學，沒有在一開始便建立起慎選學生，重質不重量，培養學術聲譽的作法，值得訾議的至少有以下兩點：

(1) 從刊登招生廣告、考試、放榜到成行，前後不到一個月，匆促草率將事，一方面未給予全國有志留學的學生較充裕的資訊和心理準備；一方面未成立類似招生委員會經辦其事，從出題到閱卷甚至決定是否錄取，率由少數一、二人決定，難免不無主觀立場或人情請託，甚至可能牽親引戚、內定之事，[100]既影響考試公平性，亦可能因而降低學生之水準。

(2) 既係到法國留學唸書，除專門科目外，當以法國語文為主要工具，必須在這方面有相當基礎者始能收到事半功倍之效。惟見所招之生，有僅中學畢業者，或在大學或

[98] 〈里昂海外大學又一消息〉，《申報》，1921年8月5日。
[99] 蘇雪林，《浮生九四——雪林回憶錄》（台北：三民書局，1991），頁48。
[100] 如第一批在北平錄取的七位女生，其中吳續新為吳稚暉之姪孫女，楊潤餘為楊端六之妹，而楊端六與吳稚暉私交頗篤。參閱蘇雪林，〈我記憶中的吳稚暉先生〉、〈一個五四時代青年的告白〉兩文，《勤工儉學運動》，頁460、469。

專門學校肄業者，而多半未修過法文，率皆法語一句不能開口者。如此作法，無以名之，姑且稱之為「野狐禪式的浪漫作法」。由於吳個人不重視語文的作法，後來不但引起法國友人的不滿，也為吳校長本人製造不少的困擾和糾紛。

由於第一批學生考送的程度參差不齊，引起法方的責難，以後在學生的來源和素質方面，即有明顯的改進。學生素質，至少在法國語文方面有所提升。大致分二方面敘述如下：

（1）國內保送：

北平中法大學（設立於1920年11月，1928年改稱此名），自1931年起各學院（服爾德、孔德、居禮、陸謨克）每院畢業生，前五名成績滿七十五分以上者，資送到法國里昂中法大學深造。

1. 國立廣東大學自1925年起，亦選派教授與學生若干名入校。

2. 勞動大學（1927年設立於上海，分社會科學、工、農三學院），自1930年起，每年選派三十名學生。

3. 江蘇、浙江、福建等省市派送學生入學。

（2）就地甄選：

除由前述與里昂中法大學有姊妹關係之國內學校，定期選派外，里大亦辦理就地甄選，以收容優秀的留法自費生與勤工儉學生。例如里大於1928年10月12日在巴黎、里昂兩處，分別舉行甄別試驗，主考者，法方為協會會長雷賓、校長樊佛愛（Colonel Faure）及古恆等，中方為吳康、李廣平諸君。

計招收儉學生八名（何穆、范會國、符傳鉢、楊傑、徐寶彝、敬隱漁、吳曦永等，副取為車崇勤）。

　　勤工儉學生八名（路三泰、張華、鍾興義、顏實甫、李
錦華、韋福祥、羅濬叔、鄧開舉等，副取為楊超、樊德
染）。

　　女勤工儉學生一名（李淏）。[101]

　　同年9月25日，吳稚暉
所率領的國內新招學生到達
里昂，受到里昂輿論界的歡
迎，里昂《進步報》（Le
Progrès）翌日即以「歡迎
你，中國朋友」（Hoan Yin
Ni! Amis Chinois）為標題，
熱烈表示歡迎之意。[102]

里昂《進步報》社址

二、校舍整建與校務組織

（一）校舍整建

　　自中法兩教育界人士倡議在法國設立海外中國大學後，即有
國立里昂大學校長儒朋（Paul Joubin）極力出而贊助，力言與其設
大學於巴黎繁華之區，不如創在里昂。里昂市長赫里歐（Edouard
Herriot）並稱，在里昂西郊三台山上，適有報廢兵營一座，可容
二、三百人，周圍約百餘畝，交通便利，環境清幽，最適於教育用
地，如有需要，彼可設法撥用。

　　這個舊兵營（砲台）稱為聖堤愛內堡（Fort St. Iréné），建於
1840年，即將成為里昂中法大學的新址。一般對它的瞭解並不多，
茲錄幾則資料，增加我們對它的認識。

---

[101] 《旅歐雜誌》，第2期（里昂中法大學，1928年12月1日出版），頁8。

[102] Marilyn A. Levine, *The Found Generation: Chinese Communists in Europe
during the Twenties*（University of Washington Press, 1993），p. 126.

首先，看看官方的一篇〈校舍記略〉：

「海外部的校舍聖堤愛內堡者，里昂舊時防守重要地點之一；四十年前普法交戰時，尚為必不可少之物，現在戰器改變，戰術更新，遂公認可以廢棄而不用，所以便偃武修文起來。昔為碧眼將軍的天險，今借做黃面書生的課齋。里昂市民對於諸堡的歷史，皆覺其榮顯，因經拿破崙及毛奇將軍兩次內外的大兵役，惟有里昂獨全，兵鋒不曾能越里昂各堡一步。聖堤愛內堡最近市，故佔地最少，惟中間亦有羅馬古牆三堵，列為里昂重要古蹟之一，故該堡在近日本少駐兵，也算做可參觀的一名勝。

聖堤愛內堡佔地固然最少，也已經有華畝二百，惟圈在堡內的只有十之三，其餘都餘在堡外。堡屋門樓一座，為七開間的兩層，進門左旁兵房一所，約十六開間的四層，這算全堡最大的建築。今改課堂八個，住二百五十人的齋舍六十餘間，齋舍每間擬居四人，本可隔之為四，亦可各得一小房，因隔費太鉅，且空氣光線，皆有阻礙，所以俾四人合居，但用屏架生界限，比較適用。兵房之西北，在堡內之南端空地中，昔當為軍中司令部，有七開間高屋一所；今改為兩層，樓上做圖書室，樓下做禮堂。羅馬古牆三堵，即列此堂之後，古采盎然，一經他來點綴，全校生色。堂之稍北迤西，為九開間三層的大樓一座，昔為元帥府，今則擬葺為教員宅及女生宿舍，若全為宿舍，能容百餘人，今畫一部分，只供三、四十人用也。此為全堡中正正當當之屋，其餘如營倉了，更房了，兵庫了，地窖了，此處彼處，或在堡隅，或隱堡牆，可以叫做不可盛數，拿來充做印字房了，校役室了，洗衣間了，縫衣所了，修鞋匠屋了，泥木匠作場了，都還用個不了。即是那正屋，就現在他的工料而言，都用又巨大、又方正的石頭，他是為著堡壘，要堅固到萬年不壞，故爾不惜工本。若中國人自去建造校舍，原不必用那樣高價的石料，故他的原價，我們無從計估。

進堡以後，雖空曠異常，然皆坡陀居多，除禮堂前一片斜上之廣地外，另外沒有一個廣場。惟堡外東北餘地，有治為操場，未經植疏之一方，足有三、四畝大，圈入作為蹴鞠之場，但堡牆有兩重皆方石精疊，堅整異常，倘異日取其石以建屋，可建大樓五六層一所，能居五六百人而有餘；即牆一毀，基地亦適可容納此大建築。因現在兩牆之間，所謂戰壕者，闊逾十丈，逐段畫開，能容網球場二十個也。又四面坡陀之上，皆有五六丈七丈廣闊的平玻，以供登眺。大門右邊一長坡，本栽花木，起亭榭於其上，在小縣城裡有此，便可號稱公花園了。學生安息之日，或坐坡草之上吟新體詩，或聚小亭之中下黑白棋，儘可不必定要上鐵塔嶺、金地園（Parc de la tête d'or）、美庭場（Place Bellecour）等處去遊觀也。」[103]

蕭子升說：「砲台雖老但極堅實，毫無破壞，改做學校無須他項修飾，只需搬入床倚等用具及稍為掃除即可。全台面積為七萬九千八百公尺，高為三百零五公尺。天氣晴朗時，可遠眺阿爾卑斯山（Alps）之白山（Mont Blanc），至於里昂則全城在目。有電車通城內各處，至往大學十三分鐘即到。房屋大小五座，最大者樓凡四層，可容五、六百人；其次樓三層，可容三、四百人；當中一屋係兩層，下層可作大演說聽，上層可作藏書等最為適宜；進門一座尤為精緻，可作辦公室及接待室等，有馬房可改作印刷處及儲藏室等之用。砲台四周有水溝包圍，水溝寬十公尺，全溝長四百二十公尺。砲台西北與東南，有極大極寬坪，其面積與砲台面積大略相等，很可加修房屋，如不修房便可耕耘。至操場等空地，台內應用之處甚多，砲台內且有古蹟數處。總之，統全砲台而論，以前本可住兵士二千人，若其再將軍械室等兵行改為住人，更可多住，大約盡可容納二千五百人上下。不過，學生不比兵士，佔地比較略多，

---

[103] 〈里昂中國大學海外部的經過、性質、狀況〉，《勤工儉學運動》，頁368-370。

117

所以估定之下只能住千多人」。[104]

　　蕭子升的資料多半出自上文，惟人數的估計並不精確，我們再看國內的《教育雜誌》所提供的補充：

　　「校舍係在里昂西城小山，上有電車直達山頂，不過十分鐘即至。校址當門，即一層樓之樓房一所，入門右係四層樓之洋房一所，長約六十餘步，與北京大學之文科宿舍大小相等，每層有二丈寬三丈長之房間

里昂中法大學男生宿舍

十八間，此房將來即作學生寢室，每室至少可容四人。合計此座樓房所容，二百二十人有餘。與大門相向，尚有一層樓之房舍一所，長三十五步，聞將作為講堂之用。四層樓房之正對門數丈外，有一土坡，如照壁然，其斜對門二、三十丈外，又有一三層樓房，將來擬作女生寢室。一層樓之房舍後，又有平房三間，其左亦有平房一排，此數所房屋，位置頗似北京之四方天井；一層樓正對大門，頗似上房，左廂為一四層樓房，右廂為一三層樓房，但彼此相距均在十丈二十丈以外。房屋四圍數丈外，皆係土坡，坡約丈餘，高與寬亦丈餘，登土坡四望，里昂城盡在眼中。坡外所有菜園空地，東以樹林，北以街為界，約數畝，即將來學生體育之場、圖書室及教員房屋建設之地。」[105]

　　里昂中法大學就在法國獻地、中國捐款的情況下，積極展開籌備。當初之所以選定此一舊砲台舊營壘，主要有兩層考慮：

---

[104] 蕭子升，〈里昂中國大學之進行〉，《赴法勤工儉學運動史料》，2冊下，頁590-591。

[105] 〈里昂之中國大學宿舍〉，《教育雜誌》，13卷2號，頁6-7。

一是取其房舍現成，改建容易，修繕不難；

二是取其地勢高聳，空氣新鮮；校地寬闊，且有空地可改新建築，可容數千人，於學生之收容極為方便。

議定後，李石曾即將校舍整修大任委託褚民誼（重行）。換言之，在預定開學之前，所有房舍的修葺與整理工作，乃至床鋪、桌椅等各項設備，必須辦妥。

茲將褚民誼整建校舍的進度，列表如下：

年月	進度
1920年1月	從事打掃。
3月21日	張繼、褚民誼應邀至里昂，見校長儒朋、市長赫里歐等人，商量中國大學事。
4月3日	華法教育會開會，討論大學籌備事，決定暫組一委員會，專司籌備事宜。
4月23日	吳稚暉由滬乘輪赴法。
5月底	吳抵里昂，察看里昂中法大學校舍。
9月	蕭子升回國，帶歸有關里大各種文件資料，以備國內各界之參考。
12月28日	李石曾赴里昂住數日，視察里昂中法大學。
1921年1月18日	蔡元培抵里昂視察。
7月8日	中法雙方簽訂正式合同，組成中法大學協會，以為管理中法大學之機構。
10月	校舍修建完工，學生到法開學。

在校舍修建過程中，值得一提者有兩件事：

一是修葺工程須用工人甚多，曾招用中國在法工人，華法教育會對此事極為熱心，曾代為調查土木、泥匠各專門工人，並介紹參加工作。

二是整建工程比事前想像為難，本以為短期可告完成，孰知碉堡改建民房，殊非易事。例如由堅固砲眼的兵房改成窗隔，由不加隔別的廠屋改成齋舍，均有其難度。加以歐戰後泥木各匠均極缺

乏，至後期因趕工關係，每日動用工人約百餘人，連週休日亦照常工作。

校舍整修工作，費時年餘始完工。本擬1921年1月即當招生，嗣以修葺工程至3月才告完竣，加以床、桌椅、家具等皆未順手，故最後延至10月始開學。有質疑校舍工程之所以延宕，目的在堵塞在法之勤工生。想褚民誼等人均係留法學生，並非訓練有素之建築師或工程師，修葺校舍實非其所長，以他們的能耐，籌劃一切並親自指揮中法工人工作，對工程進度有所耽誤，寧非常事？

校舍修葺費原估四十萬法郎，結果超出預算甚多，達百萬之數。難怪有人頗為感慨的指出，「早知如此，新建較便」。其它校用器具，原估亦四十萬法郎，其中包括學生床鋪桌椅，還有實驗室、圖書室等之設備，所費頗鉅。

從上述可知，里大創設第一關校舍的修葺改建，便出現問題，遭遇曲折困難，不但完工日期大為延誤，且經費預算也一再追加，這象徵里大前途多乖多艱。這時中法大學協會尚未成立，由褚民誼一人獨肩重任，改建後的校舍「未必氣象一新」，而他們卻難辭監督工程不周，購置器具不全等人謀不臧之責任！

不管如何，在這個多樹的三台山上，綠蔭扶疏，中國學子讀書其下，亦自得其樂。從此這個平房的草台，不但是中國莘莘學子的「寄宿舍」，亦將成為滿牆桃李讀書歐陸，絃歌不輟的蓬萊仙境。

（二）校務組織

經過漫長的協商與討論，1921年7月8日，中法雙方終於正式簽訂合同。同日，組成中法大學協會（Association Universitaire Franco-Chinoise），以為管理中法大學之機構。中法大學協會的總部設在里昂大學。

中法大學協會設名譽會長，中法各一人，分別由中國教育總長與法國虹江省長擔任；設名譽董事會（Comité d'honneur），法

方名譽董事有歐樂（Aulard）、奧諾哈（Honnorat），保安卡萊（Poincaré）、班樂衛等人，中國方面有駐法公使陳籙等人。

協會最高權力機構則為董事會（Conseil d'administration），其董事（或稱理事）分下述三種：

第一種為創始董事（Membres Promoteurs）：法方為儒朋、雷賓、穆岱、赫里歐、古恒、馬祖烈將軍（Général Marjoulet, 軍區司令）等六人；中方為蔡元培、李石曾、吳稚暉、汪精衛、高魯、褚民誼等六人。

第二種為法定董事（Membres de Droit）：法方為里昂市長、虹江省議會議長、里昂商會會長、國立里昂大學校長等人；中方為北京大學、廣東中山大學、廈門大學三校代表及里昂中法大學校長等。

第三種為選任董事（Membres Elus）：法方十人，多由商會中人士與教授選任，中方亦十人，有李廣安、李廣平、李麟玉、李書華、曾仲鳴、劉厚等人。[106]

由於全體董事大會，每年只固定開一次，故協會另設一常務機構，即常務董事會（Bureau Administratif），實際處理各項事務，其組織與人士如下：

職銜	姓名
會長	雷賓（法） 蔡元培（中）
副會長	沙木拿（Chamonard, 里昂商會代表） 高魯（中）
秘書	古恒（Maurice Courant, 里昂大學文學院教授） 褚民誼（中）
司庫	達爾讓（Dargent）
中法大學校長	吳稚暉
秘書長	曾仲鳴

---

[106] Annales Franco-Chinoise, No. 1（1927）.

協會各項人事，以後雖隨時間演進而略有變動，但結構大致不變，即維持華、法各半的原則。

根據章程，校中之行政、理財事屬之中法協會。[107]會長無論在民事行為或司法責任方面，對外均代表協會，並裁定各項支出。[108]中法大學校長規定為中國人，其本人與教授由董事會任命，並經大學評議會通過之。舉凡課程之安排，校務之管理，按諸所定合同，應歸中國校長處置。

協會組織採取兩頭馬車的合作辦法，用意雖善，但並不切實際。就董事會結構而言，一大半中國董事人皆在中國，即使人在歐洲或法國，也不一定能到里昂出席開會，故自然形成開會時人少勢孤，並不平等的狀態，遇有爭執，不一定能作出使雙方滿意的決定。再就常務董事而論，中國會長、副會長僅只掛名而已，實際無法出席會議，也不管事，故開會時往往只有華籍秘書或校長、秘書長一、二人參加，兼以中國人固有的謙讓美德，久而久之，易形成法國會長一人的獨斷與法國祕書的濫權。在待遇方面，自1925年10月至1926年3月，法國雇員包括舍監及門房，曾三次加薪，而中方職工卻一次未動，以致秘書長劉厚不得不寫信給李石曾，要求他致函協會會長雷賓，希望中方人員與法國辦事人員享有一同待遇。又由於法方高層對中方人員不夠尊重，在里昂中法大學工作的中方同仁普遍有一種被歧視的感覺。一度主持校務的曾仲鳴則抱怨法方「簡直把中國人當作安南人」。[109]這些都是雙方不斷發生齟齬的根本原因。

就校務而言，吳稚暉一向信奉無政府主義，標榜同學自治，並不管事。實際上，學校受制於協會，校長受制於協會秘書，再加會

[107] 曾仲鳴，《法國里昂中法大學》，頁2。
[108] 里昂中法大學檔案，Note Relative à Institut Franco-Chinois, 1921.
[109] 葛夫平，《中法教育合作事業研究，1921-1949》（上海書店出版社，2011），頁57。

計操於人手，並無多大實權。學生於9月底到法後，吳稚暉與褚民誼曾有意把里昂中法大學的開學典禮與雙十國慶日合併舉行，以示慶祝，但受到協會秘書古恒的阻撓，原因是勤工生正霸佔里大，時機不宜，後由眾議員穆岱出面圓圓，以不要太招搖為由，建議延緩到11月再舉行。[110]吳稚暉在任內，曾因設立翻譯秘書，為學生爭取助學金，並主張法方的七萬五千法郎津貼應全數用之於教學諸事，與協會頗生齟齬，這也是他到任一年就黯然離校的原因之一。事後，古恒到處寫信，對吳頗有微辭，甚至向蔡元培、李石曾建議，考慮改用法人當校長，而以中方副校長助理之。[111]古恒的攬權，與中方秘書褚民誼之間也相處不睦。以後繼任的中方秘書或校長，從曾仲鳴、劉厚、何尚平、孫佩蒼、彭濟群、宗真甫到潘香屏等人，或多或少都有大權旁落的無力感，甚少能挺身出面為學生主持公道。

三、課內課外活動

（一）課內活動

中法學院也罷，中法大學海外部也好，嚴格而言，里昂中法大學不過是一塊美麗的招牌，實際距離大學的標準尚遠，它的性質類似在國內為勤工儉學生所辦的留法預備班，頂多只是大學預科而已。因為它既沒有自設的大學專門課程，也沒有自聘的大學專任教師，其主要的活動僅在於組織一些特別演講會與法文補習，以及為理科學生特設的數學、物理複習課等，目的在充實學生的基本學識和提升語文能力，做為進入國立里昂大學及各專科高校的預備。

---

[110] Anne-Sophie de Perrotin de Bellegardel, *L'Institut Franco-Chinois de Lyon*, 1921-1950 （Université Jean-Moulin, Lyon III, 1989）, p. 43.

[111] 里昂中法大學檔案，Lettre de M. Courant à M. M. Tsai et Li Yu-ying, 27 Nov. 1922.

　　里昂中法大學在學習方面所能提供的最大服務，就是為學生
延聘教師補習法文，以提升語文各項能力。由於第一批學生來源複
雜，從醫學博士到中學生所在都有，法文程度參差不齊（入學考試
時並未要求法文甄試），故按吳稚暉等之構想，學生先在校內念兩
年法文，俟法文聽講有基礎後，再進入國立里昂大學或其他專校就
讀。初期校方按學生程度，開設法文班四班，共聘七位教師負責法
文教學，其後由於入學生法文水準逐漸提高以及校方經費拮据，班
次乃逐漸減少，至1937年左右已僅剩一位法文教師而已。[112]

　　事實上，在校內設班為學生補習法文，用意固佳，但效果其
實有限。主要原因有二：其一，教學並非採取密集式，每日時數有
限，練習機會不多，故進步緩慢。[113]其二，中國學生同居共膳，大
家在一起吃中國飯、說中國話、過中國式的生活，天天見面的多為
中國人，缺乏生活與教育合而為一的語文訓練環境，同時與當地
法國家庭和社會接觸的機會相對減少，對於實際瞭解法國生活、風
俗、人情的幫助相當有限。故有遠見之明的學生寧願赴別處或外埠
中國人少之學校補習法文。例如鄭彥棻進校不久，便於1926年4月
申請奉准到當地的花園中學（Lycée de Parc Grenoble）去念法文。[114]
又如黃綺文、李佩秀兩人為求速進法文，特請准到巴黎入Neuille
Pension（供膳宿）勤學法文。

　　又里昂中法大學學生中，文、法等科及攻讀音樂、藝術等門的
學生固然為數不少，惟理、工、醫、農等科學生所佔比例亦頗高。
因此，除法國語言及文字外，有關數學、物理、化學等基礎課程的
複習和加強，也有其必要。這完全視學生的實際需要而開班，校方

---

[112] 〈李治華回憶片段〉，《海內外雙月刊》，第35期（1982.05-06），頁10。
[113] 岑麒祥，〈留法第一次報告書〉，《國立中山大學日報》（1929.01.08），
　　　第3版，「海外通訊」。
[114] 陳三井，〈鄭彥棻先生在里昂〉，《鄭彥棻先生紀念集》（彥棻文教基金
　　　會編印，1991），頁99-100。

亦聘有專人講授。例如，1922年秋，聘理科教授一人，講演科學。又另設數學科兩班。惟校內並未設置實驗室，從開校第一年經費支出可以窺知，實驗儀器經費僅列四千法郎，殆屬點綴性質而已，對於理科學生所需要的各項實驗，恐怕很難滿足。

演講會理論上屬於一種課外活動，但因它可以補正常功課之不足，可以增長學生的專業知識和一般見聞，故在此將其列入課業活動一併討論。

里昂中法大學頗為重視演講會的活動，其來有自，顯然受到國內蔡、吳、李等人的影響最大，北平中法大學創辦以後，即曾組織課外演講，每週舉行一次，延請校外知名人士或校內教員擔任。里昂中法大學設立後，亦仿此辦法，不定期舉行演講會。早期因顧慮學生法語聽講能力，大抵多由在法或路過法國之中國學者如吳稚暉、汪精衛等人擔任。中國人在里大演講，有紀錄可參考者尚有李石曾、蔣夢麟、鄒魯、章士釗、孔祥熙等人，據蔣夢麟回憶，他曾於1922年6月25日應吳稚暉校長之邀到校演講，鼓勵在外留學的中國學生，多讀中國書，不意觸怒了主張「把線裝書丟到茅廁裡去」的吳稚暉，認為是亡國之論。[115]

1931年10月3日，李石曾電京劇四大名旦之一的程艷（硯）秋，謂將有法國之行，邀程赴滬同行出洋。翌年1月，改由西伯利亞鐵路陸行，1月30日抵巴黎，8月15日，應里大校長孫佩蒼邀自尼斯赴里昂參觀訪問。8月15日，里大師生歡宴會，硯秋記云：「里昂中法大學以盛宴來款待我，在許多中國男女青年的熱烈督促下，我免不了是要唱幾句的，卻好，這次是有胡琴伴奏著。第二天，里昂《進步報》有這樣一段記載：『以一種高貴而不可模擬的吸力應熱心青年男女的請求，即由其本國青年用一種樂器名胡琴奏伴著，

---

[115] 蔣夢麟，〈一個富有意義的人生〉，《傳記文學》，4卷3期，頁29。

程硯秋訪問里昂中法大學

以圓潤的歌喉，圓潤的心情，作尖銳洪亮而又不用其談話的聲音歌
唱，時而作急促之歌，時而作舒緩之調，為吾人向所未聞的聲音。
此種敏銳的歌聲，在歐人初次聽見，是不很了解，但覺其可聽；而在
中國的知音者聽著，就不免心曠神怡了」。這幾句話，未免過獎，比
前幾次乾唱，這次有胡琴伴著，是自己也覺得順耳得多」。[116]《進步
報》並附登照片一張，且對「中國首席歌劇家程硯秋」有如下描寫：
「體態文雅，身材高長，滿面和氣而富於情感之表情者」，「程君確
實年齡不及三十歲，而彼之名譽已遍布中國，其創造天才之所以發展
無窮者，全賴其忍耐與極端刻苦之訓練而成」。[117]

---

[116] 程永江編撰，《程硯秋史事長編》（北京出版社，2000），上冊，頁324。
[117] 程硯秋著，程永江整理，《程硯秋戲劇文集》（北京：文化藝術出版社，
2003），頁29。

其間，則經常禮聘校外法國知名學者專家主講，演講題目從做學問專題到性病預防常識，應有盡有，無所不談。茲根據《中法大學半月刊》、《中法教育界》、《中法大學季刊》、Annales Franco-Chinoise等刊物每期的消息報導，將各次演講活動縷列如下：

時間	演講人	職稱或專長	題目
1927.02.03	Prof. Mouriquand		L'Intéressante et Nouvelle Question des Vitamines et de leur Role Considérable dans l'Hygiène Alimentaire 維他命之有趣新問題及其在營養衛生上的重大作用
1927.02.18	Prof. Rougier		L'Enseignment de la Morale dans l'Université 大學中的倫理教育
1927.02.25	M. Roux	地理學家	L'Atlantide大西洋區
1927.03.03	M. Martel	工廠工程師	L'organisation et le Fonctionnement d'une Grand Usine Moderne 一個現代大型工廠的組織與運作
1927.03.10	M. Bellemain	銀行總裁	La Genèse et fait l'Historique de l'Institution des Caisse d'Epargne 儲蓄銀行的起源與歷史發展
1927.03.24	Prof. Philip	法學院教授	La Cooperation 論合作
1927.03.31	Prof. Philip	法學院教授	Le Syndicalisme 論工團主義
1927.04.14	M. Joly Mme. Joly	里昂市立圖書館館長 文學家	不詳 Le Poète François Villon, 1431-1463 詩人維雍

（二）課外活動

　　莘莘學子離背景赴國外遊學，除全神貫注於課業外，更需要有一些課外活動以調劑身心，做為生活的潤滑劑。

　　留學生雖身在國外，但與華僑一樣多心向祖國，故很看重各項慶典活動，透過紀念性的聯誼活動，有時亦可稍解思鄉之情。

雙十國慶是中華民國誕生的日子。由革命黨員蔡、吳、李等人創辦的里昂中法大學，自不能忽視這個值得紀念的日子。民國十年（1921）的第一個雙十節，因為學生新來乍到，一方面尚有勤工生佔據里大宿舍的陰影存在，另一方面大家正忙於佈置新環境，料理生活上的各項瑣碎事務，接著又忙著上課，吳稚暉與褚民誼雖有心與里大開學一齊大事慶祝，但最後卻取消了。取消的原因與眾議員穆岱的勸阻有關，主要還是里大正陷入多事之秋，希望校方入境隨俗，不要過分驚動本地民眾。穆岱甚至建議，把慶典移到11月，[118]無奈里大事件餘波盪漾，一直沒有平靜下來。

校方雖然無法公開大事慶祝，但住在第一層樓六號寢室的李亮恭、陳藎民、夏元龍、汪德耀四位同學曾舉行一個別開生面的小型慶祝會。據李亮恭回憶：「他們在室內張掛一面由國內帶來的國旗，屋頂掛滿紙綵，準備了一些糖果，在晚飯之後，敞開室門，邀請同學自由入內，同申慶祝。房間雖不小，二十餘人一站也就站滿了。吳（稚暉）先生聞訊，也欣然參加。他戲稱此室同學為愛國黨，大家齊唱國歌（那時唱的還是卿雲歌），然後請吳先生演說。……吳先生說：『我沒有預備，就拿這個做題目。當年辛亥革命，事前沒有什麼預備，革命也成功了。我們中法學院沒什麼預備，現在也開學了。希望諸位將來沒有什麼預備，也都能在學問上很有成就。』吳先生明知辛亥革命是有長期預備的，中法學院是他親自籌備的，至於學問的成就更是非下苦功不可。他故意反過來說，引人深省，使大家各自警惕。」[119]

[118] Anne-Sophie de Perrotin de Bellegardel, *L'Institut Franco-Chinois de Lyon*, 1921-1950, p. 43.

[119] 李亮恭，〈稚暉先生與里昂中法學院的誕生〉，《勤工儉學運動》，頁413-414。

　　至民國十五年的雙十節，情況便比第一年熱鬧多了。據《中法教育界》報導，是年國慶日，里昂中法大學舉行慶祝典禮，並設宴招待外賓，晚間復有音樂演奏等遊藝會，外賓到者甚多，事後法國各報均有刊載。是日午間，由該校學生會宴請里昂城內全體報界、政學界各要人，除各報館主筆等人士外，尚有眾議員穆岱、費符利葉（Février）、里昂大學醫學院院長雷賓、醫科教授玻利卡（Policard）、里昂中法大學代理校長花弧（Fauvre）等人參加。中國方面，則有北京到法不久之中法大學代表李聖章及書記劉厚。劉厚演說，略謂里大學生人數將近二百，多為國內大學專門學校畢業者，在北京亦創設中法大學及法國學院多處，為升送來本校及留學法國之預備，向以英文為唯一之外國文，今法文亦常盛行。在里大畢業返國之學生，現約五十餘人，多任各專門及大學教授及工程師等重要職務。由此可預卜，華法教育運動將來收效之大及法國學術文明對吾國之影響。

　　民國十九年之國慶，較前進步有特色，除歷年之慶祝會、遊藝會、音樂會等項目外，復有國畫展及里大學生成績展覽會。因此「參觀者雲集，各報均加讚揚」，茲錄《中法教育界》之報導如下：

　　「里昂中法大學歷年於十月十日舉行國慶時，照例開一公開大會，首由中法政教各界人士各為聯絡中法感情之演說後，隨即繼以遊藝會、音樂會等，由該大學學生各盡所長以娛來賓，亦略寓使法人認識我國風俗文化之意。是日晚間，復在校內或在校外舉行跳舞，以資聯絡。本年該大學秘書長兼代理校長劉厚君以為，舉行遊藝會等殊不足以盡我國文化及藝術之宣傳，乃向比國列日（Liège）萬國展覽會中國代表團商借國畫七、八十幅，又復向何香凝女士、徐悲鴻君、王濟遠君等借得七、八十幅，而該大學學生亦各出所藏，總計得國畫及名人聯對屏條等二百四十餘幅，遂在該

129

校組織一國畫及里大學生成績展覽會，一以使法人認之我國藝術之為何，一以表現里大學生之成績，意至善也。

十月十日上午九時，里大全體華人齊集禮堂外台舉行升旗典禮後，復由劉厚領導入禮堂舉行慶祝大典，（一）唱國歌；（二）向國旗及總理遺像行三鞠躬禮；（三）讀總理遺囑；（四）靜默；（五）三呼中華民國萬歲。禮畢後，集隊前往諾阿雅士公墓（Cimitière de Loyasse），為已故里大學生姚冉秀（因肺炎卒於1922.10.29）、謝振芳（因喉病卒於1923.05.20）、歐藻暄（因痴狂病卒於1923.07.05）等三君掃墓。

下午三時，里昂各界人士如虹省省長魏乃特（Vallette）、虹省督軍代表兼軍醫學校校長烈威（Levy）師長、商界代表亨利伯爾特郎、里昂大學醫科科長兼中法大學協會會長雷賓，及渥富勒教授等以及其他名人共約百餘人，均來申賀，開會之時，首由梁女士演奏國樂，次由劉厚代表中國學生致謝來賓，並述法人對於中國學生歡迎之誠意及里昂各界人士優待華人之隆情，以其既假華人以居處，且予以寬大自由之教育，實可感荷也。末祝中華民國萬歲，法蘭西共和國萬歲，中法友誼萬歲，全場賓主鼓掌如雷。

劉厚致辭之後，即由雷賓相繼演說。略謂：里昂中法大學學生勤於用功，能努力得到高深知識，以備振興及富強中國之用，殊可佩服！蓋法國對於中法教育之深意，並不再強示君等以與中國廣眾民族之利益不相一致之任何思想，不過欲啟導君等以自由之崇尚，指示君等以我國進步之途徑，俾君等逐漸養成一種強固透徹之國民意識，此為君等之所深知也。又云：吾人對於中國絕不希望其法國化，但望君等之中國，君等之民國，極端保其固有之特色與精神。此乃人類自由及民族獨立之最大原則，諒君等必不以為不然也。甚盼君等以此為原則維護東亞之文明，亦猶吾人以此原則為西化進化之捍衛。倘君等果能以此等原則傳佈在君等國人之前，灌輸於中國

各項組織之內，是即酬勞吾人對於君等之信仰及里昂中法大學教育君等知善法，今日里昂中法大學陳列其可貴之成績，益足見君等為人道理想之努力矣！

演說畢後，即由劉厚引導來賓往各陳列室參觀，並擇要加以詮釋。觀者無不稱奇嘆服，讚揚我國美術之高妙。參觀畢，復導入茶點室，請來賓各進茶點，賓主之間，觥籌交錯，雍雍和和，聚談一室之內，誠盛事也。

里昂各報對於中國之國慶及此次展覽會之組織，無不讚揚，且謂該校學生之能利用機會予彼等以新知新識為至可感激者。其對於國畫之批評，若管平之出浴圖，邢一峰之花叢雙兔，陳蕃浩之柳與八哥，趙浩公之菊畔雙雞，馮逸梅之春水纖鱗，王一亭之傳經圖，伍佩榮之漁人晚歸及春潮，胡儼之秋景，汪采白之山水，徐悲鴻所畫之雞與馬，高奇峯所繪山水各畫，孫福熙之風景，鄧誦先之桃花，馮建猷之落月，經亨頤之茶花水仙，張大千之逃禪等，皆得極美之讚賞，且有以徐悲鴻所繪獅虎等未得入目為歉者。

至對里昂中法大學學生之成績尤多良好之稱譽。若王臨乙之木炭畫，《進步報》稱其舉目無雙，《公安報》亦讚其神氣如活。呂斯百之油畫人像，《進步報》譽其筆力堅實，《公安報》則稱其所繪里昂風景已臻妙致。常書鴻之風景畫，《進步報》謂其敢於用色，著筆周到，足見其視察之敏妙，《公安報》稱其用色取材皆臻極致，實一以有把握之藝術家也。其他如虞炳烈之國民政府及巴黎大學區中國學舍設計圖案，程鴻泰之塑像，皆經各報之讚揚。會後且有以重價訂購王臨乙、呂斯百、常書鴻之畫各一幅者。至里昂中法大學學生之博士論文有四十餘冊之多，陳列滿櫥，尤為法人所稱讚不置。里昂美術學校秘書維卡爾（A. Vicard）以〈中國藝術沙龍〉為題，對中國國畫發表長篇評論。里昂詩人帕耶（Pailleux）亦

作詩贊揚中國美術。[120]

十一日為展覽會公開之第一日，天氣晴朗，觀者之眾，自朝至暮，車馬不絕。十二日為星期日，觀者格外踴躍，雖大雨如注，雷電交掣，而里大門外依然擁擠不堪，該校乃循觀眾之請求，將展覽會延期一日，至十三日仍照常開放任人參觀，觀者之眾仍不稍減，計三日內前往參觀者不下二、三千人，多以我國美術為奇觀而深讚我國四、五千年之文明，實為彼人所不及。由此觀之，歐人對於我國之文化，不患其不能了解，只患吾人之不能努力宣傳耳。」

類似這樣的國慶盛會，不但已達成吳稚暉當年倡議設校時所盼望的「以此耳目之建設物，日與彼邦人士相接觸，群知有中國」、「為中國在海外之宣傳」的目的，也做了一次成功的國民外交。從上面報導可知，里昂中法大學歷年所舉辦的雙十國慶會節目，年年有變化，寓活動於宣傳，除兼具敦親睦友、文化與學術交流、國民外交等多方面意義外，另從其活動內涵與組織籌備過程來看，也讓我們體認到該校的教育方針，並展現出學生學以致用，成就優良的一面！

除國慶紀念外，1925年3月12日孫中山逝世後，里昂市各界華人及法國友好人士於4月19日舉行孫中山先生追悼會，蔡元培適從倫敦途經巴黎，因忙未能專程前往參加，特趕寫〈孫逸仙先生傳略〉一篇，寄給該會，由里昂中法大學秘書劉厚口譯為法文，在會上宣讀。[121]

除慶典活動外，康樂活動也有值得一述之處。

康樂休閒為日常生活所必須，藉此可以調劑身心，鍛鍊身體，排遣時間，並紓解異鄉枯寂。正當而經常性的康樂活動，對於學業的精進與乎身心健康的維護，同樣有莫大的助益。

---

[120] 葛夫平，《中法教育合作事業研究，1921-1949》，頁87。
[121] 高平叔，《蔡元培年譜長編》，中冊，頁703。

　　里昂中法大學的校舍，除寢室、課室、圖書館所謂「三廳」之外，亦設有游藝室，可以奕棋，並備有撞球檯、乒乓球桌，供學生課餘打彈子、桌球等娛樂之用。宿舍後院設有簡陋鳥園，養有斑鳩、白兔等寵物，可供學生課後賞玩之用。另闢網球場一座，可供平常運動健身和比賽競技之用。雖然康樂設施並不齊全，但克難克儉，亦勉符休閒之需。所幸每逢周末或假日，學生均可外出，校外天地廣闊，可以郊遊飽覽山水，可以欣賞電影、聽歌劇或出席音樂會，可以探訪親友，可以參觀名勝古蹟，生活不至於單調乏味。

　　民國十八年冬，代理校長何尚年提倡三育，鼓勵運動，學生組織「里大俱樂部」（Cercle Amical Lyda）成立後同學們整理球桌，添置各種運動器材，平時運動強身，比賽時爭取榮譽。里大的網球隊有相當出色的表現，參加各項競技比賽迭創佳績，屢獲殊榮。

　　關於里大的同學會、學會等，在此同樣值得一述。

　　同學會之設立，具有聯絡感情、交換知識、促進團結之功。里大學生本身設有自治會，會中分庶事委員會、食事委員會、衛生委員會、體育委員會，各會均有工作專責，校規之產生亦透過自制會先行擬定。

　　同學會方面，里大學生來自國內各大學院校，組織同學會聯絡感情，乃人之常情。同學會主要有廣東大學同學會、廣東高師同學會、北京大學同學會、北京高師同學會、北京中法大學里昂海外部同學會等。

　　北大為國最高學府，早在1922年10月，蔡元培掌北大時便發起成立北大同學會，其緣起書說：「夫以濟濟多士，萃集一堂，研究學術，砥礪德掌，本互助之精神，作他山之攻錯，彼此情誼，實有聯結之必要。無如時會遷流，先後既難接洽，精神渙散，新舊每多隔閡。萍水相逢，各不相識，名雖同學，實同路人。精神既不貫

注，形勢全同散沙。此誠我北大同學之一大恨事也。同仁等有感於此，爰擬聯合在校與畢業同學，暨教職員諸君組織一——『北大同學會』，以為永久機關，借謀北大前途之發展。」蔡元培並提出組織同學會之要旨有四：即聯絡感情、提攜事業、改進校務和服務社會。[122]蔡氏所揭櫫的理念，不僅適用於國內，同樣可做為海外組織同學會之南針。

　　除聯誼性質為主之同學會外，受到國內與蔡元培等人之影響，里大所成立的學會、學社亦復不少，茲重點縷列如下：

　　　　北大同學學術談話會
　　　　太平洋問題研究會
　　　　世界語學會
　　　　五方會
　　　　中華化學社——民國十四年由留法比同學組成
　　　　新中國農學會
　　　　中國生物學會
　　　　中國醫學會
　　　　中國社會科學會——民國十八年七月二十日成立，重要成員有楊堃、葉蘩、柯象峰、曾浩春等二、三十人
　　　　經濟學研究會

　　在此需要特別說明的是世界語學會。世界語（esperanto）乃波蘭人柴門霍甫博士（Dr. Zamenhof, 1859-1917）於1887年所創，其目的在希望人類親善、世界和平，透過易學的世界語做為國際交通之利器和民族攜手之良好工具，超越一切種族、國家、宗教、語言等界限，同時促進一般人對於各民族間之諒解，激發其對於人類之和平的、親善的、友愛的感情。我國之有世界語運動，遠在清末光宣

---

[122] 高平叔編，《蔡元培全集》，第4冊，頁265-266。

年間，至民國初年復有蔡元培、吳稚暉、李石曾、區聲白等人之倡
導，發起籌辦中國世界語學院，組織中華民國世界語學會等，不遺
餘力。

　　影響所及，創辦里昂中法大學的吳稚暉，除了自己身體力行，
寫信時滿紙都是倨曲如蟲豸的符號（或稱豆芽字母）外，並在校內
推廣。據蘇雪林回憶，學校由區聲白及一位法國人擔任義務教師，
每日授課一小時，星期日二小時。開始時，聽者滿座，數週後人數
減少了一半，最後僅剩小貓三、五隻，那位教師抱著傳教士的熱忱
來傳播世界語，即使僅有一人肯學，他還是照常來，但最後僅剩下
一間空蕩蕩的教室，功課當然只有停止了。[123]

第七節　中比大學

　　與法國里昂中法大學性質相近，且有姐妹學校相稱的中比大
學，究竟地位如何？亦值得一述。曾琦曾謂：「所謂中比大學，事
實上只有其名，不過比國所設之勞工大學，允許中國學生廉價入校
耳。」[124]雖是一針見血之見，惟一筆抹煞前賢推動國際合作教育之
功，亦覺稍過。

一、從沙洛瓦工業大學說起

　　在比利時首都布魯塞爾的南方，有一座煤礦和電機電氣工業中
心城市，名為沙洛瓦（Charleroi, 也譯為曉露槐，現譯為沙洛瓦）。
他位於諾阿登高原的北部，有火車直通首都布魯塞爾、法國巴黎和

---

[123] 蘇雪林，〈我記憶中的吳稚暉先生〉，《勤工儉學運動》，頁459。
[124] 曾琦，〈勤工儉學之兩大問題〉，陳正茂等編，《曾琦先生文集》（中央
　　研究院近代史研究所，1993），史料叢刊16，中冊，頁884。

德國柏林。城中最高處有一
所聞名的工科大學，即沙洛
瓦工業大學，中國人稱它沙
洛瓦勞動大學、曉露槐工業
專修館。該校專門培養工程
師，屬於應用科學門類。在
20世紀20年代，該校在中國
勤工儉學生中聲譽極盛，曾

中比大學（沙洛瓦勞動大學）

有百餘名學生來此校就讀。該校雖為比利時舊有學校，因有中國投
資而成為與法國里昂中法大學性質相同的一所中比大學。[125]

二、中比教育運動之源流

　　中國與比利時的邦交與情誼，本不亞於法國。中比教育運動，
為旅歐教育運動的組成部分，亦可視為中法教育運動之分派或支
流。民國初年，中國熱心教育人士多人，同僑於法，時遊於比，即
致力於旅歐教育運動。雖用力之中樞，共謀中法教育之發展，蓋法
比同文，壤地相連，有其便利的條件。

　　法國的東部與比利時的西南部接壤，有多條鐵、公路相通，交
通發達。比利時的東、北部住著佛拉芒族（Flamand），說佛拉芒
語。而與法國相鄰的西南部住著瓦隆人（Wallons），說法語。沙
洛瓦即位於比利時西南部的法語區，這為中國留學生在法比兩國間
流動，創造了便利條件。所以自1912、1913年留法儉學時期，就有
一些學生到比利時讀書。到1919、1920年大量的勤工儉學生到法國
後，就有更多的學生到比利時，就讀於布魯塞爾大學、布魯塞爾工
藝學院、蒙斯大學、列日大學、根特大學、魯汶大學、安特衛普大

---

[125] 周永珍，《留法紀事》，頁110。

學等等，而沙洛瓦工業大學的中國留學生人數是最多的。現在所見到的資料，僅1926年在讀學生就有七十四名，加上此前出校和此後入校的人數，總計有百餘人。大約在1925年以後，學生逐漸減少，主要原因一是此校課程極嚴，許多學生視為畏途而報投別校。再一是由於教會勸導，且有資助的魯汶大學，吸引了不少學生入學，該校僅1926年就有在讀生四十多人，僅次於沙洛瓦工業大學。

　　另一方面，自辛丑條約簽訂以後，中國再次引起歐美各國的注視。各界人士紛紛來華考察、旅遊，這中間也有教育界人士。而吸引比利時教育界重視的，則是在第一次世界大戰結束後，中國勤工儉學生到以法國為中心的歐洲各國留學運動。當時比利時的教育部長德斯台（M. Jules Destrée）就曾訪問過中國，他在北京特意視察了用美國退還的庚子賠款餘額建立的留美預備學校——清華學校。

　　當歐戰初停，中法教育界人士為促成法國政府退還庚子賠款餘額而主張興辦教育事業，在協議籌建里昂中法大學同時，比利時教育界聞之也認定是件得利的好事，欲仿傚之。最早就有布魯塞爾大學教授敘爾（Paul Gille）寫信給里昂中法大學籌備處的褚民誼，商討中比教育的進行問題。他認為中法教育日趨發展，並因此可促成法國退還庚子賠款餘額，而中比兩國邦交素篤，不能讓人專美於前。褚民誼將此信轉達於旅歐教育團體後，敘爾又有來信說，研究中比學務之協進，已由比利時教育部通知沙洛瓦工業大學董事長和校長，望即有人前往接洽。1920年10月，褚民誼遂約正欲回國的蕭子升同赴沙洛瓦，會見工業大學校長耶洛（Hiernaux）討論此事。耶洛主張如與工業大學合建中比大學，可望由比利時政府補助經費，並因此可以促成退還庚款餘額事。因此決定合建，並先送學生入學。中國學生按學業程度與比利時同學一起隨班上課，一切待遇均同。且為了使中國學生節省生活費用而又管理方便，決定由學校

在附近先擇一適宜地點，建設中國學生宿舍，當時便將宿舍選址勘定，於是始立中比大學之名，其組織綱要亦大體略定。[126]

三、中比大學之籌設

比利時中比大學，是比利時政教界追隨法國之後，在中國旅歐教育界人士的積極活動下，為爭取比利時政府退還庚子賠款餘額而合作的成果。它與里昂中法大學性質相同，只是沒有單獨題取校名，而是以寄託的沙洛瓦工業大學校名而名之，它的中國學生寄宿舍也只稱「宿舍」，而不稱為「中比大學」。「中比大學」之名，只是中國旅歐教育界人士就里昂「中法大學」的稱謂而沿襲的一種名稱。其實並非如里昂中法大學專有學院、專取校名。

蕭子升回國後，即告知北京大學、中法大學，他又將沙洛瓦工業大學之計畫、圖表報告教育部，教育部長范源濂也認為可行，並允將盡力協助以期辦成。後由中法大學向各方籌集經費十萬法郎匯寄沙洛瓦。自1920年始中國學生即陸續入學，至1924年將荷蘭一位公爵捐獻的別墅改建成中國學生宿舍時，已有百餘名學生在讀。僅1926年在校升就有七十四人，名單如下：

楊自福、周敦憲、李振民、曹度謀、李敬安、林漢英、朱振武、言榮一、鍾華諤、李繩彝、胡在岳（以上十一人為湖南籍）。

何慶瀾、宋建寅、楊中方、凍春水、李杞、孟廣贇、宋學增（以上七人為河南籍）。

何朝棟、石明德、梁善金、陳傳咏、張貴源、陳典學、方棣棠、王子鄗、楊一香、張聯捷、伍璩華、吳銘基、林聖瑞、陳國

---

[126] 《中法大學史料續編》（北京理工大學出版社，1997），頁45-46。蕭子昇，〈里昂中國大學最近之進行〉，參見：清華大學中共黨史教研組編，《赴法勤工儉學運動史料》（北京出版社，1980），第2冊下，頁591。周永珍，上引書，頁114。

梁、羅幹、李庭蔭、李慎之、徐樹屏、林希孟、林漢陽、王祖輝（以上二十一人為廣東籍）。

鄭國平、周永生、謝澤沅、羅竟中、張熙、左紹先、甘瑞、沈式麟、王國純、鄧矩芳、馮學宗、況鴻儒、江克明、陳崇憲、簡廉、郭清正（以上十六人為四川籍）。

喬丕成、喬丕顯、樊潤山、張克理、齊□□（以上五人為直隸籍）。

朱禎祥、馬光辰、馬光啟（以上三人為江蘇籍）。

戴昌震、蔡伯林、傅逸生（以上三人為浙江籍）。

高憲英、蔣君武、魏兆淇（以上三人為福建籍）。

楊開榮、熊渭耕（以上二人為貴州籍）。

呂煥義（湖北籍）、黃士韜（廣西籍）、劉樹屏（安徽籍）。

還有四川籍的聶榮臻、劉伯堅等於1923、1924年先行離校不在此名單內，1926年以後，還有少量入校者亦不見名單。據在校讀過書的學生回憶，總計應在一百多人。他們中許多人讀到畢業並獲得工程師學位，如江克明、樊潤山等。[127]

比法兩國既然壤地毗連，又多同為勤工儉學生，因此在曉露槐的勤工生與巴黎的勤工生聲息相通，同樣進行組織黨團的工作，並積極參加法國的各項活動。這一部分留待第三章第三節再一併討論。

---

[127] 周永珍，上引書，頁115-116。

第三章 旅歐教育運動的變調
——從出洋留學到改造中國道路的分歧

　　論旅歐教育運動，自有其時代意義與成功的一面，不容完全否定抹煞！

　　誠如前述，吳稚暉之主張倡設中國大學於海外，乃至吳、李、蔡等人之進而發起旅歐教育運動，其動機除了從教育上培養人才，讓歐美學術運河平均輸灌外，更崇高的理想便是要溝通東西文明，融合中外學術，為人類開一新紀元。

　　問題在於實踐過程中，這種崇高而長遠的理想並非一蹴可及，因此一旦遭遇挫折後容易激化，走上另一條看似抄近路的激烈途徑，導致運動的異化變調而賦予這個運動各取所需，似是而非的不同評價。

　　由吳、李、蔡等人所倡導的留法工勤工儉學，至1918年夏天已進入高潮，積極展開，這時在湖南一師等校先後畢業的新民學會會員也面臨升學與就業的徬徨。不久，由湖南一師轉任北大教職的楊昌濟從北京來信，告訴他們法國政府又繼續到中國招募工人，正是赴法勤工儉學的的好機會，[1]這一來適時解決了他們的選擇難題。

---

[1]　王興國，《楊昌濟的生平及思想》（湖南，1981），頁183。

　　赴法參加勤工儉學的新民學會會員陸續到法國後，除少部分外，大都集中在蒙達集（Montargis）的男女中學補習法文。1920年7月6日至10日，來自各地的會員在蒙達集森林召開了五天的會，與會者有蔡和森（林彬）、向警予（俊賢）、蔡暢（咸熙）、陳紹休（贊周）、張昆弟（芝圃）、羅學瓚（榮熙）、熊光楚（昆甫）、李維漢（和笙）、歐陽澤（玉生）、蕭瑜（子昇）、蕭植藩（子璋、蕭三）、熊季光（作瑩）、熊淑彬（作麟）等十三個新民會友，以及一些外省的工學勵進會會員，共二十餘人。[2]這次會議由蕭瑜主持，主要的決定是確立今後新民學會的方針為「改造中國與世界」，但會上對於改造的方法卻出現了分歧的意見和激烈爭論。以蔡和森為首的革命派，主張激烈革命，立即組織共產黨，實行無產階級專政，即傚效俄國十月革命的方法。蔡和森認為，無產階級革命已在俄羅斯獲得成功。根據俄羅斯革命的經驗，無產階級革命有四種利器：一是組織共產黨，這是無產階級革命的發動者、領導者、先鋒隊、作戰部，是無產階級革命的神經中樞。二是工團，在革命時期，它是不可戰勝的實力，在奪取政權後是進行建設的工人群眾組織。三是蘇維埃，它是無產階級的政權組織。四是合作社，它是革命勝利後的生產組織，也是消費組織。[3]蔡和森所以堅決主張注重「國際色彩」，走俄國的道路，其理由有二：（一）俄國是共產主義之父，所以必須追隨俄國的領導；（二）從地理上看，中俄兩國唇齒相依，聯繫容易，一旦中國革命起來時，可以或明或暗的依靠俄國的支援，不論是經費或武器方面。

[2]　李維漢，〈回憶新民學會〉，收入氏著，《回憶與研究》（中共黨史資料出版社，1986），上冊，頁12。
[3]　唐振南、趙從玉著，《風華正茂的歲月——新民學會紀實》（湖南人民出版社，2008），頁122。

　　而以蕭瑜為代表的改良派，頗不以為俄式——馬克思式的革命為正當，而傾向於無政府、無強權——蒲魯東式的新式革命，故主張溫和的革命，以教育為工具的革命，為人民謀全體福利的革命，以工會合作社為實行改革之方法，因為「世界進化是無窮期的，革命也是無窮期的，我們不認為可以一部分的犧牲，換多數人的福利」。[4] 參加討論的有陳紹休、蕭植藩、李維漢諸人。李維漢與蕭瑜的主張相同，也不贊同俄國式的革命，他在會後寫信給毛澤東說：「社會改造，我不敢贊成籠統的改造，用分工協助的方法，從社會內面改造出來，我覺得很好。一個社會的病，自有他的特別的背景，一劑單方可醫天下人的病，我很懷疑。」[5] 他對俄國式的革命根本上雖有未敢贊成之處，「但也不反對人家贊成他，或竟取法他。」[6]

　　蔡和森提出的主張，對於大多數與會者，特別是臨開會前才到達蒙達集的人來得比較突然，缺乏充分考慮的時間，因此在會上，對這兩種對立的主張，沒有展開充分的討論，僅決定將兩種意見寫信告訴沒有出國的毛澤東，希望聽取國內會員的意見。毛澤東接到兩種根本對立的主張後，即於同年12月1日覆函蕭、蔡兩人並在法諸會友。對這兩種意見做了詳盡的分析。他認為，無政府主義、德謨克拉西主義在今天行不通，用平和的手段、教育的方法來改造社會也做不到，而對和森的主張，「表示深切的贊同」。據李維漢回憶，毛澤東不僅希望留法會員繼續做深入的學習和研究，而且在1921年新年時，與何叔衡一起召集長沙會員聚會三天，在改造中國與世界的道路問題上展開了如同在蒙達集會議相類似的爭論，一部分會員如毛澤東、何叔衡、陳子博、彭璜、陳昌、易禮容等主張用俄國十月革命的方法來改造中國和世界；另一些會員則反對布爾什

---

[4]　梁大為等編，《蔡和森文集》（北京，1980），頁57。
[5]　同上註。
[6]　唐振南等，《風華正茂的歲月——新民學會紀實》，頁124。

維主義，主張用溫和的教育方法來實現資產階級民主革命；也有的會員猶疑動搖於二者之間。這次會議還決定把「組織社會主義青年團」做為學會的一項活動。這種思想信仰的分化，隨著運動的前進而日益加深，最後引導到學會會員在組織上的分化，以至整個學會（包括留法部分）的消亡。

1921年7月，毛澤東和何叔衡代表新民學會參加了在上海舉行的中國共產黨第一次全國代表大會，參與了中國共產黨的創建。此後，新民學會實際上就停止了活動。[7]

而蒙達集會議之後，同樣導致新民學會兩位主要發起人兼理論家蔡和森與蕭瑜思想的分化，此後雙方思想愈走愈遠，蕭瑜和李石曾、吳稚暉等人接近，從事以教育為工具的改良工作，蔡和森則一直與毛澤東保持密切聯繫，終於走上了俄國革命的道路。

第一節　勤工儉學的困境

（一）從「工學勵進會」到「勞動學會」

歐戰結束後，法國物價高漲，經濟蕭條，覓工困難，巴黎華法教育會照顧不易，故李石曾於1919年10月自巴黎電北京華法教育會，對於勤工儉學生須按新定條件「慎重選取」，以後來法應「切實預備，嚴重取締」，並規定所帶旅費須較前成倍增加，致許多勤工生都因經費難籌而陷於進退維谷的困境。[8]

在法的廣大勤工儉學生中，經過內在精神的重重磨練，加上外在環境的不斷刺激，對於勤工儉學的信念有的逐漸產生動搖，因此大致分為兩派：一派稱為「工學勵進會」，他們對勤工儉學的前

---

[7]　李維漢，《回憶與研究》，上冊，頁11。
[8]　張允侯等編，《留法勤工儉學運動》（一），頁129。

景感到悲觀，對現狀產生不滿，因此思想走向偏激，積極參加學生示威運動，從事政治鬥爭。先是1920年2月，在李維漢等人的倡議下，組織了一「勤工儉學勵進會」，簡稱「工學勵進會」，該會宗旨，可分積極與消極兩面。在積極方面，想聯絡一般人共同做事，如儲金、訂書報、互相勉勵、疾病救助、工學交互，及為將來別種建制之預備；在消極方面，可以免除孤獨生涯之煩苦，與環境誘惑之墮落及懶惰之預防等事。從最初的宗旨看出，「工學勵進會」一開始是實行工讀主義的一個團體，還不是社會主義性質的團體。

7月，新民學會會員召集的蒙達集會議對於「工學勵進會」的組織表示滿意，建議推廣。8月，「工學勵進會」改名「工學世界社」，社員已發展到三十多人。該社重要負責人之一的李維漢，原本支持蕭瑜溫和改良的主張，但經過與蔡和森的幾次長談並閱讀他所翻譯的一些著作和宣傳十月革命的小冊子後，終於也同意，只有走十月革命的道路才能達到「改造中國與世界」的目的。是年9、10月間，「工學世界社」在蒙達集開會三天，出席的社員有李維漢、李富春等二、三十人。大多數社員贊成以信仰馬克思主義和實行俄國式的社會革命為「工學世界社」的宗旨。蔡和森不是社員，卻應邀在會上做了「怎樣救中國」的演講，並把自己從法文翻譯的《共產黨宣言》抄成卡片，張貼在開會教室的牆上，向大家講解，且參加了討論，對於「工學世界社」宗旨的改變產生很大的作用。

「工學世界社」是旅法勤工儉學生中成立最早帶有社會主義性質的團體。成立後，把學習和傳播馬克思主義和俄國十月革命的經驗，做為一項重要任務。該社蒐集了數百種新思潮書報雜誌和各種小冊子，其中有法文版的《共產黨宣言》、《社會主義從空想到科學的發展》、《國家與革命》、《無產階級革命與叛徒考茨基》、《共產主義運動中的左派幼稚病》以及法共的《人道報》、《共產黨月刊》、《俄事評論》，共產國際的出版物《婦女聲》、《女權

報》等，由社員分工進行翻譯和研究。他們還組織了一個「工學世界通訊社」，經常向國內各報刊發稿。「工學世界社」與「新民學會」雖屬兩個不同組織，但骨幹多為新民會員，至此宗旨又趨一致，儼然一體，其後在從事對外政治鬥爭方面，更是亦步亦趨，緊密的結合在一起。[9]

另一派稱為「勞動學會」，發起人是趙世炎、李立三，主要成員有陳公培、劉伯堅、魯易、袁慶雲、周欽岳、熊自難等人，1921年初在巴黎成立，不久移到勤工儉學生和華工比較集中的克魯鄒（Le Creusot）。「勞動學會」的宗旨，開始也是篤信工學主義的，主張把勤工儉學活動堅持到底。因為當時留法勤工儉學運動遭到了挫折，很多學生進不了工廠，又無錢求學，生活十分困難，所以在廣大學生中產生了能不能實行勤工儉學的思想問題。

蒙達集的「工學世界社」社員認為，在資本主義制度下，實行勤工儉學是根本不可能的。要革命就要有知識，要有知識就必須求學，故主張發動求學運動，迫使中國政府給勤工儉學生發津貼，解決求學問題。而「勞動學會」的會員並不同意這種不勞而獲的看法，他們認為「吾人終信勤工儉學具有可能性，果使有工可做，勤儉之人必可蓄餘資，以為他日儉學之用，即使不能儲蓄，則勞動自治，亦足自豪，終勝仰人生活不事生產者」。他們主張「不擇工作」動員各方面力量，首先解決學生的「勤工」問題，並提出，要革命，第一步要把華工組織起來，在他們中間進行工作，學會組織工人、領導工人運動的本領。這兩種意見，在形式上是對立的，但本質上並沒有太大分歧。因為兩派都是主張搞革命的。其後經趙世炎和蔡和森等人的共同努力，雙方意見逐漸趨於統一，使「工學世界社」與「勞動學會」兩大組織進一步團結起來。

---

[9]　陳三井，《勤工儉學的發展》，頁40-41。

事實上，不論「工學世界社」或「勞動學會」，其人數並不多，估計總數不會超過百人。而其餘不為人注意，沒有組織的大多數勤工儉學生，才是真正的「勤工儉學派」，或稱「讀書派」。他們雖然面對環境無情的考驗和時代嚴重的挑戰，但始終堅持「勤以作工，儉以求學」的理想，一有儉學的機會，即埋頭苦讀，不計代價，勇往直前，從生活奮鬥中爭取實踐。抑有進者，他們雖然朝夕與潛在的馬克思主義信徒為伍，同工共學，但絕不為共產邪說所惑，在勤工儉學過程中不參加激烈的政治活動，一直保持清純的本色，這無疑是除「革命派」之外大多數勤工儉學生的本色。

（二）困境的由來

造成勤工儉學運動陷入困境，除了部分學生對勤工儉學信念產生動搖，不能堅持到底之外，最嚴重的還有兩個重大理由：一是中方主事者的計畫不周，遇事推諉；二是法方政策上的失誤，茲分述如下：

1. 中方主事者的計畫不周，遇事推諉

在中法雙方的共同推動下，留法勤工儉學運動雖然在1919-1920年間達到高潮，但存在的問題和困難同時亦充分暴露出來。受到戰後法國經濟蕭條和通貨膨脹及士兵復員的影響，以及部分留法勤工儉學生自身缺乏必要條件，來法的勤工儉學生在1919年底就出現找工作的困難，華法教育會曾發出停送和放緩留學生派遣的通告，但由於當時華法教育會的領導人過於理想，片面追求數量，對此並沒有充分加以注意，反而過於樂觀。李石曾在1920年初回國介紹勤工儉學進行情況時，雖然承認問題存在，但對困難仍估計不足，仍認為只要具備條件，「則將來赴法者，必可免困難之產生」，「將來赴法求學潮流之猛，猶必百倍於今日無疑也」。到1920年底，隨著近兩千名勤工儉學生相繼連袂抵達法國，許多勤工儉學生遇到無工可覓或失工的嚴重局面，生計頓失保障。據華法教

育會的統計，截至1921年1月，中國留法勤工儉學生在法國工廠做工的人數和工廠數都降低了一半。許多沒有積蓄的留法勤工儉學生只好向華法教育會每人每日借貸五法郎，勉強度日，每十天領取一次，「如北京旗人發月餉一樣」。

對於這次留法勤工儉學生所遇到的困難，華法教育會的領導人蔡元培、李石曾等並沒有像五年前一戰爆發初期那樣加以組織和引導，反而放棄領導權。1921年1月華法教育會會長蔡元培來法國訪問期間，在初步了解留法勤工儉學生的狀況之後，即於12日代表巴黎華法教育會發表通告，解除華法教育會對儉學會和勤工儉學會的直接領導，以卸責任，稱：「勤工儉學事務辦理之不善，盡以諉罪於華法教育會。如此誤會，是直以華法教育會為勤工儉學會之代名，此實大謬不然者也。欲矯此誤，惟有儉學會、勤工儉學會對於華法教育會為部分之分立，由兩會學生自行分別組織，華法教育會從旁襄助一切。」1月16日，蔡元培又發布華法教育會第二次通告，宣布解除與勤工儉學會的經濟關係，稱：「本會原無基金，又無入款，挪借之術有時而窮，而告貸之學生方日增無已，今則虧竭已極，萬難為繼，惟有竭誠通告：華法教育會對於儉學生及勤工儉學生脫卸一切經濟上之責任，只負精神上之援助。」申明至2月底停止發放維持費，有款存入華法教育會的學生一律於3月15日之前至學生事務處結算，華法教育會不再承擔學生存款之責。

華法教育會放棄對勤工儉學生的領導權，在當時確有其難處，誠如蔡元培所說勤工儉學生所遇到的問題已非以民間組織的華法教育會所能解決，且脫離關係亦有助於培養勤工儉學生的獨立精神，但華法教育會在勤工儉學生陷入困境之際宣布解除與勤工儉學生之關係，其對勤工儉學運動的打擊還是相當嚴重的，造成勤工儉學生

極大的思想混亂，並產生恐慌。[10]

2. 法方政策上的失誤

　　儘管勤工儉學運動曾不同程度地獲得法國政府和一些民間團體、組織和友好人士的支持，但法國政府在對勤工儉學運動上仍有若干失誤，值得深入探討。

　　葛夫平從比較大的視野，指出法國政府應負的兩大嚴重失誤：一為擴大法國影響，不顧自身的接收能力和學生的主客觀條件及能力，盲目鼓勵和支持留法勤工儉學運動，違背一般的留學教育規律。勤工儉學作為一種思想和主張，其實踐對於教育觀念的轉變固然具有重大的積極意義，然而在教育科學領域，勤工儉學的實踐是有其限度的，主要適用於一些具備一定的物質基礎和學業要求但須通過一定的做工幫助完成學業的學子，就此來說，勤工儉學只適用於特殊的個體，不適宜作為一種普遍的求學方式加以推廣。法國做為一個資本主義國家，對於這個教育常識本應十分清楚，但法國政府當時為與美、英等國競爭中國留學生，以擴大本國的影響，幾乎不加限制地鼓勵數以千計的勤工儉學生在同一時期來法留學，通過做工所得完成學業，這就違背了基本的教育科學規律。誠如當時張東蓀所說：「試思世界上苟有一國以工資所入而能讀書者，則其國將無工人而皆為學生矣。法國亦資本主義國家也，何獨於法國能以工資所入而維持學生生活？可見只可以讀書餘暇作工，以作工所入補學費之不足。若只攜川費，而不計在法之經常費用，則未有不窘者也。」結果，導致許多留法勤工儉學生在1920年底陷入失工失學的困境之中。

---

[10] 葛夫平，《中法教育合作事業研究，1912-1949》，頁31-33。

其次，法國政府在對待和處理已旅法的勤工儉學生問題上也存在嚴重失誤。在1920年留法勤工儉學生遭遇困難之後，法國政府調整政策，鼓勵和支持一些勤工儉學生留學法國，並與中方一道開闢與留法勤工儉學運動模式有別的中法教育合作事業，這有其合理性，一定程度上可以說是對前期盲目鼓勵留法勤工儉學政策的一種糾錯，但法國政府為報復留法勤工儉學生反對中法實業借款，以中國政府沒有匯款接濟為藉口，於1920年9月15日之後停止對留法勤工儉學生的資助，並將一百零四名要求開放里昂中法大學的勤工儉學生強行遣返中國的行為，嚴重損害了法國的國家形象，也有背法國政府當初通過留法勤工儉學運動增進中法兩國關係的初衷。在法國軍警將一百零四名勤工儉學生強行押送回國的事情發生後，留法勤工儉學生聯合委員會駐巴黎代表便發表通告，對法國政府的這一行動深表失望，痛心地寫道：「不料號稱自由、平等、博愛的法國政府，竟使出這種壓迫手段。」周恩來則在天津《益世報》發表文章，揭露法國政府停止向勤工儉學生發放維持費和強行將勤工儉學生遣返中國，完全是因為留法勤工儉學生反對中法實業借款，「妨礙了法國的遠東利益，更影響了中法政界有關係人的升官發財的機會，在他們看來自然是無罪可恕」，指出法國政府這一做法所造成的一個後果是「中法文化提攜假面具被他們識破了；社會現象的不平、東亞西歐如出一轍，又被他們發現了。」[11]

（三）勤工儉學的大波瀾

勤工儉學生面臨困境，為了自身的工學前途或國家民族的利益，而其對象名義上雖多半為代表中國政府的官方人員，但也隱含西方帝國主義在內，曾經發起多次的政治性集會示威活動。茲分述如下：

---

[11] 葛夫平，〈法國政府與留法勤工儉學運動〉，《社會科學研究》（2009.05），頁128。

1. 使館請願風潮

　　留法勤工儉學運動，至1921年初已經達到一千六百餘人，適逢法國面臨經濟危機，許多工廠停工，致許多學生「勤工無門」，唯賴華法教育會每天所發五法郎維持費度日。這時蔡元培到法，不但沒有為勤工生帶來好消息，反而一再發表聲明，斷絕與勤工生的一切經濟關係，令學生大起恐慌。國內北洋政府回電亦謂：「現時國庫奇絀，在法學生無錢無工者，惟有將其分別遣送回國，並責成公使館辦理」，[12]對絕望之人更有如晴天霹靂，遂激發極端不贊成勤工之學生於2月28日聚集大隊至公使館情願之事。

　　當此時機緊迫之際，旅法的國際和平促進會、北大留法同學會、中國化學研究社、少年中國學會分會、巴黎通信社、旅歐周刊社等六團體出面調停，先於2月26日派代表兩人往公使館向陳籙公使要求臨時維持辦法，其談判結果有二：（一）現時在校同學，公使擔任暫時維持，各校長決無令其出校之情事，倘有此種情事，可詢問公使館；（二）候工同學亦允暫時入校，與現時在校同學一律，但須三、四日之布置，方可實行。[13]

　　27日晨，既到巴黎學生及各地代表開會討論與第三者談判結果。會議結果，以為使館既不能不維持，正可趁勢再為要求，其所要求之條件，即請使館向政府請求每人每月給四百法郎，以四年為限；及里大、比大無條件開放，任學生自由入校。[14]代表會為廣泛爭取社會各界支持，並向全體勤工儉學同學發出通告，向公使館和華法教育會發出請願書，向旅法上層人物發出請求援助書，向北洋政府和各省政府發出電報。[15]

---

[12] 周恩來，《旅歐通信》（北京，1979），頁22。

[13] 周恩來，《旅歐通信》，頁23。

[14] 同上註。

[15] 李維漢，《回憶與研究》，上冊，頁21。

2月28日，四百多名勤工儉學生在巴黎示威遊行，並推派蔡和森、向警予、趙世炎、王若飛等十人代表晉見公使陳籙請願，要求解決工作、求學、發放救濟金等問題。陳籙謂使館無權應允，遂與留歐學生監督高魯及巴黎副領事李駿親赴使館附近之花園，向等候之學生說明，雙方爭持再三，不能解決問題，公使身陷重圍，最後引起法警干涉，卒以暴力驅散同學，代表在使館者久坐不去，至晚由法警挾之出，結果有數人受傷，廣東學生王木因跳電車跌倒，為車輾斃，肝腸斷裂，死狀極慘，[16]屍體為法警拾去，次日，勤工儉學同人路經其地，見血堆中有殘肝兩片，特拾起貯酒精瓶中，以為請願之紀念。[17]

「二八事件」的主要領導人士新民學會的一群，如蔡和森、向警予、李維漢等人。事後，周恩來曾撰寫一篇長達兩萬多字的通訊——〈留法勤工儉學生之大波瀾〉，在《益世報》發表，詳細報導事件的來龍去脈，是同類報導中最完整詳盡，並具議論分析性者。使館請願風潮，可以說是周恩來介入勤工儉學運動的先聲。

2. 拒款運動

1921年6月，北洋政府特派專使朱啟鈐、財政次長吳鼎昌到巴黎，據巴黎學界瞭解，表面上是代表總統徐世昌接受巴黎大學的榮譽法學博士學位，而真正的使命是向法國借款三到五億法郎，名義是救災，其實是購買軍火等用途。借款條件以全國印花稅、驗契稅作抵押，以滇渝鐵路建築權、全國實業購料權作交換。消息傳出後，旅法學生與僑胞莫不義憤填膺，華工會、中國留法學生聯合會、國際和平促進會、亞東問題研究會、巴黎通信社、旅歐週刊社

---

[16] 《旅歐週刊》，第69期（1921.03.12），頁3。
[17] 《赴法勤工儉學運動史料》，2冊上，頁430。

等六團體遂成立「拒款委員會」，從事拒款的各項努力。拒款運動於6月22日展開，其時所進行之方法大略如次：

(1) 通電國內，電文如次：「申報轉各報館各團體鑒：朱啟鈐、吳鼎昌在法秘密借款三萬萬佛郎，條件嚴酷，旅法工商學界一致反對，望國人極力抗爭。旅法各界六千餘人同叩。」

(2) 散布傳單，內容大都為報告每日間所進行之事實及拒款之情形。散布地點除巴黎外，且向在法之各地學校、工場及商店之僑胞投遞。

(3) 以法文宣言送達法國國會議員、國務員、各報館及各重要人物，約一千餘份。「拒款委員會」所辦之事，以此項最為得力，巴黎報紙除登載全文外，且有附以評語者。

(4) 致函詰陳籙公使，內容有「先生負外交重責，代表國家，宜有所表示」之要求。陳氏復函謂，此事出於誤會，請派代表至公使館面談，解釋一切。

(5) 發通告致國內各團體及美洲、南洋華僑、留英留德學生會，勸其一致力爭。

(6) 致函質問吳鼎昌，其函如下：「知公在巴黎又密謀借款，希圖賣國，今請明告公，公如自愛，可速將此事打消，並即離歐，否則上天入地，必有人與公相見。」[18]

「拒款委員會」先後於6月30日及8月13日在巴黎哲人廳（Société des Savants）召開兩次「拒款大會」，通過「拒款宣言」，宣讀周恩來所起草的借款真相調查報告。在8月13日的拒款大會中，陳籙公使不敢來，而派一等秘書王曾思代表解釋，力言借款簽字之說，實屬毫無根據，公使館始終未聞其事，且法報之登載亦未嘗見。言時頗怒形

---

[18] 《旅歐週刊》，第91期，「借款專案」，頁1；《周恩來早期文集》（中央文獻出版社、南開大學出版社出版，1998），下冊，頁160。

於色，似怪同胞開會為多事，又時復以拳擊案，表示其不滿，致遭滿腔義憤之群眾毆打。迨會場平靜後，張君勱起而質問，並提出兩條辦法，請眾討論：（一）應請公使即向法政府聲明，反對此次借款，並向法國各報要求更正，並無簽字草約之事，若借款仍然成立，公使及全館職員均應辭職，以謝國人；（二）以後凡關於中法借款之事，應交由留法各界所組織之外交委員會審議，得其同意，方能執行。是議提出後，經與會人多數通過，王秘書亦鼓掌贊成，當即照原議繕寫兩份，一份由王秘書當眾簽字，一份帶交陳公使簽字後，於一週內寄交委員會。當場並推舉袁子貞、謝東發、毛以亨、李書華、徐特立、李光宇、宋紹景、張君勱、李哲生、曾琦十人為臨時委員，[19]至此，反對中法秘密大借款的奮鬥延續了兩個多月後宣告勝利結束。

　　這次拒款運動，旅法華人不論華工或學者學生，不分黨派，都一致聯合參加，故聲勢浩大，不單是趙世炎、周恩來等人的領導功勞。不過，周恩來的地位比上次「二八運動」重要，他雖未被推舉為十人委員之一，但他所扮演的角色在共黨份子中應僅次於擔任大會主席的趙世炎，他一開始即密切注意事件的發展，接連撰寫〈旅法華人拒絕借款之運動〉、〈中法借款之又一黑幕〉、〈中法大借款竟實行簽字矣〉、〈中法大借款之近訊〉等多篇通訊，揭露北洋政府與法國政府之間的交易，使秘密借款提前曝光，終告流產。

　　拒款運動的主要對象雖是代表北洋政府的吳鼎昌和陳籙等人，但卻連帶惱怒了法國資本家及外交部，大大損害法國在遠東的利益。因此，由法國教育、外交當局結合實業界所組成，旨在救濟勤工儉學生的「中法監護中國青年委員會」（Comité Franco-Chinois de Patronage des Jeunes Chinois en France）乃宣佈停發維持費，使勤工生走投無路，剩下佔據里大一途了。（另於下節專章討論）

---

[19] 《周恩來早期文集》，下冊，頁215。

3. 反對列強之共管中國鐵路

列強共管中國鐵路之說，哄傳中外已久，惟自1923年5月發生山東臨城劫車事件後，乃有進而見諸實行之勢。7月2日，《巴黎時報》載：列強大多數已同意於在華設立萬國警察共同管理中國鐵路之議，不久即將見諸實行云。旅法華人聞訊，無不憤慨！是日下午，即由旅法華工總會、華法教育會、北大同學會、少年中國學會商議先行發起旅法各團體聯合會，以謀應付一切。次日下午4時，在華僑協社開旅法各團體聯合會發起會，計到會之團體有：（一）《先聲週報》社梁志尹、林秉照；（二）北大同學會許德珩、周炳琳；（三）旅法華工總會袁子貞；（四）《少年》雜誌社周恩來；（五）少年中國學會曾琦、李璜、陳登恪、黃仲蘇、余家菊；（六）女子勤工儉學會郭隆真；（七）華法教育會何魯之；（八）湖南學生會徐特立。由何魯之任主席，提出預擬之六條辦法如下：

(1) 請公使向法政府正式聲明，華人誓不承認國際共管中國鐵路；

(2) 向法報宣言，解釋內亂之原因，申明反對共管之理由；

(3) 警告國內各界，速起組織國民政府，反對鐵路共管；

(4) 招待法報記者；

(5) 致函留英、美、日、俄、德諸國華人，請其一致行動；

(6) 致函駐英、美諸國公使，請其設法打銷此議。

主席提出之後，由曾琦起而說明其理由，經眾逐條通過，並決定於7月8日在巴黎先開旅法各團體聯合會成立會，15日再召集旅法華人全體大會。3日在協社會議之後，遂由是日到會之八團體及留法勤工儉學總會署名，發出通告，召集其他未加入之各團體，於8日午後3時，在巴黎中華飯店開正式會議。是日到會之團體代表，較前增加，計有：（一）華法教育會何魯之；（二）四川勤工儉學會吳從龍、劉一；（三）江蘇勤工儉學會吳琪、吳琢之；（四）湖

南學生會徐特立；（五）旅歐中華航空學會吳家鑄；（六）江西學生會蕭健、彭樹敏；（七）旅法華工總會袁子貞；（八）《工人旬報》社王子卿；（九）北大同學會許德珩、周炳琳、陳沛、高維；（十）安徽學生會江世義；（十一）巴爾敘伯中國同學會曾向午；（十二）廣東半官費學生會胡國偉、梁志尹；（十三）《少年》雜誌社任卓宣、周恩來、尹寬；（十四）《先聲週報》社黃晃、馮葉恭；（十五）少年中國學會曾琦、李璜、陳登恪；（十六）留法勤工儉學總會周楚善；（十七）《工餘雜誌》社李卓；（十八）巴黎十五區電話廠勤工儉學分會滕功成；（十九）學生總會周刊社陸宅桴；（二十）河南學生會楊介臣；（二十一）華工組合書記部蕭樸生、汪澤楷；（二十二）山西同學會令狐國光。

　　是日會議，仍由何魯之主席，議決之事如下：

（1）通過3日八團體所擬之六條辦法；

（2）通過曾琦起草之致國內各界電文；

（3）決定15日在巴黎召集旅法華人全體大會；

（4）組織臨時委員會，推舉職員如下：

　　法文書記：謝東發、李璜

　　中文書記：周恩來、曾琦

　　會　　計：徐特立、袁子貞

　　招　　待：魯觀成、徐特立、李不韙、吳家鑄[20]

　　7月15日下午3時，旅法各團體於巴黎社會博物館召開旅法全體華人「反對國際共管中國鐵路大會」。是日天氣雖雨，到會者仍有四、五百人之多。首由何魯之主席，述開會理由，次請曾琦報告籌備大會之經過，及國際共管之由來，為抵抗列強與掃除國賊，籲眾

---

[20]　《少年中國》（少年中國學會出版，上海中華書局印發行，人民出版社，1980影印），第4卷第8期（1923.12），附錄二，〈旅法華人反對共管中國鐵路紀事〉，頁1-2。

實行四大運動：（一）輿論運動；（二）群眾運動；（三）革命運動；（四）暗殺運動。[21]繼由周恩來報告其起草〈告國內父老書〉之理由，略謂：國事敗壞至今，純由吾人受二重之壓迫，即內有冥頑不靈之軍閥，外有資本主義之列強，吾人欲圖自救，必須推翻國內軍閥，打倒國際資本帝國主義。

是晚各團體代表，復開會議於巴黎一大咖啡店，討論旅法各團體聯合會之宗旨及組織，並另選正式委員。關於宗旨一條，曾琦提議以「聯合中國旅法各團體，實行內除國賊外抗強權」為宗旨，結果經大多數通過。組織則分書記、經濟、庶務、交際、新聞五股，書記股設中文書記三人，法文書計二人，曾琦、周恩來當選為中文股書記委員。[22]

7月31日，「旅法各團體聯合委員會」在巴黎萬花酒樓舉行記者招待會。巴黎二十四家報館三十餘名記者及有關人士均應邀出席，對旅法華人反對帝國主義共管中國鐵路的奮鬥表示同情。翌日，法國各報或發表紀事或發表評論，紛紛表示支持旅法華人的愛國行動。

旅法華人反對列強共管中國鐵路的舉動，主要由少年中國學會會友如何魯之、李璜、曾琦等人所發起，但為示團結一致，不分彼此，亦約周恩來等人參加。曾琦雖被推舉為〈告全國父老書〉及〈致駐法國的各國公使反對鐵路國際共管的公函〉的起草人，但他特別提議要與周恩來共同商酌，以安周之心，且示無排斥之意。[23]惟這時「旅歐中國少年共產黨」已成立有年，他們假借愛國名義，在群眾大會上宣傳共產主義。例如在7月15日的大會上，周恩來的一席話，無異在積極宣傳中國共產黨的反帝反封建的民主革命綱

[21] 《曾慕韓（琦）先生年譜日記》（中國青年黨黨史委員會，1983），頁54。
[22] 《少年中國》，第4卷第8期，附錄二，頁5-6。
[23] 李璜，《學鈍室回憶錄》，頁94。

領，並主張用革命暴力和統一戰線實現上述目標。[24]劉清揚先引述某領事私人談話，謂中國現狀如此混沌，非借外人的勢力來壓迫一番，中國國民是永遠不會覺悟的。次說救國方法，大意謂五四之救國運動是盲目的，惟有共產主義的革命才算是真正的救國運動，[25]認為「中國革命是世界革命的一部分」，非聯合蘇俄，不足以言革命救國。[26]後來會場秩序大亂，甚至發生鬥毆，開啟了日後與中國青年黨間進一步的流血衝突。

第二節　里昂中法大學的風波

國人在海外設立大學，可以說是破天荒的創舉。吳稚暉、李石曾等這些服膺「互助論」，提倡勤工儉學的理想主義者當初所懸的目標頗高，他們大概已看清楚，經由儉學會與勤工儉學會西去的千餘學生，「只得普通知識之人才」、「充其量僅得為東麟西爪片紙隻字之垃圾推鼓銼摻錐之機械人」，[27]並不完全符合「今日中國第一要策，需多造就高等教育人才，培養大工程師」的理想，故欲另起爐灶，為華人謀永久固定之教育機關，想為中國培養各處大學裏的得力教授與高等學者。[28]因為這個大學如果辦成，必定可以溝通東西的文明，融合中外的學術，另創一種「新文明」，為人類開一新紀元。換言之，他們要藉里昂海外部那座很平凡的戲台，唱起很

---

[24] 《天津文史資料選輯》，第15輯，頁76，

[25] 《赴法勤工儉學運動史料》，2冊下，頁775。

[26] 李璜，《學鈍室回憶錄》，頁95。

[27] 〈褚重行（民誼）君致蔡校長函〉，《赴法勤工儉學運動史料》，卷二，下，頁585；周恩來，《旅歐通信》（北京人民日報出版，1979年），頁44。

[28] 〈里昂中國大學海外部的經過、性質、狀況〉，《勤工儉學運動》，頁361-363。

高等的曲子；「它強調不是創造人才，而要製造學者，不是製造資格的學者，要想製造真研究的學者，也即決不是要製造把學問當敲門磚的學者，而要想製造拿學問消遣終身的學者。」[29]

由上述創校理念得知，這個大學當然並不專為勤工儉學生而設，不但不是專為勤工生而設，甚至正是刻意擯斥原來的勤工生而欲另起爐灶的一種安排。問題是當時在排山倒海的勤工儉學浪潮衝擊下，如何能與勤工儉學生完全劃清界限？尤其幾位主事者在募款籌備期間，為了藉勢使力，也經常打出各式各樣的「勤工儉學牌」，以為號召。例如1919年12月，當李石曾由法歸國，接受《旅歐週刊》記者訪問時，談到里昂中國大學即曾如此表示：

> 此行歸國最要之事，即里昂中國大學事。此事本係蔡孑民、吳稚暉兩先生來信提及，意謂現時到法留學者眾，應有一固定永久之組織，並使中國學術亦不荒廢，而得收中西學術溝通互證之功，故主擬用賠款之一部分，創設一中西大學，使學生同居共爨，以少數資斧，求高深學問，設立漢學科門，以應學生為國學的研究。至於西學方面，則仍在如法國大學高等專門聽講，能以有組織及簡單生活，較少費用，求得高深學問。……且創辦大學一事，雖非專為儉學及勤工儉學而設，然與二事前途亦大有關係，且勤工儉學同學等，對此事亦必懷有大希望。[30]

及李氏歸國時，曾宣言籌辦里昂中法大學，「即為勤工儉學生謀求學之地」，[31]又曾去電巴黎，主張將勤工儉學機關，併入里昂

---

[29] 同前註，頁359-360。

[30] 〈李石曾先生談話〉，《旅歐週刊》，第9期（1920.01.10），第2頁。

[31] 曾琦，〈勤工儉學之兩大問題〉，陳正茂等編，《曾琦先生文集》，中

大學籌備處。即蔡元培到法，答里昂《進步報》（Le Progrès）記者，何以要在法辦大學之問，亦謂到法學生已達千餘人，開辦大學已有刻不容緩之勢。[32]而吳稚暉亦有「里昂大學是公開、普遍的、勞工神聖的」之談話。[33]

誠如李石曾所言，在法勤工儉學生對海外大學的設立所表現的關切和期望，更甚於任何人。在李石曾談話後，即有一位勤工生投書《旅歐週刊》，對海外中國大學的設立提出四點期望：

第一、希望大學成為模範的「平民大學」，因為國內的學校雖多，但大半都是仿照日、中式的教育，機械的而非自動的，貴族的而非平民的，不能適合二十世紀的民主潮流。今日在海外設立大學，不受本國政府的牽制，自然可依照理想，採取最新的制度，如男女同校、工人夜校應可一一照辦，尤應注意數事：

（1）校內一切事務都由學生自行處理，不假手於教職員，以養成自動和互助的精神。

（2）由學校自辦工廠或與里昂各工廠特別交涉，允學生入廠實習，實行半日讀書，半日作工的辦法，以收身體與精神雙方鍛鍊的實效。

（3）除附設工人夜校外，凡華工之儲有存款，略具程度而志願讀書者，皆可准其插班或旁聽。

（4）對於勤工的同志，須有自由插班的優待，如讀書一年後，要去作工，將來回校，仍須插入二年級。

第二，希望大學成為國際的「文化運動中樞」，因為凡是一種運動，必有其發源的運動中樞，然後可以影響各處，而收較大的

冊，頁884。

[32] 〈克魯鄒工廠勤工儉學生爭回里比兩大運動團通告〉，《近代史資料》，1955年第2期，頁204。

[33] 同註5。

效力。因為有了大學，我們的文化事業如出版物、講演會才易於著
手，思想既有所承受，也易於傳布。如法人之有志研究東方學術
者，可為他們特開班次。如此東西學術思想，方可溝通融合。

第三，希望大學成為國內的「學術供給場所」，因為我國近年
以來學術之貧乏已達極點，但看國內各書店出版物之寥落如晨星，
比之歐美日本有天淵之隔，並不是國人不需要學術，實在是從前出
國之東西洋留學生，不能運輸學問回去供給國人。

第四，希望大學成為「人才製造場所」，因現在中國沒有專門
學識，從事社會事業的人，要想有多數人才的出現，自然莫過於有
一製造人才的教育機關。[34]

此文雖然提出四點期望，但不難看出重點在第一項，即主要在
為數以千計的廣大勤工生呼籲請命，希望即將設立的海外中國大學
為已經走上窮途末路的勤工生謀一出路。但觀其四點看法，仍不脫
半工半讀的勤工儉學的模式，這可以說與吳、李等人創校以培養高
級人才、學問家的旨趣相去甚遠。由於這項認知上的差別，因此後
來引發許許多多的紛爭。在吳、李等人的心目中，勤工儉學的政策
已經到了必須由「量變」到「質變」、非改弦更張不可的地步，因
此必須一反過去來者不拒的作法；而在勤工儉學生則認為，里大未
開辦前，曾以救濟勤工生的名義，收受各界捐款甚多，所以是吳、
李等人背叛了他們，遺棄了他們。在「求學無門」的絕望情況下，
終於逼迫勤工生走上自力救濟的道路，這就是里昂中法大學未正式
開學前，大批勤工生先行佔領里大事件的由來。而這一抗爭事件，
自然也帶給新任校長吳稚暉無比的困擾。

中法大學的設立，對於當時已經走投無路的勤工生而言，正
可解決他們的困境，所以人人無不寄以殷切的厚望。及至該校正式

---

[34] 〈對於里昂設立中國大學之希望〉，《旅歐週刊》，第13期（1920.02.07），
頁1。

成立，由於辦校旨趣的不同，因為有過「二八運動」的教訓和法人的堅持，再加經費的拮据與宿舍一時容量有限，並不能達到「謀得廣廈千萬間，盡庇天下寒士」的目的，而且所招的學生分別由國內北平、上海、廣州等地直接選送，在法者必須經過甄選始可入住，這種捨近求遠、過河拆橋的作法，自然一方面引起在法上千勤工生的不滿，直斥為「貴族子弟海外俱樂部、「高等流氓養成所」，[35]一方面可說是希望的幻滅，更無異宣告勤工生求學問題的死刑。最後，勤工生在「勤工不得，求學無門」的兩條絕路下，不得不走上以行動佔領里大的自力救濟之路！

早在佔領行動之前，勤工生在法已成立不少的團體，發揮了某種程度的團結和領導作用。第一個團體的「工學世界社」，已如前節所述，主要成員是在法國的新民學會會員如李維漢、蕭植藩等人，他們在蔡和森的影響下，於1920年秋間確定了以信仰馬克斯主義和實行俄國式的社會革命為其宗旨。他們以蒙達集為主要活動範圍，故被稱為「蒙達集派」，會員多不工作，而依靠華法教育會的津貼入校讀書，所以當1921年1月華法教育會宣布與勤工生脫離經濟關係時，此派反應最為激烈，力主要求維持，提出「生存權、求學權」的口號，曾領導巴黎勤工生於2月28日包圍我駐法使館請願，俗稱「二八運動」。

與此同時，另一派學生仍然擁護勤工儉學的理論，主張「找工」，反對請求維持。這派以趙世炎、李立三所領導的「勞動學會」為代表，在使館請願之後，為表示支持勤工儉學，動員會員及勤工生入廠工作，以行動支持理論，李立三並親自進入克魯鄒鋼鐵廠工作，作為榜樣。「勞動學會」的會員多在克魯鄒地區工作。

---

[35] 同註5。

　　為了落實「求學權」的口號，5月30日向警予、蔡暢等六位新民學會會員，聯絡李自新等其他女學生共十二人，組織「開放海外大學女子請願團」，發出致國內女界的公開信，要求女生有讀書的權利，要求即將成立的西南大學所屬的海外大學招收女生。[36]此可視為開放里大的先聲。

　　至1921年8月28日，勤工生集會討論，除盛成外，均以為解決勤工儉學之方法，捨要求開放里、比兩大學外，別無良策。在維持費面臨斷絕，進入里大希望復告破滅之後，同年9月5日，在克魯鄒工廠工作的一百四十七名勤工儉學生，在聶榮臻等人領導下，首先發出了爭回里、比兩大學的宣言和通告。宣言甚長，對於里昂、中比兩大學創辦的歷史背景及與勤工生的種種關係和運動的根據，都有明白的說明，不啻是勤工生之最後通牒（ultimatum）。宣言強調，「里昂中法大學和中比大學，是中國平民教育的基礎，在歷史上乃因勤工儉學生而後有，所以要爭回」，並揭櫫「正當的爭攘，不是惡德」的口號。[37]

　　在致全體勤工儉學生的「通告」中，他們特別指出，要求開放里、比兩大學的三點理由如下：

　　第一、兩大學為勤工儉學而設已無疑義。今勤工儉學事業遭遇困難，已難於支持，乃放棄責任，捨置不顧，且有人主張遣送回國者，甚或誣毀勤工儉學生的「既無作工之能，又乏勤工之志」，致國人之信用全失，呼籲無門。

　　第二、現兩大學相繼成立，乃復在國內大登廣告，大招學生來法，是無異過河拆橋之行為。

---

[36] 〈留法女生對海外大學之要求〉，《赴法勤工儉學運動史料》，卷二，下，頁519-524。

[37] 〈克魯鄒工廠勤工儉學生爭回里比兩大運動團宣言〉，同前書，頁529。

　　第三、現代的教育，日趨於平民，貴族式之學校已無存在之餘地。里、比兩大創辦之初，頗合乎平民教育之旨，後為一般軍閥、官僚所破壞，因此為責任計，尤有爭回之必要。

　　為了爭攘的理論根據，他們進一步揭示了進行運動的具體步驟：

　　第一步：就各地同學組織團體，籌商辦法，舉出辦事人。

　　第二步：由各處團體，產生一全體爭回里比兩大運動同盟。

　　第三步：向法國方面及中國在法各要人運動，請為有力之幫助，並向里、比兩大學之當事人，作正式之談判，據理力爭，總期以和平達到爭回之目的。

　　「通告」最後以警告的口吻說：「若兩校當事人，視我等困難如無覩，不肯容納我等之要求，則前途茫茫，危急萬狀，勢不得不鋌而走險，為最後之行動，以求一總解決。」[38]他們並於9月6日創辦了《求學運動》半週刊，作為爭回里比兩大運動團的言論機關。在該刊上有幾句痛切的話：「有錢的，公然有人從他們故鄉將他們招來入大學；受了大學專門的知識的，公然有人將他們招來當大學特待生，眼面前的一群窮而無告的人們，寧肯出五法郎一天將他們當殘廢者供養，再一面從數萬里外用三等艙恭迎一群潤綽的學生來，人們究竟對於里、比兩大這種態度作何感想？」[39]

　　為什麼這些在克魯鄒工廠做工、原先反對請願、主張勤工的學生，竟會改變態度發動爭回里、比兩大的運動？因為經過半年的實踐，他們的身體和技能都不能承受苦工的折磨，所以大多數棄工不作，領取那一日五法郎的維持費。至此，主張「勤工」者已放棄「勤工」的信念，轉而傾向要求「維持」。

---

[38]　〈克魯鄒工廠勤工儉學生爭回里比兩大運動通告〉，同前書，，頁531-532。
[39]　周恩來，《旅歐通信》，頁42。

同時，在蒙達集之勤工儉學生也發起，於9月6日在巴黎華僑協社開會，並請各處派代表參預。是日到會的代表連同住巴黎的學生共約二百多人。當日決議分兩種：

（甲）解決目前的辦法：

    （1）組織各省勤工儉學生臨時委員會，其職務有二：1.籌備組織各省勤工學生聯合會；2.執行目前事務。

    （2）要求旅法各界名人援助，設法維持。

    （3）誓不回國。如有報名回國者，即認為破壞團體，群起攻之。但有特別事權者，不在此例。

    （4）電南北兩政府及各省政府，速為接濟。

    （5）要求使、領兩館設法十五（日）後繼續維持，並暑假後一律送入學校。

（乙）根本解決的辦法：

    （1）運動里昂、中比兩大學無條件開放，同學各捐一元為運動費。不捐者不與共權利；多捐者聽。

    （2）運動退還庚子賠款之一部，作勤工儉學生基金，如運動無效，即佔領里昂大學。[40]

這個決議，與克魯鄒勤工生的作法，可以說大同小異，不謀而合，都是先組織團體，作和平方式的爭取，如若失敗，則不惜採取激烈手段。至此，我們可以說，以克魯鄒為主的「勞動學會」和以蒙達集為主的「工學世界社」合流起來，共同為爭取開放里比兩大學而奮鬥。

「宣言」和「通告」發出後，得到其他留法勤工儉學生的響應和支持，遂在蔡和森、趙世炎、王若飛等人的領導下，在巴黎發起成立了「留法勤工儉學生聯合會」，以統一領導爭回里比兩大學的

---

[40] 小青，〈法國勤工儉學生之新運動〉，《赴法勤工儉學運動史料》，卷2，下，頁534-535。

運動。但克魯鄒工廠的勤工儉學生不贊成組織各省勤工儉學生聯合會，而置現在法國情狀下的各地聯合於不顧，於是12日他們又發出爭回里比兩大學運動團的第二次宣言，揭示了兩項目標：

（一）我們爭回里比兩大學的運動，是在使兩大學能合於全體勤工儉學生之需要，絕對不是使勤工儉學生遷就兩大學；

（二）我們爭回兩大學的運動，其目標是全體的，絕對非部分的。

他們根據了上列的主張，又訂定了幾條辦法：

入學問題 凡勤工儉學生自願入兩大學，兩大學均無條件的容納。

經濟問題 由學生舉代表與當事人合組一「經濟籌計委員會」商榷之。

課程管理及學校內部組織問題 課程須按入學學生情形而分別編制，管理當由學生自治，學校內部組織，在事前當許可學生舉代表參與核議之。[41]

爭回里大的消息傳出後，9月12日里昂中法大學的校務管理機構即用「里昂中法大學協會」的名義，發出一份法文的「告留法中國學生書」，聲言「這個學校為一高級教育機關」，「我們學院所要養成的青年，在回中國的時候，定當做教授，從事於各種相當科學的研究，將他們在法蘭西所學研究的方法與知識傳播於各地」，

---

[41] 周恩來，《旅歐通信》，頁46。

並強調「里昂中法大學帶有師範學校的性質。」同時規定,「對於取錄與考試學生,應呈驗文憑或經過考試,由此可行甄別,以便適於高級教育的科目,而利於其鄉國」,最後並且特別指明,「若非官費或有支付款項的確實保證,不能收錄。」[42]這個通告,從宗旨、資格、財力三方面根本封殺,無異粉碎了大部分勤工生想無條件進入里昂中法大學的美夢!

同樣內容的一篇冗長通告,也在中國京滬各報上發表,把里昂中國大學海外部與勤工儉學的關係推得一乾二淨,而且特別強調,里昂中國大學海外部不是「棲留所」,不是「大蔽天下寒士的廣廈萬間」。[43]

當里大通告尚未發出之前,克魯鄒勤工儉學同學一百五十一人還聯名給李石曾發出了一封信,對這位勤工儉學的發起人仍然懷抱著無窮的希望,函云:

> 里昂中比兩大學和我們的歷史有密切關係,先生很明白的,我們現在工不能做,學不可求,流離漂落被誘入籠的時候,倒反誣我們為流氓無賴,多在中國招一般有錢的貴子弟來,真合世上所謂『只有錦上添花,那有雪中送炭』。
>
> 先生,我們的宣言,我們的通告,望先生加以詳察,先生既為勤工儉學的發起人,又為里比兩大的籌備者,責任所在,我們也很願和先生開誠相見。
>
> 至於里比兩大經濟一層,庚子賠款法國也已聲明退還,拿一部分津貼勤工儉學生,且各省也有款來,這件事也不成重要問題。

---

[42] 同前註,頁47。
[43] 同前註。

　　　　先生，勤工儉學生困難極了，社會上的笑罵都起來
　　了，表同情的人也完了，先生感想及此，諒也傷心。[44]

　　當時李石曾在國內，不久即發生勤工生進佔里大事件，這封信
也就如石沈大海，沒有任何回響了。

　　「留法勤工儉學生聯合會」得到里大協會通告，再加上公使
館維持費的停發，立即通知各地勤工儉學生派代表到巴黎開會，共
商對策。9月17日，各地代表在蔡和森、趙世炎的主持下，一致通
過「為謀勤工儉學生全體的根本解決，以開放里昂大學為唯一目
標」，並提出下列三個信條：（一）誓死爭回里大；（二）絕對不
承認部分解決；（三）絕對不承認考試。

　　大目標既定，而且有了信條，但在行動方式方面，卻有三派不
同的意見。第一派主張在巴黎請第三者作調人；第二派主張靜候里
大考試消息；第三派主張先以一部分人遷入里大，再辦交涉。[45]正
在爭議難決之際，很快傳來吳稚暉已從國內招收一百五十名學生，
將於9月24日到達馬賽港，25日正式入校的消息，故引起大部分勤
工儉學生的憤慨，由於時機緊迫，最後大家表示除了直接訴諸行動
外，沒有別的道路。9月20日清晨，「留法勤工儉學生聯合會」發
出如下的緊急通告：

　　（一）本會今日移駐里昂中國大學，巴黎方面留駐巴代表
　　　　　五人。
　　（二）由本會於巴黎、聖日耳曼、楓丹白露、克魯鄒、沙多居
　　　　　里、墨蘭、蒙達集等處同學中，組織先發隊百人，隨同
　　　　　本會出發，佔據里大。

---

[44]　同前註，頁48。
[45]　同前註，頁49-50。

（三）各學校各工廠勤工同學接到這通知後，請即日組織援里
隊，陸續向里昂出發，最遲於通告到後四十八小時內有
代表三人以上赴里昂。

周恩來、王若飛、李維漢、蕭植蕃、徐特立等五人則留駐巴
黎，負責聯絡，爭取聲援，並隨時與公使館進行交涉。

勤工儉學生除通告以上三事外，又以機會不可再，亟當善用機
會，遂趁吳稚暉未到法之前，宣布佔據里大之後續行動如下：

（一）由各地勤工儉學生聯合委員會主持一切；

（二）用中法文宣言，向國內外宣布爭回里大的苦衷及今後建
設的方法；

（三）通電中央政府、省政府及全國父老速匯款接濟；

（四）吳稚暉氏到法後與之正式談判；

（五）佔據里大後，根本解決全體，解決的詳細方法及分配等
等，由全體勤工儉學生大會議決定之；

（六）聯絡各省教育會及旅歐各界運動庚子賠款退還的團體，
運動賠款提早退還，並請駐法海外政府幫助這種舉
動。[46]

在先發隊赴里昂的前一天，學生代表王若飛等二人曾到使館會
晤陳籙，明白告訴他先發隊將在吳稚暉和國內所招新生到來之前，
先入里大以待解決，要求陳籙負責和法國政府交涉，並設法救濟在
巴同學的生活問題。陳氏滿口答應，當時復向他借得臨時維持費二
千法郎，加上在巴同學每人捐助的一法郎，共約二千七百多法郎。
此數除分配給情形最困難的同學生活費外，僅能供三十人前往里
昂的來回車資，因此巴黎方面只決定去三十八人，其餘按通告中
所指定之地點分隊出發。聯合委員會為行動便利和自由起見，限

---

[46] 同前註，頁50。

定每人只能帶小皮包一個，並且出發後一切行動都須聽從委員會的指揮。

陳籙在此事件中的態度，頗堪玩味。從各種跡象顯示，陳籙是鼓勵勤工生到里昂去的，他甚至允諾支付十萬法郎做為學生至里大的路費及生活費。陳籙（1877-1939），字任先，福建閩侯人，出身馬尾船政學堂，係一標準的北洋政府官僚，他在駐法公使任內，對李、吳等人所發起的勤工儉學運動，大抵抱持一種「幸災樂禍」的態度。分析他何以鼓勵學生進軍里昂，主要有三個原因：（一）他樂於將風暴的中心由巴黎轉移到里昂，以減輕自己的壓力；（二）陳為安福系，與吳稚暉所屬的國民黨人在政治上並不融洽，吳對年輕人有影響力，或可藉此給他製造一點困擾，甚至屈辱；（三）陳籙自己已經吃過不少勤工生的苦頭，他可能有意製造勤工生與法國當局間的摩擦，以此洩憤，並做為報復。[47]此不失為一石兩鳥，借刀殺人的毒計。

先發隊分兩批於21日晨先後到達里昂，合共一百二十五人。他們到達中法大學時，校方早有準備，將所有教室、房間的大門都上了鎖。先發隊只好在校後草地上暫待，並指派蔡和森等人為代表與里大當事人之一的褚民誼和法籍協會秘書交涉。勤工生質問，中法大學的創辦費，是用勤工儉學的名義募集來的，為什麼不招收勤工儉學生？勤工儉學生反對禍國借款，是愛國行為，為什麼你們卻和國內的反動政府、駐外的反動官僚一起迫害勤工儉學生？褚民誼與法籍秘書反問他們，何故來此？被何人指使？何以各處的人同時均到里昂？既說無錢生活，何以有路費、事前何以不早通知？委員代表均一一答覆，但問的人終不能諒解他們的苦衷。最後談到居處問題，他們允許預備一間空屋，問軍營中借

---

[47] Marilyn A. Levine, *The Found Generation: Chinese Communists in Europe during the Twenties*（Uni. of Washington Press, 1993），p.123.

用幾副舖蓋，惟出入不能成群，並說：「要是你們不安分，便將你們送到馬賽去！」[48]其後，這些隊員被按上「無錢、無學、革命黨」的罪名，遭當地警廳派來警察監視，並將隊員隨身所帶的居留證與護照全行收去。

　　翌日（22日），全體先發隊員被警察強行送入蒙呂克（Montluc）兵營拘禁。消息傳到巴黎，駐巴代表當即往見陳籙，要他趕緊向法政府交涉，解除監視，恢復各人的自由。陳籙遂派副領事李駿（顯章）於23日晚上至里昂瞭解情形。李駿的到來，名義上是保釋先發隊的同志們，實際上卻負有陳籙暗授的相反的秘密使命。自李駿到里昂後，警察對學生們的監視日加嚴緊，原有的一些行動自由也被取消了。同時這一事件又由里昂地方移歸法外部處理，這就更增加了問題的複雜性。李駿見他的使命已經完成，遂於29日返回巴黎復命。

　　里昂輿論最初似乎同情抗議學生。9月24日，市議會開會討論此一棘手問題。里昂市民承認，募款支持需要幫助的學生實已超過他們的能力；而另一方面，他們又得到消息，有五百名更多的抗議者已經出發上路。法國《人道報》（L'Humanité）則稱此舉為「黃禍」，以「中國人侵入里昂」為標題，不無厭惡恐怖之意。[49]更重要的是，里昂中法大學的法國當局，絲毫不同情抗議者，無論秘書古恆或會長雷賓，都一再強調「里昂中法大學不是年輕無錢的中國學生的避難所或臨

拘禁勤工生的蒙呂克兵營

---

[48]　周恩來，《旅歐通信》，頁51。
[49]　曾琦，〈勤工儉學風潮之擴大〉，《曾琦先生文集》，中冊，頁890。

時旅館」，堅決的要與勤工儉學運動劃清界限。[50]

　　9月25日吳稚暉所率領的國內新招學生到達里昂，受到里昂輿論界的歡迎，里昂《進步報》（Le progrès）曾以「歡迎你，中國朋友」為標題，表示歡迎之意。[51]吳稚暉一則以喜，一則以憂，因為勤工生抗議的陰影仍揮之不去，故當天下午即由副領事李駿陪同到兵營探望被拘禁之學生。吳表示，這次拘禁同學，決不是中法大學方面的主張。他說中法大學無論如何腐敗，至少總有點反對軍閥官僚的空氣，豈有跑到外國還借外國武力壓制學生之理？27日下午由李駿出示名片，保釋出十名學生代表與吳稚暉談話，加上來自克魯鄒的羅承鼎，在里大附近的協和飯店樓上，當時議定八條辦法如下：

　　（一）由勤工儉學團體調查確實勤工儉學生人數；

　　（二）以里大房屋能容限度為招收勤工學生人數之標準；

　　（三）入學手續由勤工儉學生團體自定；

　　（四）勤工儉學開辦費由里大開辦費內開支；

　　（五）不入里大者得以相當之經濟額，入其他指定之學校；

吳稚暉與勤工生談判的協和飯店

---

[50]　Marilyn A. Levine, *The Found Generation: Chinese Communists in Europe during the Twenties,* pp.125-6.

[51]　Ibid, p.126.

（六）自願作工者得受相當之補助；

（七）經費籌集由中法政府、中法青年監護團、里大及與勤工
　　　儉學有關係之團體共同組織經濟籌備委員會籌集之；

（八）所籌得之經費交由里大分配。

下午5點，代表們到里大與吳稚暉和李駿討論解決勤工生問
題。吳一看學生所開的條件即道：「這種辦法，我極端贊成，但我
有些做不到。」他表示，里昂中法大學絕對不能用以解決勤工儉
學問題。「至於里、比兩大學容納人數，里大只能容納二十人，因
為以里大的預算每人每年須三百元。里大本打算以六千元請兩位中
文教員，現在不請了，以此款作你們二十人的費用。你們入校不用
考試，由你們自己推選。比大可以容一百人，但須分作四年進去，
今年只能去二十人。里大的房子雖多，卻沒有修理。這一棟修理好
了的，從前佑工只要十二萬佛郎，現在計算下來，用去八十九萬佛
郎。那棟房子照樣修理，至少也要八、九十萬，這筆款子實在籌不
出。若說不必修理，大家搬進來，那末里大又要變成華僑協社。你
們今晚進來，我明早就走。里大的經費都在李石曾手裡，你們要這
樣辦，可打電報問他要，我不敢負責。……我這次來，是替李石曾
幫忙，恢復他的名譽。你們如果愛惜石曾，當然愛惜里大，你們要
將里大弄糟，我不走，對不住李石曾。」

大家向吳要求，將里、比兩大名額稍為擴充，他於是又說：
「這是我開腸破肚的話，沒留絲毫餘地等你們還價的。我素來說
話是不折不扣的，我同李石曾兩人做事每每失敗，也是吃了說話
不折不扣的虧。總而言之，里大無所謂開放不開放，只是一個經
濟問題。」[52]而這個經濟問題，卻不是吳稚暉等人短期間內所能解
決的。

---

[52] 羅承鼎，〈勤工儉學生爭取開放里大鬥爭的經過〉，《赴法勤工儉學運動
史料》，卷二，下，頁557-559。

留駐巴黎的幾位勤工生代表，如周恩來、聶榮臻、王若飛、徐特立等四處奔走，進行營救，並往見陳籙，要求三事：（一）拍電安慰被拘同學；（二）用電話請吳稚暉速來巴黎，商定根本解決的事；（三）嚴重向法政府交涉恢復學生自由，即不能立時全體釋放，亦請先放十代表，好與吳稚暉到巴黎磋商一切辦法。第三者方面有著名教育家石瑛（蘅青、湖北人）、黃齊生（係貴州紳士）兩人出面調解[53]。他們將吳稚暉所擬的辦法略加修改，提出預定真正勤工生為八百人，分為現在即領費者與作工兩年後再領費者兩種。前者每人月助百二十法郎，以兩年為限；後者月助百二十法郎，以三年為限，也擬請陳籙墊借三十萬法郎。石、黃所提方案是善意的，旨在解燃眉之急，得到部分勤工儉學生的同意，但由於該方案沒有涉及里大招收勤工儉學生一事，吳稚暉也打定主意不讓勤工儉學生全部進入里大學習，所以並無結果。[54]

先發隊經二十餘天的拘禁後，終以四項罪名：（一）不得主權者許可，擅入人室；（二）侮辱市長；（三）發散傳單；（四）與共產黨的新聞記者接近，[55]而於10月14日被押送至馬賽乘法輪寶勒加（Paul Lécat）號回國，結束了一場以武力強佔里大校舍事件，也結束了吳稚暉校長未到任即熱哄哄演出的一場外憂野台戲。

「進軍里大事件」雖然落幕，但我們今天應該平心靜氣檢討責任問題。

押送104名勤工生回國的寶勒加郵輪

[53] 筱青，〈留法儉學生被迫回國之原因〉，同前書，頁545-546。
[54] 鮮于浩，《留法勤工儉學運動》，頁174。
[55] 周恩來，〈勤工儉學生在法最後之運命〉，《旅歐通信》，頁55。

　　據法國外交部檔案館的資料顯示，法國官方至遲於10月10日即已作出遣返學生的決定，並於當日函告輪船公司。12日，輪船公司即有覆函法國內閣總理、外交部長，決定將中國遭驅逐留學生安排在14日將啟航的寶勒加號郵船。10月13日下午，法國外交部代表、里昂市長、警察局長率大隊武裝軍警至先發隊被拘之兵營，將中國勤工儉學生團團圍住，然後逐一點名押上汽車至火車站。到車站後，「不見一人，唯有糾糾者無數，露刺以待，將囚車直靠火車，按名送上。車上又有警兵無數，每六人用四警看守，不許移動一步。窗門窗帘，全行緊閉，空氣不通，黑暗如洞，直到馬賽海岸。出車即上海船。」14日，橫遭驅逐的中國勤工儉學生一百零四人，乘寶勒加號離開了他們曾經嚮往和進行工學實踐的法蘭西共和國。爭取里昂中法大學開放的鬥爭亦宣告失敗。[56]

　　從中國人的立場，尤其受到回國勤工生報告的影響，研究學者大都認為法國政府的做法太超過。茲以鮮于浩為代表，將他的觀點做一個說明。鮮于浩認為：

> 法國政府強加給被逐勤工儉學生的罪名是不成立的。法國外交部給這些中國學生所定之罪名為：未經校長許可擅行入校，警廳令出校出境，抗不遵命，未報告警廳經其許可，擅發傳單，過激黨。先發隊以和平方式進入里大，在事實上未將學校佔據之時即被拘留於附近的兵營，絲毫沒有妨礙國內新到學生的入校與生活。他們進入里大的主要目的是同校長吳稚暉談判，而事實上也談判了數次，不存在任何暴力行動，而且中國駐法使館和里大當局事先即知道學生將有此行動，公使陳籙還表示支持並予經

――――――
[56] 鮮于浩，上引書，頁177。

濟資助。因此，即使是屬於靜坐請願式的行動，也不違反
法國有關法律。「至於說到散發傳單同新聞記者接近」，
即過激黨的罪名，「舉眼一看巴黎、里昂市上，哪一天不
有成萬的傳單飛出，試問都是經警廳許可的麼？共產黨的
《人道報》，飛滿法蘭西全國，更何能禁人們同他的記者
接近？」先發隊被拘達10餘日之久，未經任何法律審查，
更未聽取被拘者任何辯詞，即強行武裝押送出境，也不符
合法律程序。中國勤工儉學生當時即認為，「非戒嚴時
代，何能憑一面的訴詞，強人入罪？要說是按法辦理，凡
被捕的人，如有人請求，當於24點鐘內出庭，何以久不見
明文？」事情非常明顯，「這次遣送兵營同學，是里大職
員、公使館、法政府三方面造成的」，即中國駐法公使陳
籙、里大副校長褚民誼及曾仲鳴等人與某些法國官方人士
相互勾結、羅織罪名而成。[57]

至於勤工生進佔里大的策略是否失誤？鮮于浩分析道：

在肯定中國被逐勤工儉學生無罪的前提下，需要指出部分
運動的領導者的策略有所失誤。鬥爭的最大目標是為了解
決全體勤工儉學生的生存與求學問題，用心是好的。但是
在當時的條件下，既有中法官方的阻力，也有覓工難和不
易籌得鉅款資助的實際情況。要想很快獲得極為完美的解
決途徑，在事實上也是辦不到的。即便吳稚暉的方案不可
取，那麼章士釗、石英、黃齊生等人提出的方案也應認真
予以討論研究，特別是當相當部分勤工儉學生已經同意以

─────────────
[57] 鮮于浩，上引書，頁177-178。

半工半讀方式解決生存與求學問題時，更應對有關方案予以相當重視。開放里大是實現大目標的手段之一，但又不可將其視為唯一的手段。在客觀上，千餘勤工儉學生盡數納於里大，也是行不通的。如果從求學的角度出發，千餘中國學生集中在一校，還不如分散於法國各校，更有利於學習法文和其他專業知識，也有利於進入工廠賺取一定數量的生活與學習費用。運動的少數領導者，囿於全體解決與盡快地完美解決，錯過了繼續談判與先發隊免遭驅逐的可能，不能說不是策略上的失誤。在先發隊已經被拘留的情勢下，運動的領導者不僅要考慮原訂的大目標實現途徑，也要設法恢復被拘者的人身自由與免遭遣返，鬥爭的目標與實現目標的手段當因時因地因勢而有改變。惜乎少數領導者的態度一味強硬，對被拘兵營同學的要求與命運重視不夠，給構獄者以可乘之機。[58]

　　從法國人的角度，我們可以從三方面探討對此事件的態度：一是里昂中法大學協會，特別是會長雷賓和秘書古恆；二是里昂市當局；三是法國政府，特別是內閣總理兼外交部長白里安（Aristide Briand）。

　　早在1921年9月初，當勤工生爭回里大消息傳出之後，「里昂中法大學協會」即發出一份法文的「告留法中國學生書」，已見前述，主要聲明「這個學校為一高級教育機關」，並強調「里昂中法大學帶有師範學校的性質」。同時規定「對於取錄與考試學生，應呈驗文憑或經過考試」，「若非官費或有支付款項的確實保證，不能收錄」。身為主事者的雷賓對於這些條件十分堅持，絕不接受勤

---

[58] 鮮于浩，上引書，頁178。

工生以談判或要脅不經考試的方式大批入校，他不願看到一個以培養青年為職志的高等學府淪為臨時收容所。此後，雷賓對勤工生持不信任的態度，絕不允許以推介的方式入校。做為他秘書的古恆，對於這個學校的師範特性更是捍衛不遺餘力。他對學生除了管教嚴厲外，更嚴控學生的思想活動，包括監控圖書館所訂期刊雜誌，甚至取消《人道報》的訂閱。而在校外，警察治安單位也隨時監控里大學生的行動。試想，在這兩位古板而嚴肅的教育家主持下，勤工生的困境何能獲得他們的憐憫？他們眼中所見勤工生的集體越軌行動，怎能輕饒不予處理？

其次，做為當道主的里昂市長兼虹江省選出的眾議員赫里歐（Edouard Herriot, 1872-1957），儘管他與李石曾等旅歐派有深厚的交情，並熱心贊助華法教育會的各項活動，更積極主張把海外中法大學移設里昂，惟身為過激黨（Radical Party）領袖的政治人物，他是反共的（在國內並不支持法共），同樣並不支持勤工生進軍里大的過激行動。打從9月26日起，在古恆與市府秘書長塞林（Serlin）會商後，他便主張除了遣回勤工生外，別無他途。因為此一措施既能滿足法國政府當局，亦合乎中國駐法公使的希望，所需考慮的只是「師出有名」的法律正當性問題和行事隱密，避免招惹媒體的注意。其間當然更涉及遣回學生所需的經費問題。奇怪的是，陳籙公使向法國當局承諾，一應開銷可由中國政府負擔，惟須法方出面做為擔保人。

最後拍板定案，對整個事件負完全責任的當然是內閣總理兼外長白里安。10月5日，陳籙致函白里安總理，表示已向北京政府建議，遣送回國學生的船費先由法國輪船公司預支，再由中國政府墊還。10月10日，法國外交部祕書長致函法國輪船公司總裁，告知一些相關措施及「寶勒加」號從馬賽開船日期，特別說明，船到上海，即可由公司在滬代理支領。至此，中法雙方的一切部署就緒，

177

一百零四位勤工生的命運底定。由此可知，在整個勤工生遣回的決策過程中，中法大學協會會長雷賓和里昂市長赫里歐才是積極的主角，最後拍板定案的自是總理兼外長白里安，而中國公使陳籙扮演的是附從者，難聽的說就是幫兇。從陳籙的立場言，勤工生的激化是個棘手而難以處理的問題（法國人何嘗不是抱持這種想法），能夠由法國政府出面，中國政府出錢，及早把他們遣送回國，以絕後患，何樂而不為呢？至於中法大學發起人之一的吳稚暉，在整個里大事件交涉過程中，他並非居於主導的角色，一方面他既未擁有充沛的資源可以安撫勤工生，讓他們大批入校，另一方面他也沒有能力和手腕向法方力爭，讓勤工生免於被驅逐出境的命運。更深一層分析，蔡、吳、李等人倡導勤工儉學，恐早有以「質變」取代「量變」的思維，為了保障里大的「純潔」，犧牲「既無做工之志趣，又無做工之能力」，而且喜歡鬧事的學生，未嘗不是一個情非得已，脫離困境，勢所必至的解決之道。

第三節　中共旅歐黨團的成立

勤工儉學運動的發展，由於主觀條件的欠缺，加上客觀環境的改變，以致陷入「勤工無門、儉學無路」的困境。在面對學業與失業的雙重打擊之下，少數勤工生自然對現狀產生不滿，對領導者所代表的無政府主義及樂觀主義，懷有偏見。為了尋找出路，脫出困境，便有走激烈路線，組黨救國之念，而為共產主義所乘，第三國際也趁機派人加以拉攏聯絡，日久遂形成一股無法扭轉的逆流，在法國激發宣洩，最後演變成與對手的思想論戰，甚至一連串的流血鬥爭，其餘波也一直盪漾不息，鬥爭的舞台又由蒙達集、里昂、巴黎轉移到了廣州、上海和南京。

中共旅歐黨團的成立，主導了這一幕勤工生異化、變質的大戲。這一節先介紹中共旅歐組織的發展和其對外的思想鬥爭。

（一）中共旅歐組織的發展

中共旅歐組織的發展，依其時間先後，大致可分為三個階段加以敘述：

1. 共產黨小組

大約在1921年3月間成立，該小組之成立應在「二八運動」之後，比北京、上海的共黨小組為晚。據張申府（崧年）自述，小組以他為中心進行聯繫，與陳獨秀常有書信來往。[59]按張原為北大講師，與陳獨秀、李大釗為共黨北京小組的三個最早成員，後來應里昂中法大學之聘，與蔡元培、陳大齊於1920年11月下旬同船出國，陳氏係往瑞士研究實驗心理學，張君係

旅歐共產黨小組的三位最早成員（左起：張申府、劉清揚、周恩來）與趙光宸

到里昂幫理大學事務。[60]同年年底到法國後，因里昂中法大學（中國學院）正在籌建，未正式開學，張申府即在巴黎住下，首先介紹在國內已經認識並同船赴法的劉清揚入黨，接著透過劉清揚的關係介紹周恩來入黨（張自稱在1920年8月的北京陶然亭茶會上已認識周，但可能不如對劉熟悉）。同時又與原為上海小組的成員趙世炎、陳公培取得聯繫，於是這五人就在巴黎成立共產黨小組。這個小組沒有別的稱呼，對外也不公開共產黨員的身分。1921年7月，當中共「一大」要在上海召開前，曾接到國內寄來通知，也提出在

59 張申府談旅歐黨團組織活動情況，《天津文史資料選輯》，第15輯，頁87。
60 《旅歐週刊》，第61期（1921.01.08），頁3。

黨小組討論，後因時間緊迫，路遠（恐怕路費也有問題），未能參加。[61]所以法國黨員雖比日本為多，當時卻沒有派代表回國參加「一大」的成立。

巴黎共產黨小組建立後，就在留學生中開展活動。據張申府回憶，主要做兩件事：一是籌備出版油印刊物《少年》，那時沒有經費，周恩來透過同學謝成瑞的關係，向章士釗募得一千法郎，用以買機器和紙張，刊物就辦起來。張和周恩來經常為《少年》寫稿，張用的筆名是「R」，取「俄國」（Russia）、「紅」（Red），以及英國哲學家「羅素」（Russell）三字的開頭「R」，代表「我信仰馬克思主義和羅素的哲學」，「我是紅色和羅素」的意思。二是成立了一個「少年中國學會」的組織，連絡進步同學，在留學生中擴大影響。李富春是組織中比較活躍的同志，經常給張寫信，彼此來往很是密切。[62]

巴黎共產黨小組雖然成立，但尚無實際工作表現。學者氣味濃厚的張申府既非實幹者，也不熱心參與活動，所以小組名存實亡，在以後的拒款、里大事件兩大風潮中，小組成員趙世炎、周恩來毋寧是以個人身分，積極扮演了領導的角色。

2. 旅歐中國少年共產黨

除共產黨五人小組外，最熱心組黨者首推新民學會的領導人蔡和森。早在1920年7月的蒙達集會議上，蔡和森即主張要組織一個「主義明確，方法得當，和俄一致的共產黨」，[63]其後透過各種活動的經常接觸，蔡和森和非新民學會友的趙世炎和周恩來，對組黨問題也有所計議。1921年「二八事件」後的某一星期天，蔡和森和周恩來登上巴黎聖母院（Notre-Dame de Paris）塔頂，在暮色蒼茫

---

[61] 張申府談旅歐黨團組織活動情況，《天津文史資料選輯》，第15輯，頁87。
[62] 同上註。
[63] 蔡林彬給毛澤東的信（1920.08.13），《蔡和森文集》（北京，1980），頁52。

中，二人討論建黨之事，周恩來說：「當前最具體的問題，就是我們首先要組織共產主義團體，這是最急的要事」。[64]組黨之事後因里大事件，蔡和森、李立三、陳毅等大部分有馬克思主義傾向的幹部被遣回而中斷。

就周恩來而言，他到法後常與趙世炎等一起學習馬克思主義理論，經過對各種主義反覆推究比較以及和同志間的多次討論，「思想本來未大定」，對主義認清較晚的周恩來終於1921年10月（抵法一年後），確立了對馬克思主義的堅定信仰。[65]他曾鄭重的說：「我們當信共產主義的原理和階級革命與無產階級專政兩大原則，而實行的手段當因時制宜！」[66]又說：「我認的主義一定是不變了，並且很堅決地要為他宣傳奔走」。[67]

1922年3月，周恩來移居德國柏林，這時旅歐黨小組成員最多不過十人，大都集中在德國。他們鑒於勤工儉學生和旅法華工的分散各地與不團結，都認為有儘快組成青年團的必要。於是周恩來、張申府、張伯簡、劉清揚等七個黨員聯名寫信給趙世炎，「促於五一告成」籌建工作。趙世炎為此立即離開了他工作半年的法國北方，於五一勞動節那天回到巴黎，隨即奔走於蒙達集、里昂等地以統一意見，至5月底始籌備就緒。[68]

同年6月，在巴黎西郊的布隆恩（Boulogne）森林召開了成立大會，參加者有旅法、德、比等國代表共十八人，周恩來由柏林前往參加。會議決定將團組織定名為「旅歐中國少年共產黨」，通過

---

[64] 《蔡和森文集》，頁839。

[65] 〈伍的誓詞〉，原載天津《新民意報》副刊「覺郵」第2期（1923.04.15），收於《周恩來同志旅歐文集》（天津，1979），頁270。

[66] 〈西歐的「赤」況〉，原載「覺郵」第2期，收於《周恩來同志旅歐文集》，頁275。

[67] 〈伍的誓詞〉。

[68] 《留法勤工儉學運動》（一），頁36。

了章程和工作計畫，並選舉趙世炎、周恩來、李維漢三人組成中央執行委員會，由趙世炎為書記，周恩來為宣傳委員，李維漢為組織委員，會議還決定出版刊物《少年》。討論章程時，周恩來提議加入組織者應當宣誓，有人反對，認為這是宗教色彩。周恩來解釋說，宣誓不是宗教信仰，而是帶有政治的約束力，譬如袁世凱曾經宣誓忠於民國，但他以後做了皇帝，人民就說他叛誓而討伐他。[69]其後又增補王若飛、陳延年、尹寬三人為執行委員。[70]陳延年、陳喬年兄弟本來信仰無政府主義，經趙世炎爭取後也陸續加入該組織。[71]少共在性質上是團的組織，而不是黨的組織。

　　旅歐中國少年共產黨建立後，趙世炎派蕭子暲與法國共產黨及法國的社會主義青年團聯繫。那時，法共是公開的。越南勞動黨的創始人胡志明（化名阮愛國）正在法國，是法共巴黎地方組織的重要成員之一，經他介紹，蕭子暲、趙世炎、王若飛、陳延年、陳喬年加入法國共產黨，編入巴黎第17區過組織生活，並交納黨費。[72]

　　同年11月下旬，旅歐少共派李維漢攜帶公函歸國，向團中央匯報工作，並聲明「願附屬於國內青年團為其旅歐支部」，經中共中央同意，於是少共於1923年2月17日至20日於巴黎郊外召開臨時代表大會進行改組。這時旅歐青年團的團員已由原來的三十餘人發展至七十二人（計旅法五十八人，旅德八人，旅比六人）。出席代表四十二人，會議由趙世炎任主席，任卓宣等四人為紀錄。會議決定加入中國社會主義青年團，將「旅歐中國少年共產黨」改稱「旅歐中國共產主義青年團」（中國社會主義青年團旅歐之部），並將原來的中央執行委員會改為執行委員會，會上並通過了周恩來起草的「旅歐

---

[69]　《天津文史資料選輯》，第15輯，頁66-67。
[70]　《留法勤工儉學運動》（一），頁36。
[71]　李維漢，《回憶與研究》，上冊，頁24。
[72]　唐振南等，《風華正茂的歲月——新民學會紀實》，頁193。

中國共產主義青年團章程」，章程第一條明確規定，凡申請入會者必須做到「對於共產主義已有信仰」。[73]大會並選出周恩來、任卓宣、尹寬、汪澤楷、蕭樸生五人為新的執行委員，劉伯堅、王凌漢、袁子貞三人為候補委員。執行委員會成立後，推選周恩來為書記，尹寬主任「共產主義研究會」事，汪澤楷主任「學生運動委員會」事，蕭樸生主任「華工運動委員會」事，任卓宣主任「出版委員會」事。[74]至1925年初，該團發展為三百餘人，改稱「中國共產主義青年團旅歐區」，至同年年底，又因團員陸續赴俄或歸國減少到一百餘人，組織便相應地改稱為「中國共產主義青年團旅歐地方團」。[75]

3. 中國共產黨旅歐支部

由於少共在性質上不是黨的組織，所以 在1922年冬，已參加少共的中共黨員另組「中國共產黨旅歐支部」，[76]周恩來為支部負責人之一。支部下另設法國、德國、比利時三小組，茲誌其負責人與重要黨員如下：

	負責人	趙世炎
法國組	黨　員	傅鍾、王若飛、李富春、陳延年、陳喬年、李林、任卓宣、鄧小平、劉伯堅、林蔚、郭隆真、佘立業、蕭樸生、袁子貞、馬志遠、陳彭年、何長工、李季達、冉鈞[1]

---

[73] 「旅歐中國共產主義青年團章程」，收於《赴法勤工儉學運動史料》，第2冊下，頁849。

[74] 「旅歐中國共產主義青年團報告第一號」，同上書，頁846-847。

[75] 《留法勤工儉學運動》（一），頁37-38。

[76] 據張申府〈談旅歐黨團組織活動情況〉、江澤民〈參加留法比勤工儉學的回憶〉、施益生〈回憶中共旅歐支部的光輝業績〉（以上均見《天津文史資料選輯》，第15輯）等人說法。中共旅歐黨組織的名稱為「支部」，各地設小組。李璜《學鈍室回憶錄》、李維漢〈回憶新民學會〉、陳敬堂〈中共旅歐總支部之成立〉等人則有總部，總支部下設支部之說，恐係與少共組織混淆之誤。

德國組	負責人	張申府
	黨　員	周恩來、朱德、劉清揚、鄭太樸、高語罕、李季、孫炳文、熊雄、熊銳、章伯鈞、謝壽康、廖煥星[2]
比利時組	負責人	起初是劉伯堅與聶榮臻，後來江澤民
	黨　員	熊味根、黃士韜、甘瑞、張貴元、喬丕成、喬丕顯、萬監周、張熙[3]

　　中共旅歐支部在組織上是保密的，對外一切活動，都用旅歐共青團的名義出現，即使對共青團也不完全公開，黨支部和少共機關都設在巴黎十三區義大利廣場附近的戈德弗魯瓦旅館（Hôtel Goderfroy）裡。當時黨支部和少共機關是重合的，黨員都參加少共組織活動，少共中具備黨員條件的則不斷轉為中共黨員。[77]

　　綜上所述，中共旅歐黨團組織最早的領導人是張申府、趙世炎；1923年他們離開後，即交由周恩來負責；1924年8月，周回國後，則交由鄧小平、傅鍾、任卓宣等人負責。

　　周恩來旅歐期間，除促成中共組織的成立和發展外，尚有二事值得一提：（一）他經常奔走於德、比、法之間，[78]介紹中國學生赴莫斯科東方大學學習，幫忙辦理去蘇聯的各項手續，並安排他們的行程。據不完全統計，1923年3月，有趙世炎、王若飛、陳延年、陳喬年、佘立業、高風、陳九鼎、王凌漢、鄭超麟、袁慶雲、王圭、熊雄等十二人第一批前往莫斯科。同年11月，劉伯堅、尹寬等亦繼之前往。1924年9、10月間赴莫斯科的有聶榮臻、蔡暢、穆清、傅烈、錢來杰、陳家珍、彭樹敏等二十餘人，同年

---

[77]　《天津文史資料選輯》，第15輯，頁71。

[78]　周恩來與第三國際的來往（包括經費問題），乃至中共與法共及胡志明之間的關係，始終曖昧不明，由於資料所限，本書不擬探討。但可參閱 Annie Kriegel, « Aux Origines Françaises de Communisme Chinois», Preuves, 209-210（aôut-sept, 1968）; Nora Wang, « Deng Xiaoping: The Years in France », *The China Quaterly*, No. 92（Dec. 1982）; pp. 698-705.

底又有李富春等人。[79]（二）在國共合作期間，周恩來、尹寬、林蔚等三人代表旅歐中國共產主義青年團到里昂與國民黨總部代表王京岐（1894-1925）商談國共合作問題。王京岐，浙江嵊縣人，1921年因參加里大事件被遣送回國，翌年重新回到法國，他在上海準備出國時，曾訪謁孫中山於上海環龍路四十四號中國國民黨駐滬辦事處。孫中山當面指示王京岐到法國後聯絡同志組織中國國民黨駐法總支部。[80]雙方達成協議，決定共青團員八十餘人以個人身分加入國民黨，積極進行國民黨旅歐支部的籌建工作。1923年11月25日，國民黨駐歐支部在里昂召開成立大會，周恩來在會上發表演說，並當選為國民黨駐歐支部執行部總務科主任。其後在執行部長王京岐回國述職期間，周恩來曾代行其職務。[81]

（二）對外思想鬥爭

中共旅歐組織一旦建立，一方面出版刊物以學習和宣傳共產主義，一方面為了影響與爭取廣大的華工與勤工生，因此不可避免地與當時已存在的一些團體發生思想上之鬥爭，甚至行動之衝突。其中最重要的鬥爭對象，早期是無政府主義者及公教青年會，後期則為中國青年黨。茲分述如下：

1.《少年》與《工餘》的對抗

「工餘社」是旅法華工和勤工儉學生中的無政府主義者在巴黎組織的小團體，成立年月不詳，[82]其主要成員有華林（李合林）、陳延年、陳喬年、陳澤孚、畢修勺、朱洗、孟稜崖、李卓等

---

[79] 《留法勤工儉學運動》（一），頁56-57。
[80] 吳琪，〈周恩來同志青年時代在法德兩國的革命活動〉，參閱《天津文史資料選輯》，第15輯，頁142。
[81] 《天津文史資料選輯》，第15輯，頁77。
[82] 張允侯等編，《五四時期的社團》，第4冊，頁209。

人。[83]1922年1月15日，該社出版了一種油印月刊——《工餘》，由李卓編輯，前後共出二十三期，歷時三年半，至1925年10月，始與另一無政府主義刊物《自由人》合併。[84]該刊宣傳無政府主義，主張摒棄一切國家政權，主張絕對自由，反對馬克思主義，反對無產階級專政，否認無產階級建立政黨的必要，旨在阻止馬克思主義在華工和勤工儉學生中傳播的刊物。因此與「旅歐中國少年共產黨」的機關刊物——《少年》，發生激烈的衝突。[85]

《少年》創刊於1922年8月1日，編輯所設在巴黎十三區那家兼做政黨機關的小旅館裡，由後來加入少共的陳延年、陳喬年負責刻寫蠟板和油印。《少年》是月刊，紅色封面，十六開本，每期三十餘頁，中間曾停刊過兩個月，1923年3月1日復刊出版第7號，改為二十四開本，四十二頁，通信處改為巴黎西郊華僑協社轉交。自第10號起又改為不定期刊。[86]

《少年》的主要內容在宣傳共產主義，論證中國走共產主義道路的必要性和急迫性，捍衛無產階級專政的理論，但也用許多篇幅與無政府主義做理論鬥爭。首先，周恩來（筆名伍豪）在第2號上發表〈共產主義與中國〉一文，指出：「無政府主義在中國已有十年以上的歷史，他利用中國人的惰性和容忍，竟與一些思想墮落者結成了不解之緣。他們都自命為提倡科學的人，其實他們只會高談那空想的藝術。高談幾個『真』、『善』、『美』的名詞，論到實在的開發實業的方法，恐怕除掉毀壞大規模生產，反對集中制度外，竟無什麼具體主張，……無政府主義既這樣空洞，所以具有無政府主義思想的蔡元培，自認為無政府黨人的李石曾、吳稚暉輩一

---

[83]　吳琪，前引文，頁144。

[84]　張允侯等編，《五四時期的社團》，第4冊，頁209。

[85]　《天津文史資料選輯》，第15輯，頁77。

[86]　《五四時期期刊介紹》（北京，1959），第2冊，頁39。

遇到當前的政治經濟問題，才會手忙腳亂，弄出與無政府主義相反的主張出來。」[87]

在旅歐的中國青年知識分子和工人中，馬克思主義最大的敵人是無政府主義者。無政府主義者與馬克思主義者論爭的焦點是無產階級專政的問題。《工餘》發表了一系列反對工人階級進行政治鬥爭、奪取政權以及反對任何形式的國家的論說。針對這種情況，《少年》發表了〈一個無政府黨人和一個共產黨人的說話〉（第7、8、10、11號連載）、〈什麼是無政府黨人的道德〉（第11、12號連載）和〈工人與政治〉（第10號）等文章，對《工餘》的論點予以還擊。[88]

1922年12月15日，《少年》第6號出版，周恩來發表〈俄國革命失敗了嗎？——質工餘社三泊君〉一文，針對無政府主義者三泊在《工餘》第9號發表的〈俄國共產主義失敗之原因及其補救的方法〉一文中對俄國革命五年來成就的否定和對新經濟政策的批評，進行了反駁。[89]

2. 《少年》對天主教的攻擊

在比利時有位雷鳴遠神父（Père Vincent Lebbe），曾於1895年來華，1912年出任天主教天津教區副主教，還創辦了天津《益世報》。他在中國停留多年，說得一口流利的中國話。雷神父在布魯塞爾設立有「中國學生公教家庭」，以為勤工儉學生介紹工作、介紹入學或向富人募捐以救濟勤工儉學生等名義，拉攏勤工儉學生信仰天主教。雷鳴遠曾經領著他們向天主祈禱：「俄羅斯已經進入地獄了，求求天主使中國倖免於共產主義的災難吧！」希望「天主挽

---

[87] 伍豪，〈共產主義與中國〉，原刊《少年》第2號，收入《周恩來同志旅歐文集》，頁233。

[88] 《留法勤工儉學運動》（一），頁40。

[89] 同上書，頁41。

救中國」，使中國免遭革命的衝擊，把共產主義思想當做洪水猛獸加以撲滅。[90]

雷鳴遠神父的救濟勤工儉學生和反共做法，自然觸怒了這一批宣傳共產主義的激進者。他所辦的《青年會星期報》，被認為「猖狂惑眾」，與無政府主義者的出版刊物——《工餘》，同樣構成共產主義的宣傳障礙，[91]都是打擊的對象。因此早在《少年》第2號，周恩來即發表〈宗教精神與共產主義〉一文，明白攻擊天主教，認為「宗教是人類中的一種毒藥」，共產主義者對此種「犧牲弱者庇護強者，長人依賴性，誘人容忍，錮禁思想的宗教深惡痛絕」。[92]

1923年夏季，歐洲曾發生一起中國留學生上書羅馬教皇的趣劇。有三十二名留法勤工儉學生聯名給羅馬教皇寫信，請求教皇批准原海軍艦長，寄居中國多年而又精通中國語言文字的神父若利葉等數人，到中國去創立本篤修會。經《赤光》（《少年》改名）披露雷鳴遠事前寫給那些中國學生的密信，始知中國學生上書羅馬教皇之事，只不過是神父雷鳴遠一手策劃和導演的結果。《赤光》以〈羅拜在羅馬教皇腳下的中國學生〉為題，唾罵這些因「不堪生活壓迫而跑到法、比資本主義帝國的走狗——神父雷鳴遠跟前討飯吃的中國學生」是「無恥之尤」，並辱罵雷鳴遠為「無恥的宗教徒」，認為他的假借「留歐中國學生名義」上書教皇，是一件「令人髮指」的事情。[93]

---

[90] 參閱江澤民，〈參加留法比勤工儉學的回憶〉、陳崇山〈雷鳴遠破壞勤工儉學運動〉。以上兩文俱見《天津文史資料選輯》，第15輯。

[91] 「旅歐中國共產主義青年團報告第一號」，《赴法勤工儉學運動史料》，第2冊下，頁845。

[92] 伍豪，〈宗教精神與共產主義〉，原刊《少年》第2號，收入《赴法勤工儉學運動史料》，第3冊，頁279-284。

[93] 《赤光》第3期（1924.03.01），頁8-9。

3.《赤光》與《先聲》的論戰

　　1924年2月1日，理論的《少
年》改組為實際的《赤光》，標榜
唯一的目標在「反軍閥政府的國民
聯合，反帝國主義的國際聯合」。[94]
有認為《少年》和《赤光》，是旅
歐中國少年共產黨宣傳陣地上的
「雙璧」，也培養了整整一批的中
國共產黨理論先鋒。華工出身的袁
子貞，對兩個刊物有一番精彩的比
喻。《少年》是「大家閨秀」，吸
引了無數的勤工儉學生中的「白面
書生」前來「求婚」；《赤光》是

《赤光》封面

少共手裡的「寶蓮燈」，什麼青年黨，什麼國家主義派，什麼基督
教青年會，都是二郎神，看著凶神惡煞一番，寶蓮燈一照，立刻原
形畢露，退避三舍。[95]

　　周恩來為《赤光》撰寫的文章甚多，平均每期刊載四、五篇，
主要在揭露帝國主義侵略擴張和軍閥禍國殃民的罪行，在此值得一
述的是參加了《赤光》與《先聲》的論戰。

　　1923年12月2日，曾琦、李璜、何魯之、張子柱、李不韙、胡
國偉等人在巴黎成立的中國青年黨，是即國家主義派。他們以《先
聲》週報（1922年12月創刊）為據點，標榜反共、反蘇、反對國共
合作的統一戰線等口號，而與共產黨展開論戰。茲將周恩來在《赤
光》上所發表的相關文章篇名及主要內容列舉如下：

---

[94]　〈赤光的宣言〉，《赤光》第1期（1924.02.01），頁1。
[95]　李春雷、史克己，《赤光──留法勤工儉學運動紀實》（河北大學出版
　　　社，2010），頁277、281。

期別	署名	篇名	主要內容
3	伍豪	救國運動與愛國主義	指出「救國運動」與國家主義派狹義的愛國主義運動本質有別。
7	伍豪	實話的反感	嘲弄一般國家主義者有時因過分愛國，便要抹煞真理。
8	恩來	航空學會的害群之馬	指出周培超（周道）為張作霖的走狗當翻譯。
9	恩來	再論中國共產主義者之加入國民黨問題	答《先聲報》胡瑞圖、吳樵甫、威重三君針對國家主義派攻擊國共合作的論點加以反駁。
9	恩來	共管中國江河的新形勢	指責自稱愛國主義的國家主義派老強調反蘇，對列強共管中國無動於衷。
10	恩來	為周道事答謝湖南學生會書	答覆湖南留法儉學學生會刊於《先聲報》的公開信。

　　此外，林蔚撰〈批評曾琦君底神聖聯合與統一前敵〉（第7期）、〈到底不愧是社會主義的國家〉（第9期），任卓宣撰〈什麼叫造謠中傷〉（第9期）、〈你們就會學像了曾琦〉（第17期）、〈哈哈！同床異夢〉（第18期）、〈斥反革命的青年黨人對於孫中山之矛盾論〉（第28期）、〈斥反革命的國民黨右派份子對於孫中山之背叛行為〉（第28期），輝暲撰〈青年黨之教徒軍閥和帝國主義〉（第17期），少元撰〈好利害的反革命報紙啊！〉（第17期），鄧小平（希賢）寫〈請看反革命的青年黨之大肆其捏造〉（第18期）、〈請看先聲週報之第四批造謠的新聞〉（第21、22期），愚甫寫〈青年黨才是陳炯明在法所設立底反革命分部啊！〉（第18期），肇樞撰〈你們就是「反革命」和「軍閥的走狗」〉（第23期）等，都是與《先聲》直接論戰的激烈文章。經常為《先聲》執筆的有曾琦、李璜、何魯之、張子柱、黃日光、周宗烈、王建陌、胡瑞圖、段慎修、胡瑞燊、梁志尹、林秉照、胡國偉等人，雙方由思想上的短兵相接，逐漸引起行動的衝突，最後演成流血鬥爭。[96]

---

[96] 關於中國青年黨與旅歐共產黨團論戰衝突的詳情，請參閱：胡國偉，《巴

綜上所述，周恩來在《少年》與《赤光》兩刊的對外論戰中，都扮演了主要的角色。在蔡和森被法國當局遣送回國後，周無疑是第一號的共產主義理論家，其次是任卓宣、鄧小平、林蔚等人。

第四節　中國青年黨的誕生

在孫中山逝世前後，歐洲先後出現了由國人所組織創設的四個不同的政黨，分別是「中國共產黨旅歐支部」（1922年冬）、「中國國民黨里昂支部」（1923年11月）、「中國青年黨」（1923年冬）、「中國社會民主黨」（1924年6月），本節專談中國青年黨的誕生。

1923年12月2日，曾琦、李璜、何魯之、周太玄、張子柱、胡國偉等人，於法國巴黎近郊玫瑰城（Fontenay-aux-Roses）共和廣場共和餐廳成立中國青年黨，其宗旨為「本國家主義之精神，採全民革命的手段，以外抗強權，力爭中華民國之獨立自由；內除國賊，建設全民福利的國家」。青年黨的前身，最早可以追溯到五四時代的「少年中國學會」之國家主義派。

中國青年黨初以《先聲週報》（1922年12月創刊）為據點，標榜反共、反蘇的口號，早就與中共旅歐組織的機關刊物——《少年》、《赤光》展開論戰，先由思想上的短兵相接，逐漸引發行動上的衝突，最後甚至演成流血鬥爭。

黎心影》（台北：菩提文藝出版社，1975）；李璜，《學鈍室回憶錄》；曾琦，《曾慕韓（琦）年譜日記》；李春雷等，《赤光——留法勤工儉學運動紀實》。

曾琦、李璜等人並非勤工儉學生，亦不能納入李石曾等人所發起的民初旅歐教育運動，但他們在法國介入勤工儉學生的各項政治運動甚深，故不能不列專節加以討論。

（一）曾琦赴法及組黨緣起

曾琦（1892-1951），字慕韓，號愚公，黨號移山，四川省隆昌縣人。早歲出川讀書，並東渡日本留學。1918年春，日本寺內內閣乘歐戰方酣，一面以巨額「西原借款」貸與中國，助長中國南北內戰，一面與段祺瑞訂立「中日軍事祕約」，藉謀二十一條之實施。事洩，留東學生群起反對，曾琦毅然糾率千餘人罷學歸國，並組織「留日學生救國團」，發刊《救國日報》，分赴京、滬請願，冀以實際行動及言論鼓吹，喚起全國人民之覺醒。

同年6月底，曾琦與王光祈、周太玄、張夢九等人聚議，共商發起「少年中國學會」，並邀李大釗參加，冀「本科學之精神，為社會之活動，以創造少年中國」為宗旨，並標舉「奮鬥、實踐、堅忍、儉樸」諸信條，以不依賴已成勢力為號召。

五四運動發生之前，值歐戰結束議和於巴黎之際，時李璜、周太玄已赴法留學，並創辦「巴黎通信社」，報導和會新聞，供應國內報刊，以其迅速確實，競相刊載，乃力勸曾琦赴法，欲以社務相屬。曾琦於是離京赴滬，乘輪西行。抵法後，先與勤工儉學生多人赴蒙達集一中學補習法文，1920年秋移居巴黎，入法語聯合學校（Alliance Française），並至巴黎社會學院聽講。以通信社營運漸有不支之勢，適郭步陶供職上海《新聞報》，函聘曾琦為駐歐特約通訊員，每月撰稿八篇，約可得三百法郎，勉可支應生活之需。

1921年，因德國馬克貶值，生活費低廉，乃應王光祈、魏嗣鑾之邀，赴法蘭克福鄉間居住並養病。翌年夏返法，時值國內發生山東臨城劫車案，擄去中外旅客三百餘人，列強倡議組織國際警備隊

共管中國鐵路。曾琦聞訊大憤，乃約集留法各團體代表集會反對，建議聯合各界實行罷市、罷工、罷學、罷租四大運動，推倒軍閥，另組政府，以抗列強。

按其時中國共產黨已於1921年成立，大肆活動於國內外，兼以參戰華工留法近十萬人，歐戰既停，無法自給，而上千勤工儉學生類多失業，遂成為第三國際假手中共旅法吸收的對象，或送往莫斯科接受訓練，或遣回國參加革命。曾琦有鑒於蘇俄及第三國際之陰謀，而其時國民黨尚大談聯俄容共，引狼入室，大亂將作，國脈將為之斬，非另組新革命黨，不足以阻遏逆流。因此遂與李不韙、張子柱、李璜、何魯之、胡國偉等人創組中國青年黨。1923年12月2日，曾琦所擬之宣言及黨綱，張子柱所起草之章程，均表決通過，並推曾琦為黨務主任，張子柱為宣傳主任，中國青年黨遂告正式成立。1924年4月20日，中國青年黨在巴黎正式召開第一次全體黨員大會，到會者五十二人，曾琦、李璜、張子柱分別演講，並由到會者填寫入黨志願書，及選舉中執會幹部，結果選出曾琦為委員長，何魯之（心絃）為內務部長，李璜（八千）為外務部長，張子柱（加馬）為宣傳部長，李不韙（大雄）為組織部長，胡國偉（一之）為訓練部長，段震寰（慎修）為總務部長。[97]

（二）中國最早的一份反共報紙——《先聲週報》

早在中國青年黨誕生之前一年，《先聲週報》便於1922年12月在巴黎發刊，由廣東四邑同鄉胡國偉、梁志尹、黃晃、林秉照四人發起，分別募集股金（大股東還包括同為四邑同鄉的商人伍輔及黃燕石等人），成立報社。胡國偉曾在國內任《開平公報》主筆，

---

[97] 關於曾琦的生平，請參閱：陳正茂，《曾琦先生年譜》（國史館，1996）；陳正茂，《傳記與思想：青年黨領袖群像》（新文京公司，2004）；陳正茂，〈曾琦與民國政治〉，收入《近代中國歷史人物論集》（中央研究院近代史研究所，1993），頁65-112。

1922年秋到巴黎習新聞學，同年冬梁志尹向胡國偉提及，巴黎中國青年會有一架待售油印機，引起了胡國偉辦小型報的興趣。經與梁、黃、林等人會商後，認為旅歐華僑不易得閱讀中文報紙，同時更為使法人多了解中國，遂決定辦中法文並刊的《先聲週報》。《先聲週報》是報紙性質，照例要到巴黎警察總局登記。在獲得法國友人佐治‧阿爾基（Georges Arqué,《小巴黎人報》政治編輯）同意擔任經理（gérant）後，向法政府登記發行。

因為巴黎沒有中文鉛字印刷所，《先聲週報》最初用手寫，以油印手搖機印刷，裝釘成冊；後來改用石印，採報紙形式，每週出一大張，內容有社論、時評、國際新聞、國內新聞、旅歐新聞等，並刊登飯店、洗衣店等廣告，訂出廣告價目表。中文版篇幅較大，占四分之三，法文版占四分之一，把國內重要新聞譯成法文，供外國人閱讀。

報社人事，初由胡國偉任社長兼總編輯，黃晃任法文編輯，林秉照任發行，梁志尹任撰述；後又有胡瑞圖、胡瑞燊二人加入撰述工作。1923年，報社陣容更為堅強，旅德學生周宗烈、張子柱等人回法，先後也加入報社，成為報社的生力軍。報社旋即改組人事，周宗烈任中文編輯，張子柱任總編輯，梁志尹、胡瑞圖分任撰述，林秉照、胡瑞燊則改任發行人。其徵稿啟事特表明，本報宗旨無黨無偏，以研究學藝為前提，以促進社會文明為職志，言論務求純正，記載必須翔實。

草創初期，除文章要由社內同仁撰寫外，由於經費短絀，銷售尚且親自沿街叫賣，十分辛苦。每逢星期一出刊那一天，社內同仁便分批到巴黎附近各鄉鎮叫賣報紙，以廣宣傳。對中國人則叫賣《先聲報》，僑胞都知道這是反共的報紙。對法國人則叫賣"La Première Voix"，並跟著以法語"le journal anti-communiste"做道白。前者是意譯的名字，原義是「第一聲」，「先聲」（Sine

Shing）最初的刊頭，繪有「晨雞高鳴」圖，就是這個意思。另加
"Journal hebodomadaire"（週報）字樣。發行地址載明，6, rue
Blanville, Paris 5ᵉ，售價每期四十生丁（centime）。

　　曾琦本是辦報高手，早於1918年便在上海參與《救國日報》的
創辦。1923年7月2日，曾琦首度投文《先聲週報》，呼籲所有旅法
華人反對列強共管中國鐵路；而後旅法各團體聯合會，在籌備及成
立期間，《先聲週報》也先後派黃晃、馮葉恭、張子柱、梁志尹等
代表出席；同時聯合會文件也由先聲週報社義務代印，文稿則由曾
琦與周恩來商妥後送先聲週報社。因此，曾琦與先聲週報社於7月
後開始接觸頻繁，為雙方提供一個進一步結合的機會。大致而言，
《先聲週報》的創刊，對於加速中國青年黨的創建以及做為創黨初
期的宣傳機關，確實有其重要的地位。而《先聲週報》之所以和曾
琦組黨有關係，殆與報社的社員多為粵籍，尤以四邑鄉人往海外謀
生，旅居美、加者多，如胡國偉之父為旅美華僑，因經商致富，每
月提供三百美金在巴黎生活，故而能在食宿無憂之際，進而創辦
《先聲週報》。且廣東籍的勤工儉學生大多得有廣東省官費之助，
故廣東籍留法勤工儉學生較少成為共產黨者。[98]

（三）國家主義與共產主義之大論戰

　　《先聲週報》是胡國偉主持的報社，《赤光》是周恩來主辦的
刊物。據胡國偉回憶，從1923年7月到11月，在反對列強共管中國
鐵路的愛國運動中，「周恩來和我們的合作是相當密切的，來往也
相當頻仍，可說是運動中一個得力的朋友。可是，到了12月2日本
黨成立後，這位朋友就變成我們的敵人，開始做思想的鬥爭，而筆
戰的戰場，就是《先聲週報》與《赤光》旬刊」。

---

[98] 參閱胡國偉，《巴黎心影》；陳正茂，〈記中國最早的一份反共報紙——
　　《先聲週報》〉，《全民半月刊》，第11卷第9期（1991.05.10）。

兩刊初期的論戰，始自中國青年黨發表宣言後，形成國家主義與共產主義的思想鬥爭。其焦點首涉及曾琦。胡著《巴黎心影》說：

> 他們理論辯不過，便轉而集中力量對曾琦同志作個人的文字攻擊，什麼醜惡名詞都罵出來。曾先生在《先聲報》發表過一首感懷詩：「慕沙里尼（墨索里尼）是吾師，克魯蒙梭（克里蒙梭）更不疑，他日政權如在手，定當橫海制倭夷。」這首詩，成為他們罵青年黨人的資料根據。慕沙里尼是義大利的「黑衣宰相」，克魯蒙梭是法國的「老虎總理」。他們從這一觀點，產生「法西斯分子」、「極右派分子」、「思想頑固」、「秀才造反」等等名詞，成為《赤光》罵人的辭彙。其實，那首詩主旨在後兩句，前兩句只是取法其剛強不撓的精神罷了。[99]

當事人的曾琦，在其日記中，對這一段過程，亦有簡單的描述：

1924年3月9日：「梁志尹以此間共產黨人所辦之《赤光》半月刊見示，中多攻擊予言論，當草一文以駁之，題為〈我所反對之二大謬誤思想〉，蓋指一般黨人之主張為目的不擇手段，為主義不顧國家也。」

3月30日：「周道持共產黨所辦之《赤光》半月刊來示予，並商對俄辦法，共產黨力主親俄，對予個人大肆攻擊，予誠不意青年之墮落一至於是也。」

4月22日：「張文駸君偵知，共產黨人前日亦開大會，專議對予個人之方法，殆將加害於予，然予決不之懼也。」

---

[99] 胡國偉，《巴黎心影》，收入《勤工儉學運動》，頁640。

4月25日：「上午草答任卓宣一函，再論予之主張及反對共產黨之態度。」

4月28日：「周恩來君來訪，同赴子柱寓所，談至晚八鐘半。予以周君在法國為共產黨領袖，故特約其談話，曉以大義，責其約束該黨黨員勿為越軌之行云。」

5月10日：「上午草時評一則，題為〈造謠中傷〉，因旅法共產黨人與予辯論不勝，常造謠以毀余之名譽也。」

5月16日：「予對旅法共產黨青年，力持寬大態度，顧彼黨仍煽動工人，日事反對。甚矣！誠意感人之不易，殆非實力不為功矣。」[100]

胡國偉認為：

國家主義與共產主義是兩個在思想上極端相反的主義：一個主張愛國，認定「國家利益高於一切」；一個主張國際工人聯合，實行世界革命，認為「工人無祖國」。一個主張全民政治（即民主政治），要建設一個全民福利的國家；一個主張階級專政，要打破國界，建立一個以工人為中心的共產世界。一個主張全民合作；一個主張階級鬥爭；一切的一切，都是相反的。基於國家主義理論的指導，本黨的本質，便自然是愛國、民主、反共的，而成為中國反共最早最堅定的政黨。[101]

由於思想的極端相反，所以中國青年黨成立後，便立即向共產黨展開思想鬥爭。中青以《先聲週報》為大本營，共產黨周恩來、

[100] 《曾慕韓（琦）先生年譜日記》，頁87-93。
[101] 《巴黎心影》，收入《勤工儉學運動》，頁642。

徐特立、李富春、李立三、吳玉章等則以《赤光》為根據地。據胡
國偉回憶：

> 我方陣容堅強，經常執筆的有曾琦、李璜、何魯之、張子
> 柱、黃日光、周宗烈、鄧孝情、王建陌、胡瑞圖、段慎
> 修、胡瑞燊、梁志尹、林秉照等同志，我也是其中的戰鬥
> 一員。秀才遇着兵，也許有理說不清，可是，他們的兵，
> 遇着我們的「秀才」，更是無理可說。他們辯理不勝，便
> 改變戰略，含血噴人，等同潑婦罵街。[102]

筆戰愈來愈烈，已到了短兵相接的狀態。中青以「旅法各團
體救國聯合會」名義，另發行一種刊物，名曰《救國》，由周宗
烈主持，作為別働隊，一面反對列強共管中國鐵路，一面反對蘇
俄赤化中國的陰謀。胡國偉說：

> 留法的中國共產黨分子，以學生身分，每月領取蘇俄津貼
> 七百盧布，所以有人譏他們為「盧布黨」。俄人名字音
> 譯，末尾一字，大多是「夫」，中共分子主張親俄，所以
> 又有人嘲笑他們甘作婢妾，事「夫」惟謹，稱之為「婢妾
> 黨」。這些醜陋的名詞，若見諸文字，我們便用來回敬共
> 黨，一律登在《救國》雜誌，實行以罵止罵，以牙還牙，
> 成為我們對共黨思想鬥爭中的尖兵。《先聲報》則保持嚴
> 正的態度，以堂堂之陣、正正之旗，對共產黨老祖宗馬克
> 思的學說及其思想，予以無情的批判和打擊。[103]

---

[102] 同上註。
[103] 同上註，頁643。

　　先聲週報社原設在巴黎，俟中國青年黨成立後，成為黨的機關報，便遷至玫瑰城，與中央黨部合併辦公。段慎修掌管中執會總務工作，汪洋與曹青萍兩人擔任《先聲週報》繕寫工作，均住在黨部。他們經常以自製的醃蘿蔔、麵包和白開水過活，不以為苦，每自取笑，稱白開水為「VIN BLANC」，這原是法國有名的「白酒」。他們每星期總有幾天不知肉味，據胡氏回憶：

> 我的家與黨部鄰近，有時我上市場買菜，就順便多買一點肉類送給他們，作為我對這種苦幹精神的一點敬意。還有一事值得一提，大家在黨部二樓睡地板，也是苦鬥中常見之事，因為中執會開會每過午夜未散，火車電車均停，住在巴黎和其他郊區的同志，不能回去，便只好打地鋪。[104]

（四）由行動衝突到流血鬥爭

　　由於思想的鬥爭，引起行動的衝突，這是必然的結果。由行動衝突，演成流血鬥爭，也是自然的趨勢。共產黨所採取的行動，第一個目標是旅法各團體救國聯合會，第二個目標是旅法勤工儉學生總會。救聯會的單位由二十六增至三十八個團體，工學總會有會員五、六百人，這是中國青年黨外圍活動的兩個主要據點，完全在他們的勢力控制之下。共產黨要爭取這團體的領導權，便多方搗亂和破壞。

　　1924年2月，救聯會在巴黎召開理監事聯席會議，共產黨周恩來、徐特立等提出修改宗旨問題，要求討論，其理由是救聯會宗旨有「內除國賊外抗強權」字樣，青年黨宗旨也有這兩句。我方認為救聯會成立在前，青年黨成立在後，沒有因後者相同而修改前者的理由，事實上也無此必要。而且修改會章之權，屬代表大會，理監

---

[104] 同上註。

事無權修改。對方理屈，便藉故指著擔任主席的曾琦，破口亂罵。對方存心毆打，我們先有所聞，早就布置妥當，準備迎接這一場鬥爭。在吵鬧聲中，會場已混亂，一位華工同志盛蘊玉，首先保護曾氏退出會場，其時對方一個彪形大漢突然舉起椅子要擲過去。說時遲，那時快，一位懂國術的同志黃虎，一下子就把他制服。在「椅子爭奪戰」中，黃虎的手被擦傷了，流了一點血。對方依然鴨嘴雞舌在叫，雖則他們人多，但「造反」的「秀才」，也是不大好惹的，如果對方再動手，中青方面就打蛇先打頭，準備把周恩來大揍一頓。還算老周聰明，「不打沒把握的仗」，只好裝笑臉，作誠實狀，東拉西扯，以「誤會」兩字來完場。

　　一個月後，旅法勤工儉學生總會召開常年大會，改選職員，共產黨想爭取領導權，這正是一個好機會。該會原任職員，中青方面占絕對多數，這次改選，到了開票將近完畢的時候，青年黨人獲勝，已成定局。共產黨分子忽然提出異議，說是選舉有舞弊，要求停止開票。此議一出，會場即閧然大亂，中青方面尚未申辯，對方已大打出手。雙方混戰，打作一團，桌子亂翻，椅子齊飛，對方懷藏短木棒作武器，中青方面則徒手搏鬥。鬥爭結束，李不韙被木棒打破頭顱，血流滿面，受傷最重，其餘輕傷同志有六、七人，對方亦有十餘人受傷，真是一場大打鬥。[105]

　　經過兩次流血鬥爭，中國青年黨有鑑於鬥爭必將連續發生，要對付共黨分子惟一的辦法，便是加強自己的力量，馬上實施「武裝訓練」；同時，為著將來回國從事革命活動，也有實施武裝訓練的必要。

　　武裝訓練的目的有二：一是學習射擊技能。準備將來回國從事游擊戰；二是加強鬥爭力量，應付共黨搗亂。因此，訓練的方式，

---

[105] 同上註，頁644-645。

種種不同，有射擊隊，有行動隊，有騎術隊，有駕駛隊；所用的武器也是各式各樣，有手槍，有鐵尺，有連環三星錐，有獵刀。最突出的是練習步槍和手槍射擊。凡爾賽附近，樹林蔭翳，綠草如茵，本是遊樂的好去處。其中有兩個實彈射擊場，一個是步槍射擊，一個是手槍射擊，都是娛樂性質。正好利用這兩個場地，來實施武裝訓練計畫。首先，把巴黎附近的同志，編為若干隊，每隊十人，設一隊長，負責召集及紀錄成績。每隊每星期輪流出動一次，每人每次射步槍、手槍各五發。步槍是從一個圓窗口射出，紙靶中間一個紅心，圍著四個紅圈，射完後，可以從牽引的繩子拉回，計算積分。手槍射擊，以偽裝假人作對象，不論命中身上任何部位，都有粉質煙狀冒出。如有自衛手槍，也可在場一試。經過四、五個月訓練之後，大家的成績都很高。隨後遭場主人拒絕，說是奉政府命令，不准外國人射擊。

行動隊，是徵求壯碩同志自由參加的組織，針對共黨歷次在華僑或學生團體中搗亂而設計，準備與之拼個你死我活。隊員約有二十餘人，後改組為「中國反共青年鐵血團」，由胡國偉兼任團長。當時曾請一位留法畫家司徒槐畫了一幅醒獅晨吼圖，作為團徽，並製成明信片，作對外宣傳之用。團員均配備上述各種武器，胡自己便有兩支手槍、一支七響曲尺、一支五響小左輪，後者可藏手掌中，據說是軍團預防被圍時自殺之用，所以稱他為自殺手槍，短距離亦可射殺對方。手槍與獵刀（匕首之類有皮鞘），可自由選購。法國舊法例，有三百金佛郎，即有資格佩帶自衛手槍，後來發行鈔票，佛郎逐漸貶值，但配槍的財產標準，仍沿舊例。獵刀也是公開發賣的，隨便可以買到手。鐵尺每根厚約三分，寬約半寸，長約一英尺，用長鐵條截斷而成。最難買到的是鐵鑄的連環三星錐，費了很大周折，才買了幾十個。這是拳鬥的武器，一連四個環，頂端有三個尖錐，用時把四個手指扣上握拳，如果打中對方，便給他戳三個小洞。

　　鐵血團的組織比較嚴密，訓練也比較嚴格，純粹是一個戰鬥體，有鐵的紀律，團員必須遵守。為考驗團員的實際行動，胡曾發布緊急召集令，在一小時內，把巴黎附近的團員集合起來。為考驗團員守紀律的精神，他們曾試過一次野外露營，選擇下雪的晚上，下令全體團員在玫瑰城附近一個山林內集合，以燈號作聯絡，等於雪夜行軍，成績很好。經過幾個月訓練之後，鐵血團即不斷的發揮它的力量，把共黨的氣焰鎮壓下去。[106]

　　其次，一談騎術隊與駕駛隊。距玫瑰城不遠，有一個魯濱松小鎮，是郊遊的娛樂地區，有肥碩的馬匹、馬車，和小小的騾子出租。據熟悉騎馬，領導騎術隊的胡國偉回憶：

> 在本黨成立前，我已是這兒的熟客，倘是偕太太和小孩出遊，坐馬車，我就是車伕；如果獨遊，我便是騎士。本隊初試啼聲之日，參加者只六七人，其中還有一兩位臨馬退縮，只好騎騎騾子，開開心。其他敢於上馬的，也只是做個樣子，讓馬兒的得的得跑，跑跑花蹄；若說快馬加鞭，雙蹄飛跑，也只有我一人。由於租金高，大家工作忙，在金錢與時間兩不許可之下，不久便即停頓。
> 至於汽車駕駛隊，也因時間與金錢的關係，不克實現，因為我們都是無車階級，學駕駛的學費又相當貴，大家也難抽出時間，便只好告吹。[107]

　　中青在巴黎時代的武裝訓練計畫，主要目的是對付周恩來領導的共產黨。1924年的國慶大會和1925年的旅法華僑大會，都發生以

---

[106] 同上註，頁646-648。
[107] 同上註，頁648-649。

手槍隊鎮壓會場的衝突事件，確實收到實效，其細節不在此贅述。
先後參與其事的胡國偉總結道：

> 中青在巴黎初期與共產黨的鬥爭，初則頗受威脅，繼則打
> 個平手，最後則占壓倒的優勢。其後兩黨的重要人物，紛
> 紛返國，中國青年黨與共產黨之間的鬥爭，即歸沉寂。[108]

第五節　中國國民黨旅歐總部的分裂

中國國民黨人在歐洲的革命活動，考其歷史，遠在同盟會成立
前後。[109]當孫中山先生於1905年春遊歐之時，即集合留歐學生，有
所組織，但當時黨的名稱尚未正式定出，組織亦未完備，故在歐洲
社會上，尚未成立正式黨部。迨辛亥革命成功，雖有張繼（溥泉）
等先後遊歐，但僅見有個人之活動，而無黨的工作之表現。故歐洲
之有正式中國國民黨黨部，實自1923年始。組織之初，支部設於法
國里昂，巴黎、柏林與比京均設通訊處。[110]

而從中醞釀、籌備、奔走，促成此一組織在里昂建立者，便是
王京岐。值得重視的是，中國國民黨里昂支部是王京岐奉孫中山先
生之命，到法國組織起來的。

（一）王京岐獻身革命的心路歷程

提起王京岐，一般讀者可能對他相當陌生，而且很容易和王

---

[108] 同上註，頁664。

[109] 有關孫中山先生在歐洲的活動，請參閱：《國父年譜》，增訂本上冊（中
國國民黨黨史委員會，1985年11月第3次增訂版）。張玉法：《清季的革命
團體》（中央研究院近代史研究所專刊32，1981年8月再版）。鄭彥棻：
〈國父與法國〉，《近代中國》，第44期（1984年12月31日），頁33-46。

[110] 〈中國國民黨駐法總支部向第三次全國代表大會報告歐洲黨務〉（1929年
3月），AOM, SLOTFOM VIII. 6.

光祈（1892-1936，四川溫江人，少年中國學會的發起人及主要幹部）、王景岐（1882-1941，福建閩侯人，留法研習政治，歷任駐比利時、瑞典、波蘭等國公使，其次子王季徵亦係外交官，歷任黎巴嫩、利比亞、中非共和國大使）相混。[111]

　　一般的傳記資料，對王京岐也是語焉不詳。比較確實可靠的是近代中國出版社所編的「中國現代史辭典—人物部分」。茲介紹如下：

　　王京岐（1894-1925），浙江嵊縣人，五歲入學，十四歲畢業於縣立小學；十七歲入南京金陵大學，其後畢業於之江大學。1919年入留法預備學校，翌年6月赴法勤工儉學。1921年6月，北洋政府特派專使朱啟鈐、財政次長吳鼎昌到巴黎，密洽中法借款三到五億法郎，名義是救災，其實是購買軍火等用途。借款條件以全國印花稅、驗契稅作抵押，以滇渝鐵路建築權、全國實業購料權作交換。消息傳出後，旅法學生與僑胞莫不義憤填膺，各界遂成立「拒款委員會」，召開兩次「拒款大會」，通過「拒款宣言」，並於會上毆打代陳籙到場的一等秘書，其議乃罷。王京岐除曾參與該項拒款運動外，復於9月間為爭里昂中法大學開放案，參加先發隊，進駐里大，因而被遣回國。

　　回國後，加入中國國民黨。1922年3月，復奉中山先生之命赴法，在里昂中法大學成立通訊處，辦理宣傳事務，吸收黨員。翌年8月，回國報告黨務，10月返法。同年11月25日，成立中國國民黨里昂支部，並於法國華僑聚集之地及德比各國都會，均設通訊處。1924年7月20日成立總支部於巴黎，中國國民黨之有駐法總支部自

---

[111] 例如關國煊所撰〈王景岐小傳〉，便提到王京岐以駐比利時公使身份兼中國國民黨駐法總支部部長，及1923年11月，中國國民黨駐法總支部改組為駐歐總支部設總支部於里昂，任執行部部長等，不僅錯誤百出，而且景岐、京岐不分。參閱：劉紹唐主編：《民國人物小傳》（傳記文學出版社，1985年12月初版），第7冊，頁9。

此始。遂改各通訊處為支部，黨務益繁。1925年3月12日獲中山先生逝世電訃，時王氏已積勞成疾，養病農村，但仍召集東方弱小民族舉行追悼大會。5月，五卅慘案起，因號召華人大會，舉行示威於巴黎，6月被捕，囚於高貝伊（Corbeil）；7月，被驅逐出境，10月15日途死紅海入口吉普第（Djibouti），年僅三十二。[112]

從上述簡歷得知，王京岐原是留法勤工儉學生，先後在楓丹白露（Fountainbleau）中學、耳皁工校就讀，但未有在工廠作工紀錄，而於1921年10月因里大事件被逐回國。

里大事件後，在法的勤工生覺得求人不如求己，決心自力更生，有的一面做工，一面學習；有的態度激烈化，積極從事組黨的政治活動。而與蔡和森、陳毅、李隆郅（立三）等同船回國的王京岐，卻沒有走上共產主義革命的道路，反而投身國民黨，加入孫中山所領導的革命行列，其間之心路歷程，頗為特別，值得探述。

在里昂兵營及海船中一個半月的幽囚生涯，王京岐飢寒交侵，欲留無力，欲歸無家，受盡摧殘、凌辱，甚至連解手的自由皆無，真正是茫茫四顧，困厄無垠。到了上海，則飽嚐無衣穿、無飯吃、無房住，幾乎流落街頭，求告無門的苦楚。經過這次的切身體驗，王京岐心理上自然產生重大變化，自述「向抱專門讀書，不管國事宗旨」，但有此「幽囚里昂」的經驗加上海船風霜之苦，始悟「國事比讀書為宜先，為大要；國事不解決，雖欲專門讀書亦不可得。」[113]所以一抵上海，他即邀同學友，投身國民黨而從事革命運動。這是王京岐加入中國國民黨與國民黨結緣的開始。

其後，王京岐重擬赴法，以宣傳主義、聯絡同志，透過總務部

---

[112] 邵銘煌撰：〈王京岐〉，《中國現代史辭典》（近代中國出版社，1985年6月），人物部分，頁27-28。陳三井：《勤工儉學的發展》（臺北：東大圖書公司，1988年4月），頁98、112。

[113] 〈王京岐致總理函〉，1923年3月5日。陽明書屋上海環龍路檔（以下簡稱環檔），8705號。

長居正之推介，曾訪謁孫中山先生於上海環龍路四十四號，並被委為法國里昂中國國民黨通訊處籌備員。在途中，王京岐乘機向法國郵輪上的中國水手與機關長宣傳，得宣誓立約入黨者三十多名。[114]

里大運動，對王京岐而言，是再好不過的一次活生生的革命教育，也可以說是刺激他為何要走上革命道路的重大關鍵！由於「苦命的娃兒」（指勤工生）並沒有吃到「天上飛的雀兒肉」（指進入里大），所以身為事件參與者之一的王京岐，難免在心態上對里大的中國學生有先天上的排斥作用。雖然他到里昂後，自稱住在里昂中法大學（但正式學籍名冊上沒有他），惟一旦與所謂「最高學府」的中法大學學生接觸，便只見他們「醉生夢死，苟且偷安，感覺討厭。」相反的，由於他曾在「海船上與中國水手工人為伍，熟悉工人的冒險、豪俠、純樸的性情」，所以便覺得「工人可愛，證實工人自己確能擔當革命，中國的工人確能自己擔當中國的革命。」[115]

（二）旅歐中國國民黨支部的成立

1. 事先的籌備

里昂雖是王京岐的傷心地，但因覺中法大學是中國人在歐洲有正式組織的留學機關，所以仍然落腳里昂，住里昂中法大學，「意欲一面研究各門科學，一面宣傳主義」，第一步先建立中國國民黨旅歐支部於里昂，再藉此陸續推廣至德、比諸國大埠。 初抵里昂中法大學，因認識者少，加上對中法大學的學生有成見，所以他發展組織的對象，主要是僑居在法的數千華工、勤工儉學生和小商人，以及往來中、法的郵船上中國籍水手。[116]

---

[114] 同前註。〈王京岐另有致總務部長居正函〉，環檔8704號。
[115] 〈旅歐中國國民黨支部第一次大會報告〉，1923年11月25日於里昂，環檔7636號。
[116] 〈王京岐致總理函〉，1923年3月5日。環檔，8705號。

在抵法後的第一年籌備階段，從王京岐的書信報告中，我們大致可以瞭解，他的工作進展相當有限，主要原因可以分析如下：

(1) 他不是吳稚暉從國內招考同船去的第一批正式學生中的一員，所以認識的人不多；何況他是勤工生科班出身，與有「貴族子弟」之稱的中法大學學生，難免不無格格不入的感覺。

(2) 中法大學多數為粵籍生，而王係浙江人不懂廣東話，在語言溝通上亦存在先天上的障礙，且廣東官費已有九個月不到，故粵生對於民黨黨事並不十分熱心。[117]

(3) 里昂中法大學為一教育機關，且按中法大學協會章程，一向禁止學生從事政治或宗教宣傳活動。

(4) 里大自吳稚暉到任後，內憂外患頻生、風波不斷，故王京岐體認到「學校風潮方盛，黨務事頗難進行」，而向本部建議，「容待幾月再下手」。[118]

不管如何，在人地生疏，外在環境不是很有利的情況下，王京岐還是很努力的進行工作，值得一記的事有：

(1) 他不斷的寫信給黨務部，要求郵寄章程、願書、黨章、黨證、委任狀、總理玉像等各項文件資料，以應工作上的需要。

(2) 他曾先後寫了三封信，分致孫鏡與鄭達佛、總務部長居正及孫中山總理，為經濟情況窘迫的華工及勤工生請命，爭取免繳或減繳入黨基金（十元），但所得到的答覆是：「入黨金辦法照入黨規則第五條辦理，萬難通融減免。」[119]

---

[117] 〈王京岐致孫鏡（鐵人）、鄭達佛函〉，1922年10月6日，環檔6520號。
[118] 〈王京岐致總務部長函〉，1923年4月25日，環檔6646號。
[119] 〈王京岐致孫鏡、鄭達佛函〉，1922年10月20日，環檔6515號。

（3）他數度有搭乘郵輪，與水手機關長接觸的經驗，故認為除可便利黨人遊歷南洋及歐西外，若購買手槍子彈等件亦易從事，因此建議透過「安德烈·勒朋」（André Le Bon）與「保羅·勒卡」（Paul Lécat）兩郵輪的機關長，為國內代購短小的軍械（手槍）、子彈，彼可設法一直送至上海。[120]此事未見本部有所反應而作罷。

（4）他曾介紹比利時勞動大學的方棣棠、左紹先、石明德、朱增祥、林權英、林聖端、言榮一、樊潤山、喬丕成、李庭蔭、謝澤沅、楊自福等十二人入黨。[121]另介紹五艘法國郵輪的機關長孫阿寶等及海員共十六人入黨，[122]成績不惡。

（5）由於各地黨員人數相對增加，組織亟待建立，所以透過王京岐的推荐，本部以孫總理名義（總務部長彭素民副署），於1923年9月3日，委任王京岐為里昂中國國民黨分部籌備處籌備員，方棣棠為比國中國國民黨通訊處籌備處籌備員，周恩來、尹寬為巴黎中國國民黨通訊處籌備處籌備員。[123]

（6）1923年，王京岐曾回國報告黨務，主要處理兩事：一與國內本部商辦刊物，但因本部經濟窘迫萬分，僅允擔任一小部分，並望支部製定經濟編輯印刷等預算案，呈繳本部核准以便酌量津貼及決算。至印刷一層，汪兆銘已允先為代借里大的鉛字使用；一與郵船上的海員接洽並推荐孫阿寶往見孫鏡、鄭達佛二人。據王京岐觀察，全

---

[120] 〈王京岐致總務部長函〉，1923年4月25日，環檔6646號。
[121] 〈王京岐致孫鏡（鐵人）、鄭達佛函〉，1922年10月6日，環檔6520號。
[122] 〈方棣棠等十二人致總部函〉，1923年6月23日，環檔6650號。
[123] 〈王京岐上總理等函〉，1923年8月4日，環檔7800號。

世界的郵船可說無不雇用中國水手，單就英法兩國計共
有海員三、四千名以上，世界海員同盟（工會）罷工，
足以斷絕海上水路的交通，於革命運動中的作用極大。[124]
因此之故，他特別看重海員，也希望本部加以注意。

除以上六事外，在國內李大釗、陳獨秀、蔡和森、張太雷等於
1922、1923年間陸續參加了國民黨的一片容共聲中，王京岐在法國
也做了一個類似的重大決定。其過程大致是：

1923年2月，旅歐中國少年共產黨在巴黎召開臨時代表大會，
決定加入中國社會主義青年團，成為其「旅歐之部」，在歐名稱定
為「旅歐中國共產主義青年團」。

同年4月25日，王京岐致函總務部長，透露曾與該團多次接
頭，並有意引其加盟入黨，携手合作，其理由是該「組織頗稱完
善，而其行動亦與吾黨相差不遠」，[125]而請總務部裁示。

「旅歐中國共產主義青年團」加入國民黨的問題，在內部曾
經有所討論。鄭超麟提出一些懷疑的意見，尹寬則替這個政策做辯
護，其理由有兩點：一是加入國民黨後，可以漸漸擴充勢力，譬如
獅子滾雪球愈滾愈大；一以法國共產黨為例，法國共產黨員雖是公
開的，但仍有一部分是絕對秘密，連黨員自己也不知道。[126]

同年6月16日，周恩來、尹寬、林蔚三人一起到里昂，與王京
岐商談合作問題。雙方達成協議：「旅歐中國共產主義青年團」團
員八十餘人全部以個人身份加入國民黨。[127]

---

[124] 秦孝儀主編：《國父全集》（近代中國出版社，1989年11月24日），第8
　　　冊，頁570。
[125] 〈旅歐中國國民黨支部第一次大會報告〉，1923年11月25日於里昂，環檔
　　　7636號。
[126] 〈王京岐致總務部長函〉，1923年4月25日，環檔6646號。
[127] 《鄭超麟回憶錄》（東方出版社，1996年版），頁39-40。

同年6月17日，王京岐即向本部報告結果云：「昨天開會結果很
好，旅歐少年團八十餘人極端贊成本黨宗旨，一概加盟本黨。」[128]

同年8月，周恩來致信即將回國述職的王京岐，談旅歐國共兩
黨合作，開展革命活動問題。內云：「依我們的團體意識，我們願
在此時期盡力促成民主革命的一切工作，這是無可置疑的事。」周
恩來並提出現時兩黨合作的三項建議：（一）宣傳民主革命在現時
中國的必要和其運動方略；（二）為國民黨吸收些留歐華人中具革
命精神的分子；（三）努力為國民黨做些組織訓練工作。最後說：
「本著上述三種原則，可隨時勢變遷而計劃當前所要做的工作。」[129]

關於「旅歐中國共產主義青年團」加入國民黨的問題，總務部
長彭素民於7月19日覆函王京岐云：「查國內該團團員已有多數加
入本黨，則對於旅歐該團亦自不須拒絕。惟須於入黨之初，詢其以
後是否在本黨主義之下活動；若不能與我步調一致，則是無合作之
益，而有混亂之害，此層請特別注意為幸。」[130]

自此從國內到海外，國民黨容共政策確立，自中央至地方，步
調一致，開啟了容共時期。國民黨因共產黨員的加入而壯大，也因
共產黨員的別有居心而紛爭不已！

2. 里昂支部的成立

經過一段時間的籌備，在周恩來等共產黨人的加盟和合作推動
之下，王京岐所想成立的中國國民黨里昂支部，於1923年11月25日
在里昂正式成立。是日開會地址原訂在里昂中法大學，後因考慮有
違中法大學協會章程，故移至市區崔翁廣場（Place de Trion）一家
咖啡館舉行。

---

[128] 中共中央文獻研究室編：《周恩來年譜》（中央文獻暨人民出版社，1989
年3月），頁60。
[129] 〈王京岐致孫、鄭二先生函〉，1923年6月17日，環檔6648號。
[130] 《周恩來年譜》，頁61；〈王京岐上總理等函〉，1923年8月4日於郵船
Paul-Lécat號中，環檔7800。

　　到會來賓有男女學生及工友共六十餘人，同志代表計有王京岐、周恩來、林蔚、郭隆真、張若名、何兆清、周崇高、吳文安、韓旅塵、胡大才、周全達、于公民、何熾昌、趙仰玄、江呂文、蕭錫三、陸霞飛、藍鐵夫、王燦芬等十九人。大會預先推定里昂中法大學學生周崇高（湖南）擔任主席，首由王京岐報告籌備經過以及各地組織發展情形。

　　據王京岐統計，此時全歐男女同志總計112人，可列表顯示如下：

宣傳地點	黨員人數	通訊處設立情形
比（勞動大學）	20	已設
里昂	19	支部籌備處
巴黎	20	已設
德國	少	醞釀中
俄國、荷蘭	5或6	
船上	16	

　　至宣傳成績，以比大方隸棠、巴黎周恩來及郵船機關長孫永寶、孫金友為最優，里大何熾昌、吳文安、周崇高次之。

　　繼由巴黎通訊處籌備員周恩來報告，巴黎通訊處已於同月20日成立，黨員的徵求共有二十二人（比王京岐的報告多出二人），計有胡倫、趙光宸、顧文彬、熊銳、傅烈、周維楨、雷定琨、劉雲等。通訊處以李富春為處長，聶榮臻為書記，穆清為財務，熊味根為宣傳，毛克生為交際。

　　次由比國通訊處籌備員方隸棠報告，比國通訊處於同月11日開會成立，選出方隸棠為處長，楊自福為書記，左紹先為財政，朱增祥為宣傳。

　　其後有同志張露珊、周恩來的演說。周歸納各方對國民黨之輿論有三派：（一）自由思想派；（二）非革命派；（三）建設派。

而建設派中固有熱心黨務者，但也有掛名黨籍不負責任者，周藉機批評蔡元培、王寵惠，他說：

> 掛名黨籍不負責任者，此類人實居吾黨最大多數，不但普通黨員統抱此病，即黨中知名人士如在歐之蔡子民、王亮疇，何莫不然？用著黨時便自稱為老同志，不用黨時便竟一反黨議，甚或從人做落井下石之舉，是真令人痛心疾首而不得不認為本黨內部伏莽之患。[131]

本次大會達成重要決議如下：

（1）宣布旅歐中國國民黨支部於本日正式成立，支部機關暫設里昂。

（2）改職員任期為一年。

（3）添設軍事委員會。

最後並選舉職員，結果如下：

評議部

正議長　何熾昌（法、粵）

副議長　韓旅塵（法、粵）

評議員　張若名（法、直）

周崇高（法、湘）

胡大才（法、川）

林　蔚（法、湘）

任卓宣（法、川）

謝澤沅（比、川）

---

[131] 〈旅歐中國國民黨支部第一次大會報告〉，1923年11月25日，環檔7636號；李雲漢，《從容共到清黨》（中國學術著作獎助委員會，1973年8月影印版），頁162。

執行部

正部長　王京岐（法、浙）

副部長　方隸棠（比、粵）

總務科主任　周恩來（法、浙）

黨務科主任　吳文安（法、粵）

財務科主任　孫永寶（法、粵）

宣傳科主任　李富春（法、湘）

交際科主任　朱增祥（比、蘇）

政治委員會會長　熊　銳（德、粵）

軍事委員會會長　孫金友（法郵船、浙）

農工委員會會長　朱重光（德、蘇）

婦女委員會會長　郭隆真（法、直）[132]

　　觀此名單，評議部的正議長何熾昌（1890）、副議長韓旅塵（1892）及黨務科主任吳文安（1893）皆為里大學生，而且多屬粵籍，年紀也較大，不無敬老尊賢與重視里昂本土意味在內。[133]此外，周崇高與1927年入學的張若名也是里大的學生。

　　可以明顯察覺的是，共產主義青年團份子在這個支部組織中，扮演了舉足輕重的角色：周恩來當選為總務科主任，李富春為宣傳科主任，朱增祥為交際科主任，熊銳為政治委員會長，郭隆真為婦女委員會長，在執行部中已經囊括了一半，而且盤據了總務、宣傳、交際、政治、婦女五個比較重要的位置。而在評議部方面，也有林蔚、任卓宣、胡大才、謝澤沅和張若名五位評議員。所以如果說，這是左派共產黨運作成功，控制了甫告誕生的里昂支部，並不為過。

---

[132] 同前註，環檔7636號。

[133] M. Levine & Chen San-Ching, *"Strange Victory: Communist-Leftist Control of the European Branch of the Guomindang,"* paper presented at the 44th Annual Meeting of A. A. S. April 1992, p. 9.

中國國民黨旅歐支部成立後，並由執行部起草，評議部通過，發表一篇對外宣言。宣言主要內容有兩段，首在表明捍衛三民主義的決心，語氣極為堅定，內云：

> 總之，三民主義是吾黨捍衛民國，永久一致的主張，此中有一不遂，即足為吾黨革命未增徹底的詬病。今三者竟未一遂，這真是吾黨對於國民慚愧無地的！雖然吾黨在過去的歷程中，吾黨亦曾為革命努力了，但吾黨之所以能為國民嚮導的，要亦在有此澈頭澈尾的革命主張，假使中途而廢，棄革命不為，不獨愧對國人，且更有負革命諸先烈了。明乎此，則吾黨報國的責任也就無取乎多說，而旅歐支部的成立，更明顯地不能外乎此種使命了！

其次，在宣示海外黨員應該努力的目標，宣言接著這樣說：

> 我們海外僑居，不能直接為革命努力，多為革命預備方工作，如經濟先進國的政制和軍備，可助吾黨成功的，要盡力研求；工商實業可供我國採用的更儘量搜集。吾黨正大光明的主義，相機向國際宣傳。列強如有侵略吾國之舉動，即當盡力設法抵制，更團結旅歐同胞為一致的救國運動，且吾黨所努力的非敢以一人一黨之私，期望全體國民齊來努力的向嚮導而已。甚至就認三民主義為中國國民的救亡主義，也非過言。[134]

---

[134] 〈中國國民黨旅歐支部成立宣言〉，1923年12月於里昂，環檔7613號。

　　自旅歐支部在里昂成立後，各地黨員漸有增加，如巴黎兩屬已增加為三十六人。本來，巴黎通訊處之組織，係統轄全法境內之黨員，但有鑒於里昂與巴黎黨員數目幾乎相等，且兩地睽隔，以一機關統率之，辦事頗感不便，經周恩來與王京岐及里昂諸同志函商結果，咸以里昂另設一通訊處為宜。準此，巴黎通訊處（轄巴黎及其附近地域之黨員）遂於1924年1月17日正式成立，並選出聶榮臻為處長，習文德為書記，卞偉飛為財務幹事，廖仁先為交際幹事，毛克生為宣傳幹事。[135]

3. 壯志未酬身先死

　　黨的組織成立後，黨員有歸屬感，活動的舞台也隨之擴大，黨務得以順利開展，王京岐一本「宣言」的原則，即積極展開下列各項活動：

（1）猛烈的宣傳

　　革命宣傳為革命運動所不可或缺的活動，至少與革命組織和革命起事同等重要。尤其面對知識程度不高、資訊十分不足的勤工生，更要講究各類宣傳。

　　王京岐是個善於把握機會的行動家，除了常到馬賽向郵船中國海員宣傳革命外，也利用各種節慶，趁機作猛烈的宣傳。1924年元旦，里昂、巴黎、比國三地有同步的革命宣傳活動。以里昂為例，是日里昂支部邀請里昂各界開會慶祝，到會來賓及同志約四十餘人，由同志輪番上台演講，茲誌名單與簡要內容如下：

　　任卓宣：說明中國現時國民革命迫切的需要，對內警勵同志之注重訓練及宣傳兩工作。

　　韓旅塵：解釋三民主義、五權憲法為救中國危局的良藥。

　　顧文彬：提醒大家，紀念元旦的意義及其教訓。

---

[135] 〈巴黎通訊處籌備員周恩來致總務部長函〉，1924年1月18日，環檔5038（1）。

李其珏：宜注重實業及教育。

蔡痴平：宜注重國民運動，尤當替工人設想。

吳文安：宜注重學生及農人之宣傳，工人次之。

最後，由主席王京岐總結大意，略謂：「今天當喚起大家一種革命精神，譬如講民權是非革命不能實現的；講兵工政策，也是非革命不能實現的；講教育及實業，尤非革命不能實現的。所以革命為目前所必需，為各種方法的一個先決問題。」[136]

（2）創辦刊物

中國國民黨自從成立旅歐支部以後，進黨的同志異常踴躍，黨務亦漸具規模，因此各方面反應，以為需發行一種刊物，方得收群策群力的效果。這個刊物為「對內團結」的考慮之外，據王京岐認為，尚可加強「對國際上的宣傳」。他的構想除「發行中文之外，同時或臨時當發行西文（英、德、法）刊物，贈送歐洲農、工、商、政、學各重要機關，俾他們可以知道吾黨的建設精神，明瞭東方的實在狀況。」至於技術問題，已由執行部致函汪精衛，商借留存中法大學的鉛字，同時又函請上海本部，商請資助年費三千法郎。[137]

創辦刊物事，至1924年2月間醞釀成熟，訂定章程如下：

定名	國民
宗旨	以發揚本黨之三民主義、五權及連絡全歐黨員為宗旨
經費	向本部請三千法郎津貼為開辦費，再請全歐黨員每月每人出二法郎五十生丁為常經費。
經理	分事務編輯二部

---

[136] 〈王京岐致總務部長並轉各部長〉，1924年1月2日，環檔7117（1）。

[137] 〈旅歐支部部長王京岐通告〉，1924年1月17日，環檔7604號。

（1）事務部　關於發行會計印刷等事，由總務科辦
　　　　　　理之。
（2）編輯部　關於撰述編輯等事，由宣傳科辦理之。
　　　　　　性質　半月刊。[138]

　　做為中國國民黨旅歐黨部喉舌的《國民》，於1924年發刊，起
初為半月刊，後改為週刊，所在地設於巴黎第五區的羅蘭街（rue
Rollin）十四號。該刊後由於黨內紛爭一度停刊，至1925年2月重新
問世，其後又因若干黨內要角參加支援五卅運動的反帝示威遭驅逐
出境，而於同年7月再度停刊，這是《國民》的第一階段。[139]

（3）清黨與黨部的分裂

　　1924年1月，中國國民黨第一次全國代表大會在廣州召開，宣
告改組，允許共產黨員和社會主義青年黨員以個人資格參加國民
黨。就國共兩黨關係而言，這次大會的召開標誌著革命統一戰線的
正式形成。

　　旅歐的中國國民黨員乃依照黨章，在巴黎哲人廳召集第一次
代表大會，由邵元冲從旁指導，正式成立中國國民黨駐歐總支部，
所轄有法、比、德（谷正綱、谷正鼎主持）等五支部，當時有黨員
約二百人。後因英、俄黨部不在總支部總轄範圍內，覺駐歐總支部
名稱不大妥當，遂改名為中國國民黨駐法總支部，仍轄德、法、比
等支部及散在歐洲各地之黨員。第一次代表大會選出王去病、曹德
三、習文德、王京岐、張星舟、陳樞、楊棟臣等七人為執行委員，
方隸棠、李富春、任卓宣、朱重光、林蔚五人為監察委員。[140]

[138]〈王京岐致彭素民函〉，1924年2月2日，環檔5032號。
[139] Shiu Wentang，（許文堂）*"Les Organisations Politiques des Etudiants Chinois
en France Dans l'Entre-Deux-Guerres "*, Doctoral dissertation, Université de
Paris VII., 1990. pp. 275-276.
[140]〈中國國民黨駐法總支部向第三次全國代表大會報告歐洲黨務〉（1929年

217

　　國內有鄧澤如、張繼、謝持等監察委員對共黨發生猜疑，擔心共產黨員可能「借國民黨之軀殼，注入共產黨之靈魂」，而提出彈劾案。[141]在歐洲同樣也有張星舟（回國後改名為張屬生）、習文德、曹德三等執行委員，反對共黨以個人名義加入國民黨，擔心他們「吞併國民黨」，而主張把共產黨員和共青團員排除出國民黨，因此雙方發生多次摩擦：

A. 由於周恩來堅決地貫徹執行了中共中央關於「團結和擴大左派，爭取中派，打擊和孤立右派」的方針，因此右派分子恨之入骨，在某次會議上發生以手槍對付周恩來的事情。[142]

B. 共產黨人為操縱黨部，乃獻計王京岐，請召集第二次代表大會。中國國民黨駐法總支部第二次代表大會於1924年7月20日在巴黎舉行，周恩來也出席參加。大會開會時，共產黨員見國民黨員代表過多，無法壟斷，乃實行搗亂，將會場搗散。[143]

C. 1925年3月間，在巴黎舉行中國國民黨駐法總支部會議，決定由共黨份子施益生擔任總支部副主席並兼管宣傳工作，原比央古（Billancourt）區分部書記陳齊也內調至總支部，負責組織工作。為此，右派的張星舟、習文德、曹德三等人益感到有「亡黨」之痛，認為「總支部的領導權完全為共產黨人所篡奪」，而號召所有純粹國民黨員起來，一致採取驅逐共產黨人，奪回總支部領導權的行動。[144]

3月），AOM, SLOTFOM VIII. 6.

[141] 郭恆鈺：《共產國際與中國革命—第一次國共合作》（臺北：東大圖書公司，1991年4月再版），頁83。

[142] 施益生：〈回憶中共旅歐支部的光輝業績〉，《天津文史資料選輯》，第15輯（天津：人民出版社，1981年5月），頁120-123。

[143] 〈中國國民黨駐法總支部向第三次全國代表大會報告歐洲黨務〉（1929年3月），AOM, SLOTFOM VIII. 6.

[144] 施益生：〈回憶中共旅歐支部的光輝業績〉，頁120-123。。

就在雙方頻頻發生摩擦爭執期間，共黨份子的監察委員李富春、任卓宣二人，利用王京岐，開除了習文德、張星舟、曹德三、王去病等四位執行委員之黨籍（當時總支部有七位執行委員，監察委員方隸棠等曾反對此種違法舉動）。在德國支部，則有廖煥星、夏奇峰、高語罕三位執行委員開除黃英、林森二位執行委員之黨籍，並解散柏林第二分部同志八十餘人。並未經監察委員會之決議及總支部之許可，霸佔總支部黨部，且盜竊已停辦之《國民》，宣傳無產專政。國民黨員目睹共產黨份子專權益甚，中央又置之不理，為歐洲黨務前途發展計，乃實行清黨。於是，習文德、張星舟、曹德三、王去病、方隸棠、楊棟臣、陳樞各委員於1925年4月召集全歐第三次緊急代表大會於巴黎，改組駐法總支部。大會議決，開除共產黨員之國民黨籍。並定「三民」二字，永為黨報名稱，以表示實行三民主義的忠實信徒也。黨部地址，設於巴黎都庵街（rue Thouin）三號。被開除之共黨分子與附和分子王京岐等，復另組織駐法總支部，以《國民》為黨報，借國民黨名義，宣傳共產主義。該黨部成立未久，任卓宣與王京岐打架，於是又一分為二。[145]這是孫中山先生逝世後，中國國民黨駐法總支部因共黨的滲透分化一分為三的簡單經過，其後的演變更形複雜，在許文堂的博士論文與林如蓮（Marilyn A. Levine）的專書[146]已有論列，而且已在王京岐被驅逐出境之後，故在此不贅。

（4）五卅運動的反帝示威

時王京岐業已染患嚴重的肺結核病，在鄉下休養，雖然因病得以擺脫許多政治活動的糾纏，但在他生命的最後歲月裏，仍然

---

[145] 〈中國國民黨駐法總支部向第三次全國代表大會報告歐洲黨務〉（1929年3月），AOM, SLOTFOM VIII. 6.

[146] Marilyn A. Levine, *The Found Generation: Communists in Europe during the Twenties* （University of Washington Press, Seattle & London, 1993）.

經歷了一場有生以來最為轟轟烈烈的革命工作，那便是為支援上海五卅慘案在巴黎所舉行的一連串示威行動。1925年5月底，震驚全世界的「五卅」反帝國主義運動在上海爆發後，中國共產黨旅歐支部、中國共產主義青年團旅歐支部和王京岐所領導的中國國民黨駐法總支部便聯合採取行動，於6月7日在巴黎十三區的布朗基大道（Boulevard Auguste Blanqui）九十四號的一家餐廳舉行旅法華人反帝大會，號召所有旅法華人，包括工人、學生、商人參加。當天到會人數約六百人，除旅法華人外，尚有法國共產黨代表托里歐（Jacques Doriot）、馬爾替（André Marty）與科士特（Alfred Coste）以及安南共產黨留法組代表阮世傅（Nguyen The-Truyen）參加。大會主席由當時的中共旅歐支部書記任卓宣擔任，各界代表踴躍發言，一致聲討國際帝國主義侵略中國和屠殺中國人的滔天罪名，最後並通過七項重要決議，主要是以大會名義致書法國政府，抗議其出兵上海，要求立刻撤退其駐華軍隊、軍艦。[147]

　　緊接著，為了表示對駐法公使陳籙於五卅事件中噤聲不響的不滿，上述三個團體又以「旅法華人援助上海反帝國主義運動行動委員會」的名義，於6月21日悄悄發動和組織一次包圍駐法公使館的行動，約有二百人秘密進入巴比倫街（rue Babylone）五十七號的駐法公使館，他們封鎖大門、切斷電話、挾持陳籙，並強令其在事先準備好的各項文件上簽字，其中一項是由陳籙以駐法公使名義，通牒法國政府，要求其撤退駐華軍隊，放棄既得利益，讓中國人民實行其民族自決，並予旅法華人以集會，示威等自由。[148]

[147] 施益生，前引文，頁123；許文堂博士論文，頁115-116；Nora Wang, "Da Chen Lu -Le Mouvement du 30 Mai 1925 à Paris", in Approches Asie, n.7. 1983, pp. 31-32.
[148] 施益生，前引文，頁125。

　　在人家的國度裏集會指責法國帝國主義並公然包圍公使館的火辣辣行動，自然激怒了法國政府。為壓制此種過激行動，不使其繼續蔓延擴大，法國警察於是開始一連串的搜捕行動，任卓宣等領頭份子數十人被捕繫獄，王京岐的住處也遭搜索，終於難逃被逐出境的命運。是年10月，王京岐所乘郵輪經地中海進入紅海，氣候突變，溫度驟升，重病在身的他不能適應，遂病逝船上。由中國海員王芳（寧波人）料理後事，將屍體投入大海。[149]旅法同志聞此噩耗，甚感悲痛，11月15日，共有四十七個中國人聚集在貝勒市（Bell-Ville）的一間會堂舉行紀念會，追思這位國民黨的鬥士。主席鄧小平在會上致詞說：「我們呼籲在座諸人，繼續從事反抗帝國主義的戰鬥，並在心中永遠銘記我們已故的王京岐同志。」[150]數載奮鬥，客死異鄉，魂斷紅海的王京岐，其父王春林在國內卻是家書杳然、查訊無門、朝夕不安，[151]空遺日日盼兒歸之恨！

　　王京岐是個悲劇型的人物。首先，是他所處的時代，正是五四前後政局擾攘動盪、社會急劇變遷、新思潮相激相盪的一個光明與黑暗交織的時代。對革命黨所處的國內大環境而言，也是一個處境艱難、挫折相連，有待突破困局的時代。對王京岐的主要活動舞台法國而言，無論勤工儉學或組黨革命，也是一段荊棘叢生、坎坷不平的艱困旅程。其次，就王京岐個人的經歷而言，他的勤工儉學不成，他為黨事積勞成疾，一生中留下兩次遭法國當局驅逐出境的紀錄，終於葬身大海的悲劇，更是他個人最大的不幸！

　　無疑的，王京岐是個有理想、有抱負的時代青年，他犧牲個人的學業，以國事為重，他的理想是要在歐洲（尤其法國）造成一

---

[149] 吳琪：〈周恩來同志青年時代在法德兩國的革命活動〉，《天津文史資料選輯》，第15輯，頁143。

[150] Nora Wang原作，陳三井等譯：〈鄧小平在法國的歲月〉，收入拙著《勤工儉學的發展》（臺北：東大圖書公司，1988），頁187。

[151] 〈王春林致本部函〉，1925年11月27日，環檔7485號。

個強而有力的革命組織，所以看上現成的「旅歐中國共產主義青年
團」，因此與周恩來等主要領導分子一拍即合。在黨就是彼此「生
命共同體」的大前提之下，自己也不可避免的染上左傾的色彩，
並被利用而錯誤的開除了張星舟、習文德、曹德三等幾位所謂「右
派」執行委員，種下了分裂，導致「無合作之益，而有混亂之害」
的後果。這應是他組黨雖有成，卻至今沒沒無聞的緣故。

　　懲前毖後，國內與海外兩相比照，我們不忍苛責他引狼入室，
他有可能因病而大權旁落，但至少難辭一開始識人不深，急躁求功之
咎！革命黨人組黨、建黨，以主義、理念相結合，始能肝膽相照，若
以利益相吸引，終有期望落空的一天。歷史殷鑑，其在此乎？

結 論

　　民初旅歐教育運動，可以說隨著中華民國的誕生而同時出現，其內容廣泛而言之，應溯自「留法儉學會」，歷經「勤工儉學會」、「華法教育會」（包括華工教育），兼及北平中法大學、巴黎中國學院、里昂中法大學、比利時曉露槐中比大學的創辦等事業，前後銜接，相輔相成，國內外學術聯成一氣。除上述之外，尚可包括用以支援資助此一運動的若干相關企業，如巴黎通運公司、開元茶店、豆腐公司、都爾（Tours）中華印字局等；用以輔助並推進運動的若干學社，諸如「世界社」、「世界編譯社」、上海「法文學社」，巴黎「華僑協社」等；用以廣布宣傳的若干刊物雜誌，如《世界畫報》、《民德雜誌》、《學風雜誌》，乃至後來扮演更重要地位的《旅歐雜誌》、《華工雜誌》、《華工旬刊》、《旅歐周刊》等。結合以上這些重要或比較次要的學會、學校、學社或刊物，大體構成一個以北京、上海（國內）、巴黎、里昂（法國、歐洲）為傳播中心的學術網絡，進行那時挫時興、艱苦備嘗，長達半世紀之久的旅歐教育運動。

　　旅歐教育運動，儘管包羅甚廣，但主要可以分為兩部分：一是留法勤工儉學，二是里昂中法大學。這兩類無論在民國留學史上或中法合作教育史上都佔有重要的地位，意義重大！談中共旅歐組織和建國人才，更不能不回溯勤工儉學這一章。為此，我們將多做申述。

　　首先，談勤工儉學，時間跨度大致從民國元年（1912）至民國15年（1926），有其成功的一面，當然也有值得檢討的一面。

總人數大約在1,600人至1,970人之間。[1]勤工儉學的結果，有兩大成功之處：

一是於1920年至1925年期間，為中共培養了大約二百位急進的共產黨幹部，其中又可分為數類，茲擇要簡介如下：

（一）黨和國家領導人

1. 周恩來（1898-1976）：祖籍浙江紹興，生於江蘇淮安。1920年11月赴法，1924年9月回國。歷任中共兩廣區委會委員長、區委常委兼軍事部長、黃埔軍校政治部主任。長期擔任中央政治局常委、中央軍委副主席、全國政協主席和國務院總理等黨政軍要職。

2. 鄧小平（1904-1997）：原名鄧希賢，四川廣安人。1920年9月赴法，1926年7月赴蘇，1927年回國，曾任馮玉祥部中山軍事政治學校政治處處長和該校中共黨組織書記、中央軍委會總政治部秘書長、第二野戰軍政委、西南局書記。長期擔任中共中央秘書長、國務院副總理、中央政治局常委、中央軍委主席等黨政軍要職。

3. 陳毅（1901-1972）：四川樂至人，1919年8月赴法，1921年底被押送回國。長期從事黨的軍事工作，曾任上海市委第一書記、市長、中央軍委團副主席、國務院副總理兼外交部長、中國人民解放軍元帥等黨政軍要職。

4. 聶榮臻（1898-1992）：四川江津人，1919年12月赴法，1924年10月赴蘇，1925年9月回國。歷任黃埔軍校教官、紅軍總政治部副主任、華北軍區司令員、北京市市長、國家科委主任、中央政治局委員、中央軍委副主席、全國人大副委員長、國務院副總理、中國人民解放軍元帥等黨政軍要職。

---

[1] 趙靜主編，《留法勤工儉學運動》。稱據不完全統計為1,970人，書中四川籍412人，而將曾琦、李璜等列入，恐與實情不符。

5. 李富春（1900-1975）：湖南長沙人，1919年10月赴法，1924
   年赴蘇，1925年回國。歷任國民革命軍第二軍副黨代表兼政
   治主任、江西省代理書記、紅軍總政部副主任、中央秘書
   長、中央書記處書記、國家計委主任、國務院副總理、政治
   局常委等黨政軍要職。

6. 李維漢（1896-1984）：湖南長沙人，1919年10月赴法，1922
   年11月回國。歷任中共湘區委員會和湖南省委書記、江蘇省
   委書記、陝西省委書記、中共民委主任、中央統戰部部長、
   全國政協副主席、全國人大副委員長等黨政要職。

7. 李立三（1899-1967）：湖南醴陵人，1919年10月赴法，1921
   年底被押送回國。歷任中共安源路礦黨支部書記、武漢區委
   書記、上海總工會委員長、中央秘書長、中央政治局常委、
   主持中央工作。中華人民共和國成立後曾任國家勞動部長、
   華北局書記等要職。

8. 何長工（1900-1987）：湖南華容人，1920年12月赴法，1924
   年回國。歷任華容區委書記兼軍事部長、紅八軍軍長、紅九
   軍團政委、抗大教育長和副校長。中華人民共和國成立後，
   長期擔任地質部部長和黨組書記、解放軍軍政大學副校長、
   軍事科學院副院長、全國政協副主席、中共中央顧問委員會
   常務委員等要職。

9. 傅鍾（1898-1989）：四川敘永人，1920年11月赴法，1926年
   1月赴蘇，1929年回國。歷任紅四方面軍政治部主任、抗日
   軍政大學政治部副主任、八路軍政治部副主任、中央軍委政
   治部副主任。中華人民共和國成立後，長期擔任中國人民解
   放軍總政治部副主任、中國人民解放軍上將等軍政要職。

10. 蔡暢（女，1900-1990）：湖南湘鄉人，1919年12月赴法，
    1924年10月赴蘇，1925年回國。歷任中共江西省委婦女部

長、湖北省委婦委書記、東北局婦委書記。中華人民共和國成立後，長期擔任全國婦聯主席、全國人大常委、副委員長等職。

11. 劉清揚（女，1894-1977）：天津市人，1920年11月赴法，1923年回國。在廣州、上海、北京組織婦女愛國團體，長期從事婦女工作。中華人民共和國成立後，任全國婦委副主席等職。

12. 徐特立（1877-1968）：湖南長沙人，1919年9月赴法，1924年7月回國，1927年入黨。歷任中央工農民主政府教育部副部長、陝甘寧邊區政委教育廳長、中共中央宣傳部副部長兼自然科學院院長。1949年後，歷任中共中央宣傳部副部長、全國人大常委等要職。

13. 王若飛（1896-1946）：貴州安順人，1919年10月赴法，1923年赴蘇，1925年回國。歷任中共豫陝邊區委書記、中央秘書長、江蘇省委書記、中央黨務研究室主任、第五、六屆中央委員。1946年4月8日，因飛機失事遇難。

14. 歐陽欽（1900-1978）：湖南寧鄉人，1919年3月赴法，1925年赴蘇，1926年回國後在國民革命軍第四軍葉挺獨立團工作。1949年後，任中共黑龍江省委第一書記兼省長，全國政協副主席。

15. 李卓然（1889-1959）：湖南湘鄉人，1919年10月赴法，1925年因聲援五卅運動被逐出境而轉赴蘇聯學習，1926年回國。在上海任中共中央軍委領導的兵運訓練班主任。1949年後任中共中央宣傳部副部長。[2]

---

[2] 以上15人資料，參閱趙靜主編，《留法勤工儉學運動》，頁200-206。王若飛資料另參閱頁185。

16. 李大章（1900-1976）：1927年回國。歷任共青團陝西省
    委書記、中共河北省委宣傳部長、中共北方局宣傳部長、
    中共東北局宣傳部副部長。1949年後，長期在四川工作，
    歷任中共四川省委副書記、第二書記、中共中央西南局書
    記、四川省長、成都軍區第二政委、中共中央統戰部部
    長、第八屆中央候補委員、第九、十屆中央委員、第一至
    四屆全國人大代表。

17. 程子健（1902-1973）：四川雅安人，1924年回國。先後
    在重慶、成都開辦社育和智育電影院以掩護革命活動。歷
    任重慶總工會副委員長、中共四川省委書記、軍委書記、
    川康特委組織部長兼軍委書記。1949年後，歷任中共中央
    西南局統戰部副部長、部長、四川省政協副主席，1973年
    病逝。

18. 謝唯進（1904-1978）：抵法後不久即先後赴英國、德國
    大學就讀，加入旅歐支部。長期在德國、西班牙等國與所
    在國當地共產黨和工人共同戰鬥。回國後，歷任第四野戰
    軍特種兵團政治部副主任兼宣傳部長、空軍工程部政委，
    1978年病逝。

19. 何以端（1900-1978）：1923年加入中國共產黨。1930年加
    入法國共產黨，任中國語言組書記，在法國從事工運及抗
    日宣傳工作。1939年回國，在上海、重慶、南京等地從事
    統戰工作。1949年後，歷任上海情報委員會辦公室主任、
    華東軍政委員會聯絡局局長、中央軍委上海聯絡局副局
    長、煤炭研究院院長兼黨委書記等職，1978年逝世。[3]

---

[3] 以上4人資料，參閱鮮于浩、田永秀著，《留法勤工儉學運動中的四川青
年》，頁90-91。

（二）獻身中共革命的黨員

1. 蔡和森（1895-1931）：湖南湘鄉人，1919年12月赴法，1921年底被押送回國。先後任中共中央機關報《嚮導》主編，中共中央宣傳部長，第二、三屆中央委員，第三、六屆中央政治局委員。被譽為中共的理論家和宣傳家。1931年主持廣東省委工作時，遭陳濟棠殺害。

2. 趙世炎（1901-1927）：四川酉陽人，1920年5月赴法，1923年赴蘇，1924年回國。歷任中共北京地委書記、北方區執行委員會宣傳部長、中共江浙區委兼上海區委組織部長，參加領導了上海工人三次武裝起義。1927年7月19日被殺於上海。

3. 陳延年（1898-1927）：安徽懷寧人，陳獨秀長子，1920年赴法，1923年3月赴蘇，1924年9月回國。歷任中共廣東區委秘書兼組織部長、區委書記、江浙區委書記、江蘇省委書記、第五屆中央委員和政治局候補委員。1927年7月4日被殺於上海龍華。

4. 陳喬年（1902-1928）：安徽懷寧人，系陳延年胞弟，1920年2月赴法，1923年3月赴蘇，1924年回國。歷任北京地委組織部長、北方區委組織部長、中央組織部副部長、湖北省委書記、第五屆中央委員。1928年6月6日被殺於上海龍華。

5. 劉伯堅（1895-1935）：四川平昌人，1920年6月赴法，1923年11月赴蘇，1926年回國。歷任馮玉祥部國民軍聯軍政治部副部長、中央軍委秘書長、紅五軍團政治副主任、贛南軍區政治部主任。1935年3月被殺於江西大庾縣。

6. 向警予（女，1895-1928）：湖南漵浦人，1919年12月赴法，1921年底被押送回國。歷任中共中央婦女部長、中央婦女運動委員會書記、第二、三屆中央候補委員。1925年赴蘇學習，1927年回國後負責湖北省委宣傳部工作，主編《長江》

刊物。1928年4月在漢口被殺。

7. 熊雄（1892-1927）：江西宜豐人，1919年赴法，1923年赴蘇，1925年回國。歷任東征軍總政治部秘書長、黃埔軍校政治部副主任、主任、中共廣東區委軍事部長。1927年5月，在廣州被殺。

8. 熊銳（1894-1927）：廣東梅縣人，1920年5月赴法，1925年回國。歷任黃埔軍校教官、入伍生部政治部宣傳員、國民革命軍第三軍官學校教官。1927年4月，在廣州「四‧一五」事件中被殺。

9. 李慰農（1895-1925）：安徽巢縣人，1919年赴法，1923年11月赴蘇，1925年回國。歷任中共中央特派員、青島市委書記、山東省委書記。同年7月29日遭奉系軍閥張宗昌殺害。

10. 張昆弟（1894-1930）：湖南益陽人，1919年10月赴法，1921年底被押送回國。長期從事工人運動，歷任中共北京地委工農部長、河南省總工會委員長、全國鐵路總工會黨團書記、中共順直省委工委書記、中央審查委員會候補委員、江西省總工會黨團書記。1932年秋，在湘鄂西「肅反」中被錯殺。

11. 羅學瓚（1894-1930）：湖南湘潭人，1919年7月赴法，1921年底被押送回國。歷任中共湘區委員會委員、湖南區委宣傳部長、浙江省委書記。1930年8月27日在杭州被殺。

12. 顏昌頤（1898-1929）：湖南安鄉人，1919年12月赴法，1921年底被押送回國，1924年赴蘇，1925年回國。歷任中共中央軍委委員兼江蘇省委軍委委員，參加領導了上海工人三次武裝起義和南昌起義。1929年8月在上海被殺。

13. 林蔚（1898-1928）：湖南湘潭人，1919年9月赴法，1925年赴蘇，1926年回國。歷任湖南區委秘書兼軍委書記、湖南臨委代理書記、省委秘書長兼組織部長、醴陵縣委書記。

1928年3月13日在醴陵被殺。

14. 傅烈（1899-1928）：江西臨川人，1920年5月赴法，1924年9月赴蘇，1925年回國。歷任國民革命軍第三軍政治部秘書，中共江西省委組織部長，四川臨時省委書記。1928年3月28日在成都被殺。

15. 郭隆真（女，1894-1931）：湖北大名人，1920年11月赴法，1924年赴蘇，1925年回國。歷任國民黨北京特別市黨部執行委員兼婦女部長，中共滿州省委職工運動委員會書記、青島市委宣傳部長。1931年4月5日在濟南被韓復榘殺害。

16. 傅汝霖（1896-1930）：四川江津人，1920年赴法，1926年1月赴蘇，同年回國。1930年在洪湖地區被殺。

17. 佘立亞（1900-1927）：湖南長沙人，1919年赴法，1923年3月赴蘇，1924年回國。歷任中華全國鐵路總工會書記、共青團鄭州地委書記、中共上海區委員兼工委書記、吳淞區委書記、滬西區委書記等職。1927年被韓復榘殺害。

18. 劉雲（1904-1930）：湖南宜章人，1921年赴法，1923年回國。後畢業於黃埔軍校第一期，1925年赴蘇學習，1930年5月回國。歷任黃埔軍校學生隊第四隊隊長、大元帥府航空局飛行學校教務主任兼黨代表、中共中央長江局軍委委員兼長江局紅軍參謀長。同年9月6日在武漢被殺。

19. 高風（1886-1926）：湖南華容人，1920年12月赴法，1923年赴蘇，1925年回國。歷任中共保定地委書記、河北省委書記。1926年在保定被殺。

20. 穆青（1898-1930）：四川合江人，1920年12月赴法，1924年9月赴蘇，1926年回國。歷任中共廣東區委組織部長、湖北省委組織部長、四川省委代理書記等職。1930年5月遭劉湘殺害。

21. 冉均（1899-1927）：四川江津人，1920年9月赴法，1925年回國。曾任中共重慶地方執行委員會組織部長、四川省委組織部長。1927年重慶「三‧三一」事件被殺。

22. 周文楷（1899-1928）：四川巴縣人，1920年9月赴法，1925年12月赴蘇，同年回國。曾任中共四川省委宣傳部長兼巴縣縣委代理書記。1928年3月在重慶被殺。

23. 周維楨（?-1927）：四川巴縣人，1920年9月赴法。回國後曾任中共湖北省委書記。1927年於武漢被殺。

24. 戴坤忠（1898-1930）：四川江津人。1920年9月赴法，1926年1月赴蘇，同年回國。曾任國民革命軍鄂西教導師師長。1930年於洪湖地區被殺。

25. 李林（1896-1931）：湖南寶慶人，1919年10月赴法，1924年赴蘇。回國後長期在北京從事黨和工會工作。第二次國內革命戰爭時期於中央蘇區被殺。

26. 林修杰（1901-1927）：四川南充人，1920年5月赴法，1925年赴蘇，1926年12月回國。歷任中共江西區委組織部長、九江地委書記、鄱陽縣委書記。1927年12月被殺。

27. 陳家齊（1900-1931）：四川巴縣人，1919年赴法，1923年赴蘇，1928年畢業於蘇聯紅軍大學工兵科。回國後認豫鄂贛邊區政委，在第三次圍剿戰役中被殺。

28. 張伯簡（1898-1926）：雲南劍川人，1919年赴法，後至德國，為中共旅德支部成員，1923年回國。在上海、京漢鐵路進行革命活動，曾任中共兩廣區委區委書記。1926年在領導省港大罷工奇蹟，因勞累過度病逝。[4]

---

[4] 以上28人資料，請參閱趙靜主編，《留法勤工儉學運動》，頁184-199；鮮于浩著，《留法勤工儉學運動史稿》，頁317-319。另可參閱，中國黨史人物研究會編，《中共黨史人物傳》（中共黨史出版社），卷1-10。

　　除上述28人外，為中共革命獻出生命的中共黨員，尚有袁慶雲、張增益、蕭樸生、秦青川、袁子貞、魯其昌、楊志華、帥本立、黃士韜、李季達、范易、資道涵、陳彭年、史逸、陳聲煌、鍾汝梅、吳平地、周貢值、黃建中、陳紹常、毛遇順、許包野、黃平民、程克繩、彭樹敏、奚佐堯、李子驤、黃五一、楊仕彬、孫發利、楊伯愷、李鶴林、萬健豪、周坤生、謝成常、任理、許祖熊、陳意誠、周庭柱等人，[5]因資料不足，無法多做介紹。

　　誠如前述，李、吳、蔡等人之所以發起民初旅歐教育運動，其動機除了從教育上培養人才，讓歐美學術運河平均輸灌外，更崇高的理想是要溝通東西文明，融合中外學術，為人類開一新紀元。勤工儉學的發起，原意在從教育上培植人才，想不到卻成為孵育共產黨人才的溫床，[6]。美國學者布蘭德（Conrad Brandt）則認為，雖是如此，但遣送大批富有創業精神的青年學生到法，學習西方的各種方式，從這些富於進取心的青年學生當中，產生這麼多中國共產運動的領導者，亦絕非偶然之事。[7]果真如此，若說，這正是無政府主義者（李、吳、蔡）等人播種，而共產黨收割，誰曰不宜？其結果也正應了一句中國俗話：「有心栽花花不發，無心插柳柳成蔭」。

　　但研究勤工儉學運動史，不能一桿子打翻一船人，更不可忽視那代表大多數（佔十分之九）默默奮鬥耕耘的一群！這一群人無疑代表勤工儉學的另一成功之處。這一派就是較不為人所注意的「勤工儉學派」，或稱「讀書派」，他們雖然面臨環境與時代的嚴重挑戰，但始終堅持勤工的理想，一有儉學的機會，即埋頭苦讀，不計代價，勇往直前，從生活奮鬥中求取將來勤工儉學之完全實踐。他

---

[5]　此一名單，請參閱上引兩書，頁199及頁319。

[6]　嚴靜文，《周恩來傳》（香港：波文書局，1974），頁47。

[7]　C. Brandt, "The French-Returned Elite in the Chinese Communist Party," in *Symposiumon Economic Social Problems of the Far East*, p. 238.

們經過層層磨練，不少人終於學有專長，成為科學家、工程師、教授、企業家或其他方面的專家，為國家建設以及社會進步，貢獻出一份力量。舉其較著者有抗戰期間，擔任航空機械修理廠廠長的吳家鑄、李崇嶽，發明木炭汽車、無煙媒汽車的沈宜甲，主持後方醫院手術組之黃堅；終身從事化學工業之楊仲學（范旭東辦廠）、楊超（貴州化學廠），從事兵工業之賴持疆、吳為霖，從事鐵路機械之黃田文（長辛店機廠總工程師）；建築湖南公路聞名全國之周鳳九（最後任西南公路總局局長），發展華東交通之江南汽車公司的吳琢之，創辦新式農場的陳國榮（豫籍）、周禮，發展各省農業改進所業務的莫定森、皮作瓊，從事製碱業之朱寶筠、樊德榮及紡織業之鄭家棣，乃至藝術家徐悲鴻、林風眠、李金髮等，類皆當年之留法勤工儉學生。[8]

1926年，尚在法國的勤工儉學生不無驕傲地宣布，「差不多法國各著名大學專校皆有勤工儉學生的蹤跡」，「我們大多數勤工儉學生都在農業、工業或商業實習學校畢業，或是在都埃與亞賚礦工學校畢業」，「有許多是已經得到了碩士，其餘的已將要得到了」，「有幾位已經得到了博士，回去在廣州、南京各大學當教授去了」。從留法勤工儉學運動後期勤工儉學生紛紛進入各類學校的趨勢觀之，上述說法是合理的。

除了繼續留在法國攻讀的勤工儉學生外，還有數量不少的勤工儉學生轉到鄰近的比利時、德國等國家學習，先後進入大學和中等專業學校。

在法國、比利時等國學有專長，回國後曾任大學教授、研究員或從事專業學術研究及技術工作的留法勤工儉學生，鮮于浩所整理的一份名單如下：

[8] 朱伯奇，《巴黎繽紛錄》（香港南洋編譯所，1969），頁16-17。

　　周太玄、王耀群、許德珩、勞君展、何魯之、魏璧、曾以魯、
汪奠基、馬宗融、彭襄、吳秀峰、李季偉、謝壽康、張懷、盛成、
言心哲、曾覺之、李金髮、郭春濤、江澤民（克明）、李風白、王
獨清、包光溢、程紹德、李劼人、林如稷、胡蜀英、李碧英、王
璐、吳肇海、金百鎔、胡助、張漢良、夏時爍、卓章、唐世丞、李
思純、曾慎、曾義宇、黃代鏹、萬監周、賈岱、鄧典承、熊雲章、
熊汝霜、樂緝熙、賴維勛、吳樹閣、曹強、沈宜甲、范新順、夏
敬隆、金樹章、唐學咏、張德祿、張繼善、陳書農、曹錫三、趙雁
來、羅易乾、王祇、夏亢衣、姚保之、張務源、陸惟一、康清桂、
鍾巍、楊堃、尚武等。[9]

　　以上這些名單並不齊全，但代表了默默耕耘群中的出類拔萃人
物。梅花不經一番寒徹骨，那來挺拔俊發英姿？他們的成就和對國
家社會的貢獻，更值得令人敬佩！至於鮮于浩所提供的名單，有公
費留學生、有勤工儉學生、有里昂中法大學學生，有些人雖具有多
重身分，但宜涇渭分明，不該把賬全算在勤工儉學的頭上。

　　接著，我們再分析里昂中法大學的成就。

　　里昂中法大學從1921年成立至1951年停辦，前後共有473名學
生註冊。[10]開辦後，定期學生各項考試成績對外公布，茲舉1932年
12月為例，共收學生341名，其各項成績統計如下：

1. 獲博士學位共52人，理科23人（內8人得國家博士），文科
   12人，醫科2人，法科7人。
2. 獲碩士學位者38人，其中理科31人，文科5人，法科2人。
3. 獲工程師學位者36人，內工科12人，化學6人，電機13人，
   礦學、製革造紙各1人，航空2人。

9　鮮于浩，《留法勤工儉學運動史稿》，頁327。
10　李塵生，〈1921年至1946年里昂中法大學海外部同學錄〉，《歐華學
　　報》，第1期（1983）。

4. 獲法國國授建築師學位者1人。

5. 獲各校高等文憑計51張。

6. 獲各校高等證書計225張。

7. 美術學校、建築學校、音樂學校第一獎37次，第一獎狀及各
等獎牌67次。

8. 多藝學校（Ecole Polytechnique）畢業者2人。

9. 三錫（Saint-Cyr）陸軍學校畢業者2人。

10. 里昂及巴黎各大醫院院內助醫1人，院外助醫5人。

11. 得各機關及各大學特獎者19人。[11]

據葛夫平不完全統計，自1921年至1951年40年間，里昂中法大
學約培養博士129名、碩士55名、工程師63名，獲得高等文憑計93
張，各類高等證書353張。有的學生擁有好幾個學位，如張德祿擁
有兩個博士學位，還有一個工程師學位；程茂蘭、劉泗賓、楊杰擁
有雙博士學位；徐寶鼎獲化學博士、化學工程師學位，並榮獲里
昂大學的格里尼亞獎（Prix Grignard）和珀盧獎（Prix Peloux）。[12]
袁同禮所編*A Guide to Doctoral Dissertation by Chinese Student in
Continental Europe, 1907-1962*以及里昂圖書館所編的*Catalogue des
thèses de Doctorat des Etudiants de l'Institut Franco-Chinois établi par
Jean-Louis Boully*（《里昂中法大學博士論文目錄》）可以找到所有
作者和論文題目，在此不贅。

里昂中法大學學生除極少數因婚姻關係定居法國外，大多學
成歸國。他們中不少人後來成為我國教育界、學術界、醫學界和實
業界中的骨幹，如著名科學家朱洗、汪德耀、程茂蘭，醫學家范秉
哲、杜芬，著名文學家和詩人羅大剛、戴望舒，社會科學家沈煉

---

[11]　〈民國二十一年度里昂中法大學學生考試成績一覽表〉，《勤工儉學運
動》，頁527-528。

[12]　葛夫平，《中法教育合作事業研究，1912-1949》，頁76-77。

之、楊堃，著名藝術家徐悲鴻、王臨乙、呂斯百，建築師虞炳烈等。據葛夫平所蒐集到的107個里大歸國學生的情況來看，也充分說明里大確乎為我國培養了各個領域的高級人才。在這107名里大學生中，在各類高等院校任教的就占了約50%，其中教授52名、系主任3名、副院長3名，在各類專科學校任教的計有7名，其中多數還兼任教務主任或校長職務，擔任醫院或醫學院院長和副院長的6名，在研究單位工作的7名，他們都為研究員或主任；在中學執教的3名，而其中有兩人又任校長職務。即使是在實業和行政部門工作的里大歸國學生，他們也都因學有專長而擔任一定的職務。[13]

特別值得一提的的是1949年以後來台灣工作的畢業生，有鄭彥棻（曾任僑務委員會委員長、司法行政部長、總統府秘書長）、孫宕越（曾任教育部政次）、狄膺（福鼎，曾任黨史編纂委員會副主任委員），教授方面有蘇雪林（梅）、李亮恭、崔載陽、彭襄、徐廷瑚、商文立、孫雲燾、劉克俊等，另有大法官金世鼎、外交官吳凱聲、省議會前秘書長陳翔冰、企業家林崇墉、徐寶鼎等。因資料蒐集不易，茲簡列如上。

汪一駒（Y. C. Wang）對民初（1912-1927）留法畢業生的學術水準有一個總評價，認為整體而言相當低（very low），而相較於留英或留美的學生而言，留法學生的政治熱情卻相當高（very high）。[14]對政治熱情，學生時代便熱中於政治活動，或回國之後不能堅守崗位，學而優則仕，紛紛棄學術如敝屣，自然治學不專精而本業日見荒蕪，無法引領時代風騷，這是可以理解的。

---

[13] 葛夫平，上引書，頁81。

[14] Wang（Y. C.），*Chinese Intelletuals and the West, 1912-1949*, p. 111.

　　留學是文化交流的產物，也是人類文明傳播的重要渠道。每一世代的留學生，往往都有將所學新知用以振興國家、再造文明的壯志宏願。近人研究留學生問題，特別注重文化的吸收與傳播問題，李喜所特別讚賞留法勤工儉學，認為與大批青年留美相比，勤工生更富於個人奮鬥精神。它充滿了一代先進知識分子為謀求中國進步努力汲取歐洲社會主義思想的開創精神。在中法文化交流史上，這是最富有激情的一頁；在中國近代留學史上，是光輝奪目的一章。[15]

　　惟筆者在此不得不重申過去的一些看法，即民初旅歐教育運動與留法勤工儉學運動，在本質上仍有若干不同。撇開創辦的動機不談外，無論歷史的長短、範圍的寬窄、地區的大小，前者都比後者具備完整性、全盤性和一致性。最重要的是，旅歐教育運動是主體，是本源，勤工儉學運動應放在旅歐教育運動的大脈絡中去省視、去討論，才不致有所偏頗，也比較能掌握應有的適當地位。無可否認的，勤工儉學是旅歐教育運動中相當重要的一環，從某種意義上說，它更是其中最光芒四射的史篇，最扣人心弦的樂章，它不僅豐富了旅歐教育運動的內容，而且強化了這個運動在近代史上不可撼動的地位。總之，兩者各有不同的本質和內涵，不能混為一談，也不必互相抹煞矮化，但勤工儉學運動畢竟不是旅歐教育運動的全部樂章，不能也不必完全取而代之，這一點史實俱在應可以肯定。[16]這也是筆者在披覽群書之後，在眾聲喧譁裡，不得不勉力完成本書的初衷！

---

[15] 李喜所，《近代留學生與中外文化》（天津教育出版社，2006），頁314。

[16] 陳三井，〈校訂前贅語〉，《旅歐教育運動》，頁2。

參考書目

一、檔案

1. Association amicale et de patronage franco-chinoise (AAFC, 中法友誼會)
2. Comite franco-chinoise de patronage des jeune chinois en France (CFC, 中法監護中國青年委員會)
3. Societe franco-chinoise d'education (SFFC, 華法教育會)
   以上三項檔案請參閱法國國家檔案館AS47
4. Marilyn A. Levine & Chen San-ching, The Guomindang in Europe: A Sourcebook of Documents, Institute of East Asian Studies, University of Berkeley, CRM52, 2000.
5. 里昂市立圖書館有關里昂中法大學檔案
6. 上海環龍路中國國民黨檔案（中國國民黨黨史館藏）

二、資料彙編

1. 中央文獻出版社、南開大學出版社，《周恩來早期文集》，1998，上下二卷。
2. 中共中央馬克思、列寧、恩格斯、斯大林著作編譯局研究室編，《五四時期期刊介紹》，北京：三聯書店，1959，三集六冊。
3. 中國革命博物館，湖南省博物館合編，《新民學會資料》，人民出版社，1980。

4. 中國國民黨黨史編纂委員會，《張溥泉先生全集》，1951。

5. 中華人民共和國國務院新聞辦公室，河北省人民政府新聞辦公室編，《留法勤工儉學運動實錄》，北京：五洲傳播出版社，2005。

6. 卞孝萱輯，〈留法勤工儉學資料〉，《近代史資料》，第2期，1955。

7. 北京理工大學校史叢書編寫組，《中法大學史料》，北京理工大學出版社，1995。

8. 北京理工大學校史叢書編寫組，《中法大學史料續編》，北京理工大學出版社，1997。

9. 旅歐雜誌社編，陳三井校訂，《旅歐教育運動》，中央研究院近代史研究所史料叢書（27），1996。

10. 張允侯等編，《五四時期的社團》，北京：三聯書店，1979，四冊。

11. 張允侯等編，《留法勤工儉學運動》（一），上海：人民出版社，1980。

12. 張允侯等編，《留法勤工儉學運動》（二），上海：人民出版社，1986。

13. 清華大學中共黨史教研組編，《赴法勤工儉學運動史料》，北京出版社，1979，四冊。

14. 陳三井編，《勤工儉學運動》，台北：正中書局，1981。

15. 陳正茂編，《左舜生先生晚期言論集》，三冊，台北：中央研究院近代史研究所，1996。

16. 陳正茂編，《曾琦先生文集》，三冊，台北：中央研究院近代史研究所，1993。

17. 陳學恂，田正平等編，《中國近代教育史料匯編——留學教育》，上海教育出版社，2006。

18. 湖南省博物館歷史部校編，《新民學會文獻匯編》，1980。

19. 舒新城編，《近代中國教育史料》，中華書局，1926。

20. 劉真主編，王煥琛編著，《留學教育——中國留學教育史料》，國立

編譯館出版，台灣書局印行，1980，五冊。

21. Genevieve Barman & Nicole Dulioust, Etudiants-ouvriers chinois en France, 1920-1940, Paris: Editions de l'Ecole des Hautes Etudes en Sciences Sociales, 1981.

三、報章雜誌

1. 《上海民國日報》。
2. 《上海時報》。
3. 《上海新聞報》。
4. 《民立報》。
5. 《申報》。
6. 《中法大學半月刊》。
7. 《中法教育界》。
8. 《少年》。
9. 《少年中國》。
10. 《先聲週報》。
11. 《赤光》。
12. 《東方雜誌》。
13. 《東亞季刊》
14. 《近代中國》。
15. 《近代史研究》。
16. 《建設雜誌》。
17. 《旅歐周刊》。
18. 《旅歐雜誌》。
19. 《華工旬刊》。
20. 《華工雜誌》。
21. 《傳記文學》。

22. 《新世紀》。

23. 《新青年》。

24. 《僑協雜誌》。

25. 《歐華學報》。

26. 《歷史研究》。

27. 《覺悟》。

四、專著

（一）中文部分

1. 中共中央黨史研究室第一研究部編輯組，《關山渡若飛——王若飛百年誕辰紀念集》，中共黨史出版社，1996。

2. 中共四川省委黨史工作委員會主編，《四川留法勤工儉學運動》，四川大學出版社，1992。

3. 王介南，《中外文化交流史》，太原：書海出版社，2006。

4. 王永祥、孔繁豐、劉品青，《中國共產黨旅歐支部史話》，中國青年出版社，1985。

5. 王永祥、張洪祥合著，《留法勤工儉學運動簡史》，黑龍江人民出版社，1982。

6. 王奇生，《中國留學生的歷史軌跡》，湖北教育出版社，1992。

7. 王思誠，《毛澤東與紅禍》，台北：黎明公司，1977。

8. 王政明，《蕭三傳》，北京圖書館出版社，1996。

9. 王壽南主編，《中國歷代思想家》，台灣：商務印書館，1978。

10. 王興國，《楊昌濟的生平及思想》，湖南，1981。

11. 田正平主編，《中外教育交流史》，廣東教育出版社，2004。

12. 朱伯奇，《巴黎繽紛錄》，香港南洋編譯所，1969。

13. 何長士，《勤工儉學生活回憶》，工人出版社，1958。

14. 《吳稚暉先生一百十歲誕辰紀念特輯》，世界社中國同志會印。

15. 《吳稚暉先生紀念集》。

16. 李天民，《周恩來評傳》，台北：黎明公司，1976。

17. 李石曾，《石僧筆記》，中國國際文字學刊社印行，1961。

18. 李石曾，《李石曾先生紀念集》。

19. 李兆忠，《喧鬧的驟子——留學生與中國現代文化》，人民文學出版社，2010。

20. 李宗侗，《李宗侗自傳》，北京：中華書局，2010。

21. 李雲漢，《從容共到清黨》，中國學術著作?助委員會，1973年8月影印版。

22. 李春雷、史克己，《赤光——留法勤工儉學運動紀實》，河北大學出版社，2010。

23. 李書華，《碣廬集》，傳記文學出版社，1967。

24. 李喜所，《近代中國的留學生》，北京：人民出版社，1987。

25. 李喜所主編，《留學生與中外文化》，天津：南開大學出版社，2005。

26. 李銳，《毛澤東同志的初期革命活動》，北京，1957。

27. 李璜，《學鈍室回憶錄》，傳記文學出版社。

28. 周一良主編，《中外文化交流史》，河南人民出版社，1987。

29. 周永珍，《留法紀事：二十世紀初中國留法史料輯錄》，國家圖書館出版社，2008。

30. 周佳榮，《辛亥革命前的蔡元培》，香港：波文書局，1980。

31. 周恩來，《旅歐通信》，北京，1979。

32. 林子勛，《中國留學教育史》，台北：華岡出版，1976。

33. 金沖及主編，《周恩來傳，1898-1949》，中央文獻出版社，1989。

34. 洪德先，《辛亥革命時期的無政府主義運動》，台灣師大歷史所碩士論文，1984。

35. 胡國偉，《巴黎心影》，台北：菩提文藝出版社，1975。

36. 胡華，《周恩來的思想及理論貢獻》，廣東人民出版社，1982。

37. 孫常煒編著，《蔡元培先生年譜傳記》，國史館。

38. 孫德中遺稿，孫常煒增訂，《民國蔡孑民先生元培簡要年譜》，台灣商務印書館，1981。

39. 孫雲燾，《八十自述》，1993。

40. 徐國琦，《文明的交融——第一次世界大戰期間的在法華工》，北京：五洲傳播出版社，2007。

41. 高平叔主編，《蔡元培全集》，台北：錦繡出版社，1995。

42. 高平叔撰著，《蔡元培年譜長編》，北京：人民教育出版社，1996。

43. 高平叔編，《蔡元培全集》，北京：中華書局，1984。

44. 張文伯，《吳稚暉先生傳記》，傳記文學出版社，1985。

45. 張玉法，《清季的革命團體》，中央研究院近代史研究所專刊32，1975。

46. 張建智，《張靜江傳》，湖北人民出版社，2004。

47. 曹世鉉（韓），《清末民初無政府派的文化思想》，社會科學文獻出版社，2003。

48. 梁大為等編，《蔡和森文集》，北京，1980。

49. 盛成，《海外攻讀十年紀實》，文海出版社影印。

50. 盛成，《盛成文集》，北京語言文化大學出版社，1997。

51. 郭華榕，《法國政治思想史》，北京人民出版社，2010。

52. 郭恆鈺，《共產國際與中國革命─第一次國共合作》，台北：東大圖書公司，1991年再版。

53. 陳三井，《近代中法關係史論》，台北：三民書局大雅叢刊，1994。

54. 陳三井，《舵手與菁英──近現代中國史研究論叢》，台北：秀威資訊，2008。

55. 陳三井，《華工與歐戰》，中央研究院近代史研究所專刊52，1986。

56. 陳三井，《勤工儉學的發展》，台北：東大圖書公司滄海叢刊，

1988。

57. 陳正茂，《少年中國學會之研究（1918-1925）》，台北：中國青年黨黨史委員會，1996。

58. 陳正茂，《在野的聲音：青年黨人的時代關懷及其政治參與》，台北：新文京開發出版，2004。

59. 陳正茂，《傳記與思想：青年黨領袖群像》，台北：新文京開發出版，2004。

60. 陳正茂，《左舜生年譜》，台北：國史館，1998。

61. 陳正茂，《曾琦先生年譜》，台北：國史館，1996。

62. 陳雲卿，〈中國青年黨的創建與初期發展，1923-1929〉，台北：國立台灣師範大學歷史研究所碩士論文，1988。

63. 陶英惠，《蔡元培年譜》（上），中央研究院近代史研究所專刊36，1976。

64. 曾仲鳴編述，《法國里昂中法大學》。

65. 曾琦，《曾慕韓（琦）先生年譜日記》，中國青年黨，1983。

66. 森時彥（日）著，史會來、尚信譯，《留法勤工儉學運動小史》，河南人民出版社，1985。

67. 華法教育會廣東分會編，《留法儉學報告書》，1920。

68. 馮自由，《革命逸史》，台灣商務印書館，1971台二版（五集）。

69. 黃利群編著，《留法勤工儉學簡史》，北京：教育科學出版社，1982。

70. 黃嫣梨，《張若名研究及資料輯集》，香港大學亞洲研究中心，1993。

71. 黃福慶，《清末留日學生》，中央研究院近代史研究所專刊34，1975。

72. 楊元華，《中法關係史》，上海人民出版社，2006。

73. 楊愷齡，《民國吳稚暉先生敬恆年譜》，台灣商務印書館，1981。

74. 楊愷齡，《民國李石曾先生煜瀛年譜》，台灣商務印書館，1980。

75. 葉雋，《異文化博奕——中國現代留歐學人與西學東漸》，北京大學出版社，2009。

76. 葛夫平，《中法教育合作事業研究（1912-1949）》，上海書店出版社，2011。

77. 葛夫平，《中法關係史話》，北京：社會科學文獻版社，2000。

78. 趙從玉、唐振南，《風華正茂的歲月——新民學會紀實》，湖南人民出版社，2008。

79. 趙靜主編，《留法勤工儉學運動》北京：解放軍文藝出版社，2004。

80. 劉焱編，《周恩來早期文集》，天津：南開大學出版社，1993。

81. 潘榮琨、林牧夫，《蔣介石的幕僚軍師——張靜江傳奇》，北京：作家出版社，2011。

82. 蔣永敬，《孫中山與中國革命》，國史館，2000。

83. 蔣永敬，《孫中山與胡志明》，台灣商務印書館，2011。

84. 蔣碧微，《蔣碧微回憶錄》，台北：皇冠雜誌社，1979。

85. 蔡建國，《蔡元培與近代中國》，上海社會科學院出版社，1997。

86. 鄭名楨編著，《留法勤工儉學運動》，山西高校聯合出版社，1994。

87. 鄭彥棻，《往事憶述》，傳記文學出版社。

88. 鄭超麟，《鄭超麟回憶錄》，北京：東方出版社，1996。

89. 鄭學稼，《中共興亡史》，台北：中華雜誌社，1979。

90. 蕭三，《毛澤東同志的青少年時代》，北京，1949。

91. 戴緒恭，《向警予傳》，北京，1981。

92. 鮮于浩，《留法勤工儉學運動史稿》，四川巴蜀書社，1994。

93. 鮮于浩、田永秀，《近代中法關係史稿》，西南交通大學出版社，2003。

94. 鮮于浩、田永秀，《留法勤工儉學運動中的四川青年》，四川巴蜀書社，2006。

95. 嚴靜文，《周恩來評傳》，香港：波文書局，1974。

96. 嚴濟慈，《法蘭西情書——愛國、愛家、愛人》，解放軍出版社，2002。

97. 蘇雪林，《浮生九四——雪林回憶錄》，台北：三民書局，1991。

98. 蘇雪林，《棘心》，台中：光啟出版社，1977。

（二）外文部分

1. Bergere, Marie Claire. Sun Yat-sen, Paris: A. Fayarel, 1994.

2. Bianco, Lucien et Yves Chevrier. Dictionnaire biographique du mouvement ouvrier international: La Chine, Paris: Les Editions Ouvrieres, 1985.

3. Blick, Judith. The Chinese Labor Corps in World War I, Cambridge Mass.: Harvard University Press, 1955.

4. Brandt, Conrad. The French Returned Elite in the Chinese Communist Party, Berkeley: Institute of International Studies; reprint by Hong Kong University Press, 1961.

5. Chow, Tse-tsung. The May Fourth Movement, Stanford, California: Stanford University Press, 1967.

6. Dirik, Arif. The Origins of Chinese Communism, New York and Oxford: Oxford University Press, 1989.

7. Diril, Arif. Anarchism in the Chinese Revolution, Berkeley: University of California Press, 1991.

8. Fleming, Marie. The Anarchist Way to Socialism, London: Croom Helm, 1979.

9. Hsiu, Wentang. Les organisations politiques des etudants chinois en France dans l'entre-deux-guerres, these, Paris: Universite Paris 7, 1990.

10. Hsu, Kai-yu, Chou En-Lai. China's Gray Eminence, New York: Doubleday & Company, 1968.

11. Kriegel, Anne. Aux origines du communisme francais, Paris: Flammarion,

1970.

12. Kriegel, Anne. Les communistes Francais, Paris: Seuil, 1968.

13. Levine, Marilyn. The Found Generation, Chinese Communists in Europe during the Twenties, Seattle: University of Washington Ptress, 1993.

14. Meisner, Maurice. Li Ta-Chao and the origins of Chinese marxism, Cambridge: Harvard University Press, 1967.

15. Scalapino, Robert, A. Tu, and George T. The Chinese Anarchist Movement, Conneticut: Greenwood Press, 1961.

16. Siao-yu, MaoTse-tung and I were beggars, Syracuse University Press.

17. Snow, Edgar. Random Notes on Red China, 1936-1945, Cambridge, Mass.: Harvard University Press, 1977.

18. Tcheng, Tche-Sio. Les relation de Lyon avec la Chine.

19. Van der Stegen, Judith. Les Chinois en France, 1915-1925. Paris: Hachette, 1976.

20. Wang, Nora. Emigration et Politique - les etudiants-ouvriers Chinois en France, 1912-1925, Paris: Les Indes Savants, 2002.

21. Wang, Y. C. Chinese Intelletuals and the West, 1872-1949, Taipei: Rainbow Bridge Book Co., 1976.

22. Zarrow, Peter. Anarchism and Chinese Political Culture, New York: Columbia University Press, 1990.

五、期刊（含論文集）

（一）中文部分

1. 巴斯蒂（法，M. Bastid）原著，陳三井譯，〈李石曾與中法文化關係〉，《近代中國》，第126期（1998），頁169-176。

2. 巴斯蒂，〈出國留學對中國近代世界觀形成的影響——清末留法學生〉，中國社會科學院近代史研究所編，《近代中國與世界——第

二屆近代中國與世界學術討論會論文集》（社會科學文獻出版社，
2005），第2卷，頁259-280。

3. 巴斯蒂，〈出國留學與中國近代世界觀的形成——略探清末中國留法學生〉，收入李喜所主編，《留學生與中外文化》，頁522-541。

4. 李里鋒，〈中共中央領導層中的留學生群體分析〉，收入李喜所主編，《留學生與中外文化》，頁49-66。

5. 李長莉，〈從里昂中法大學檔案看留法官費生的生活狀況〉，收入李喜所主編，《留學生與中外文化》，頁552-575。

6. 李塵生，〈1921至1946年里昂中法大學海外部同學錄〉，《歐華學報》，第1期（1983.05），頁127-150。

7. 李塵生，〈法國里昂中法大學現存中文期刊〉，《歐華學報》，第2期（1987.01），頁170-192。

8. 李璜，〈巴黎現存關於留法勤工儉學生救濟實況檔案摘要〉，《傳記文學》，第23卷第4期。

9. 林如蓮（M. Levine），〈孫中山先生與中國國民黨旅歐支部〉，《國父建黨革命一百周年學術討論集》（近代中國出版社，1995），頁326-346。

10. 唐國英，〈周恩來初期的政治活動〉，《東亞季刊》，第10卷第4期（1979.04）。

11. 馬啟民，〈20世紀前半期中國共產黨留學群體研究〉，收入李喜所主編，《留學生與中外文化》，頁67-82。

12. 張玉法，〈二十世紀前半期中國留法學生的經歷與見聞〉，中國社會科學院近代史研究所編，《近代中國與世界——第二屆近代中國與世界學術討論會論文集》，第2卷，頁281-313。

13. 許文堂，〈中國社會民主黨的創建與沒落，1924-1930〉，《中央研究院近代史研究所集刊》，第21期（1992），頁473-490。

14. 許文堂，〈向警予與中共早期婦女運動〉，《近代中國婦女史研

究》，第2期（中央研究院近代史研究所，1994），頁65-80。

15. 許文堂，〈李煜瀛與中國無政府主義運動〉，《近代中國歷史人物論文集》（中央研究院近代史研究所，1993），頁175-198。

16. 許文堂，〈孫中山在法國的革命活動和黨務組織〉，《華僑與孫中山先生的國民革命論文集》（國史館印行，1997），頁571-588。

17. 許文堂，〈鄭彥棻傳〉，《中華民國名人傳》，第12冊（近代中國出版社，1992），頁377-393。

18. 陳三井，〈王京岐在歐洲的組黨革命活動〉，《國父建黨革命一百週年學術討論集》（近代中國出版社，1995），頁306-325。

19. 陳三井，〈民初旅歐教育運動的艱難歷程〉，《中華民國初期歷史研討會論文集》（下）（中央研究院近代史研究所，1984），頁991-1006。

20. 陳三井，〈吳稚暉與里昂中法大學之創設〉，《郭廷以先生九秩誕辰紀念論文集》（上）（中央研究院近代史研究所，1985），頁203-238。

21. 陳三井，〈周恩來旅歐時期的政治活動，1921-1924〉，《中央研究院近代史研究所集刊》，第14期（1985），頁267-289。

22. 陳三井，〈河南與留法勤工儉學運動〉，《中國歷史學會集刊》，第16期（1984），頁289-305。

23. 陳三井，〈法國所藏勤工儉學運動史料介紹〉，《中央研究院近代史研究所集刊》，第12期（1983）。

24. 陳三井，〈留法歸來的中共黨徒〉，《東亞季刊》，第6卷第1期（1974）。

25. 陳三井，〈留學與辦黨——丘正歐先生在法國的一段歲月〉，《僑協雜誌》，第73期（2001），頁30-33。

26. 陳三井，〈國共分合在歐洲的一段史實〉，《傳記文學》，第79卷第1期（2001），頁16-25。

27. 陳三井，〈張繼與勤工儉學〉，《中央研究院近代史研究所集刊》，第15期（上）（1986），頁171-191。

28. 陳三井，〈陳炯明與留法勤工儉學運動〉，《近代史研究》，1997年第5期，頁166-178。

29. 陳三井，〈華法教育會的成立及其活動〉，《第二屆漢學研究會議論文集》（中國文化大學，1992），頁780-793。

30. 陳三井，〈勤工儉學運動初探〉，《中央研究院第一屆國際漢學會議論文集——歷史考古組》（下）（1981），頁1599-1611。

31. 陳三井，〈新民學會之成立及其在法活動〉，《中央研究院近代史研究所集刊》，第13期（1984），頁63-81。

32. 陳三井，〈歐恩來與近代歐洲〉，《中國歷史學會史學集刊》，第30期（1998），頁399-419。

33. 陳三井，〈鄭彥棻先生在里昂〉，《鄭彥棻先生紀念集》（彥棻文教基金會，1991），頁98-102。

34. 陳三井，〈鄭彥棻的黨政學三棲生涯〉，《近代中國》，第122期（1997），頁178-186。

35. 陳三井，〈鄧小平在法國的歲月〉，《問題與研究》，第24卷第7期。

36. 陳正茂，〈曾琦與民國政治〉，收入《近代中國歷史人物論集》（中央研究院近代史研究所，1993），頁65-112。

37. 陳敬堂，〈中共旅歐支部之成立〉，《東亞季刊》，第16卷第1期（1984.01）。

38. 陳敬堂，〈進佔里大事件與中共旅歐總支部成立〉，香港《珠海學報》，第14期。

39. 陳敬堂，〈論中共旅歐總支部的發起組〉，《中國歷史學會史學集刊》，第19期（1987）。

40. 葛夫平，〈巴黎中國學院述略〉，《青年學術論壇》，2002年卷（中國社會科學院近代史所，2002）。

41. 葛夫平，〈伯希和與巴黎中國學院〉，《漢學研究通訊》，第26卷第3期（2007）。

42. 葛夫平，〈簡論北京中法大學〉，《國際漢學》，第10輯（鄭州：大象出版社，2004）。

43. 葛夫平，〈關於里昂中法大學的幾個問題〉，《近代史研究》，2000年第5期，頁

44. 霍益萍，〈20年代勤工儉學生在法受教育實況〉，《近代史研究》，1996年第1期。

45. 霍益萍，〈法國政府對留法勤工儉學運動的立場和態度〉，《近代史研究》，1997年第1期。

46. 鮮于浩，〈新文化運動與留法勤工儉學運動的興起〉，收入李喜所主編，《留學生與中外文化》，頁542-551。

（二）外文部分

1. Barman & Dulioust N. "The Communist in the Work and Study Movement in France," Republican China, Vol. 13, No. 2(1988).

2. Bouchez D. " Un deficheur meconu des etudes extreme-orientales: Maurice Courant (1865-1935) ", Journal Asiatique, 271(1983), pp. 43-150.

3. Brandt, Conrad. "The French-Returned Elite in the Chinese Communist Party, " Institute of International Studies, Berkeley Reprint No. 13(Hong Kong University Press, 1961).

4. Chan King-tong. "Review of Reference Materials on the History of the European Branches of the Chinese Communist Organization," Republican China, Vol.13 No.2(1988).

5. Dirlik, Arif & Edward S. Krebs. "Socialism and Anarchism in Early Republican China," Modern China, 7(1981), pp. 117-151.

6. Hayhoe, Ruth. "A Comparative Approach to the Cultural Dynamics of Sino-Western Educational Cooperation," China Quarterly, 104(1985), pp.12-24.

7. Kriegel, Annie. " Aux origines Francaises du Communsime Chinois ", Preuves, 209-210 (aout-sep. 1968).

8. Leung, John Kong-Cheong, "The Chinese Work Study Movement: Yhe Social and Political Experience of Chinese Students and Student-Workers in France," Ph. D. Dissertation, Brown University, 1982;

9. Levine, M. "The Diligent-Work Frugal-Study Movement and the New Culture Movement," Republican China, Vol. 12(1986).

10. Levine, M. " Barrieres abolis: Zhang Ruoming et Andre Gide ", Etudes Chinoise, 7(1988).

11. Levine, Marilyn. "The Found Generation: Chinese Communism in Europe, 1919-1925," Ph. D. Dissertation, University of Chicago, 1985;

12. Levine, Marylin. "ECCO Studies : Overview of An Emerging Field," Republican China, Vol.13 No.2(1988).

13. Wang, Nora. "Deng Xiaoping: The Years in France," The China Quaterly, No. 92(dec. 1982), pp. 698-706.

14. Wang, Nora. "Some Reflections on the Emergence of CCP European Branch Studies," Republican China, Vol.13 No.2(1988).

15. Wang, Nora. " Da Chen Lu! Le movement du 30 mai 1925 a Paris ", Approaches-Asie, n° 7(mars 1984), pp. 25-53.

16. Wang, Nora. " Paris/ Shanghai, debats d'idees et pratique sociale; les intellectuels progressistes chinois, 1920-1925 ", Universite de Paris, 1986.

索 引

十三劃

作者著作目錄

一、專著

1. 《近代外交史論集》，台北：學海出版社，1977年7月，246頁。

2. 《現代法國問題論集》，台北：學海出版社，1977年10月，236頁。

3. 《國民革命與臺灣》，台北：近代中國出版社，1980年10月，253頁。

4. 《中國國民黨與臺灣》，台北：中央文物供應社，1985年2月，202頁。

5. 《華工與歐戰》，台北：中央研究院近代史研究所，專刊(52)，1986年6月，257頁。民國94年8月再版，257頁。

6. 《勤工儉學的發展》，台北：東大圖書公司，滄海叢刊，1988年4月，228頁。

7. 《臺灣近代史事與人物》，台北：商務印書館，岫廬文庫(104)，1988年7月，280頁。民國97年再版。

8. 《近代中法關係史論》，台北：三民書局，大雅叢刊，1994年1月，306頁。

9. 《近代中國變局下的上海》，台北：東大圖書公司，滄海叢刊，1996年8月，280頁。

10. 《中山先生與法國》，台北：台灣書店，2002年12月，中山學術文化基金會叢書，217頁。

11. 《中山先生與美國》，台北：學生書局，2005年1月，中山學術文化基金會叢書，215頁。

12. 《舵手與菁英──近現代中國史研究論叢》，台北：秀威資訊，2008年7月，448頁。

13. 《中國躍向世界舞台——從參加歐戰到出席巴黎和會》，台北：秀威資訊，2009年7月，224頁。

14. 《四分溪畔讀史》，台北：秀威資訊，2011年3月，250頁。

15. 《輕舟已過萬重山——書寫兩岸史學交流》，北京：社會科學文獻出版社，2011年8月，220頁。

二、合著

1. 《鄭成功全傳》（與王曾才等合著），台北：台灣史蹟研究中心，1979年6月，495頁。

2. 《中國的臺灣》（與陳奇祿等合著），台北：中央文物供應社，1980年11月，386頁。

3. 《人類的歷史》（與吳圳義、莊尚武合著），台北：國立空中大學，1987年3-5月，上冊，386頁；下冊，372頁。

4. 《近代中國青年運動史》（與李國祁等合著），台北：嵩山出版社，民國1990年7月，389頁。

5. The Guomindang in Europe: A Sourcebook of Documents, co-author with Marilyn A. Levine, Institute of East Asian Studies, University of Berkeley, CRM52, 2000, 303p.

三、編著

1. 《勤工儉學運動》，台北：正中書局，1981年11月，706頁。

2. 《台北市發展史》，台北：台北市文獻委員會，1981-1983年，第一冊，947頁；第二冊，1052頁；第三冊，1214頁；第四冊，1252頁。

3. 《羅浮博物館——世界博物館之十》，台北：出版家文化公司，1982年11月，190頁。

4. 《六十年來的中國近代史研究》（與朱浤源、呂芳上合編），台北：中央研究院近代史研究所，特刊(1)，上冊，1988年6月，438頁；下

冊，1989年6月，453頁。

5. 《中國文明的精神》（三冊）（與王壽南等合編），台北：廣播電視事業發展基金會，1990年7月，1050頁。

6. 《郭廷以先生九秩誕辰紀念論文集》（二冊），台北：中央研究院近代史研究所，特刊(2)，1995年2月，上冊，398頁；下冊，410頁。

7. 《走過憂患的歲月——近史所的故事》，台北：中央研究院近代史研究所，特刊(4)，1995年2月，247頁。

8. 《歐戰華工史料》（與呂芳上、楊翠華合編），台北：中央研究院近代史研究所，中國近代史資料彙編，1997年6月，868頁。

9. 《華僑與孫中山領導的國民革命學術研討會論文集》（與張希哲合編），台北：國史館，1997年8月，646頁。

10. 《居正先生全集》上、中、下三冊（與居蜜合編），台北：中央研究院近代史研究所，史料叢刊(40)，1998年6月－2000年10月，上冊421頁、中冊1104頁、下冊876頁。

11. 《加拿大華工訂約史料(1906-1928)》，台北：中央研究院近代史研究所，中國近代史資料彙編，1998年6月，722頁。

12. 《近代中國婦女運動史》，台北：近代中國出版社，2000年12月，664頁。

13. 《中華民國外交志》（與劉達人、周煦聯合主編），台北：國史館，2002年12月，全一冊，1115頁。

四、雜著

1. 《法國漫談》，台中藍燈公司，1976年12月，237頁。

2. 《學術的變形》，台中藍燈公司，1979年1月，194頁。

3. 《走過的歲月——一個治史者的心路歷程》，秀威世紀映像叢書13，2007年5月，195頁。

4. 《青史留痕——一個台灣學者的大陸之旅》，秀威世紀映像叢書18，

2007年7月，226頁。

5.《法蘭西驚艷》，秀威世紀映像叢書33，2008年1月，186頁。

讀歷史17　PC0308

旅歐教育運動
——民初融合世界學術的理想

作　　者 / 陳三井
責任編輯 / 邵亢虎
圖文排版 / 彭君如
封面設計 / 秦禎翊

發 行 人 / 宋政坤
法律顧問 / 毛國樑　律師
出版發行 / 秀威資訊科技股份有限公司
　　　　　114台北市內湖區瑞光路76巷65號1樓
　　　　　電話：+886-2-2796-3638　傳真：+886-2-2796-1377
　　　　　http://www.showwe.com.tw
劃撥帳號 / 19563868　戶名：秀威資訊科技股份有限公司
　　　　　讀者服務信箱：service@showwe.com.tw
展售門市 / 國家書店（松江門市）
　　　　　104台北市中山區松江路209號1樓
　　　　　電話：+886-2-2518-0207　傳真：+886-2-2518-0778
網路訂購 / 秀威網路書店：http://www.bodbooks.com.tw
　　　　　國家網路書店：http://www.govbooks.com.tw

2013年4月BOD一版
定價：350元
版權所有　翻印必究
本書如有缺頁、破損或裝訂錯誤，請寄回更換

國家圖書館出版品預行編目

旅歐教育運動：民初融合世界學術的理想 / 陳三井著.--
一版. -- 臺北市：秀威資訊科技, 2013.04
面； 公分. -- (史地傳記類)
BOD版
ISBN 978-986-326-054-7(平裝)

1. 留學教育 2. 民國史 3. 法國

529.282 　　　　　　　　　　　101026838

讀者回函卡

感謝您購買本書，為提升服務品質，請填妥以下資料，將讀者回函卡直接寄
回或傳真本公司，收到您的寶貴意見後，我們會收藏記錄及檢討，謝謝！
如您需要了解本公司最新出版書目、購書優惠或企劃活動，歡迎您上網查詢
或下載相關資料：http:// www.showwe.com.tw

您購買的書名：＿＿＿＿＿＿＿＿＿＿＿＿＿＿＿＿＿＿＿＿＿＿＿＿

出生日期：＿＿＿＿＿年＿＿＿＿＿月＿＿＿＿＿日

學歷：□高中 (含) 以下　　□大專　　□研究所 (含) 以上

職業：□製造業　□金融業　□資訊業　□軍警　□傳播業　□自由業
　　　□服務業　□公務員　□教職　　□學生　□家管　　□其它＿＿＿

購書地點：□網路書店　□實體書店　□書展　□郵購　□贈閱　□其他

您從何得知本書的消息？

　　□網路書店　□實體書店　□網路搜尋　□電子報　□書訊　□雜誌

　　□傳播媒體　□親友推薦　□網站推薦　□部落格　□其他＿＿＿＿＿

您對本書的評價：(請填代號　1.非常滿意　2.滿意　3.尚可　4.再改進)

　　封面設計＿＿＿　版面編排＿＿＿　內容＿＿＿　文／譯筆＿＿＿　價格＿＿＿

讀完書後您覺得：

　　□很有收穫　□有收穫　□收穫不多　□沒收穫

對我們的建議：＿＿＿＿＿＿＿＿＿＿＿＿＿＿＿＿＿＿＿＿＿＿＿

＿＿＿＿＿＿＿＿＿＿＿＿＿＿＿＿＿＿＿＿＿＿＿＿＿＿＿＿＿＿＿＿

＿＿＿＿＿＿＿＿＿＿＿＿＿＿＿＿＿＿＿＿＿＿＿＿＿＿＿＿＿＿＿＿

＿＿＿＿＿＿＿＿＿＿＿＿＿＿＿＿＿＿＿＿＿＿＿＿＿＿＿＿＿＿＿＿

11466
台北市內湖區瑞光路 76 巷 65 號 1 樓

秀威資訊科技股份有限公司 收

BOD 數位出版事業部

....

（請沿線對折寄回，謝謝！）

姓　　名：＿＿＿＿＿＿＿＿＿　年齡：＿＿＿＿　性別：□女　□男

郵遞區號：□□□□□

地　　址：＿＿＿＿＿＿＿＿＿＿＿＿＿＿＿＿＿＿＿＿＿

聯絡電話：(日) ＿＿＿＿＿＿＿＿＿＿　(夜) ＿＿＿＿＿＿＿＿＿＿

E-mail：＿＿＿＿＿＿＿＿＿＿＿＿＿＿＿＿＿＿＿＿＿